Ulrich Klug, Aktienstrafrecht

Ulrich Klug

Aktienstrafrecht

1975

Walter de Gruyter · Berlin · New York

Sonderausgabe der Kommentierung der §§ 394—408 innerhalb des Großkommentars zum Aktiengesetz, 3. Auflage

CIP-Kurztitelaufnahme der Deutschen Bibliothek

Klug, Ulrich
Aktienstrafrecht.
ISBN 3-11-006715-3

Satz und Druck: Walter de Gruyter, Berlin 30.
Buchbinder: Lüderitz & Bauer, Buchgewerbe GmbH, Berlin 61.

Vorwort

Seit dem Erscheinen der Vorauflage der Kommentierung des Aktienstrafrechts in einer Sonderausgabe ist die damals in Aussicht stehende Reform durchgeführt worden. Die Veränderungen sind gerade auch bei den strafrechtlichen Teilen des Aktiengesetzes erheblich, so daß eine Sonderausgabe der vorliegenden Erläuterungen sicherlich mit Interesse rechnen kann.

Auch in der Neuauflage wurde besonders Wert darauf gelegt, daß die fortentwickelte Theorie des allgemeinen Strafrechts an den in Betracht kommenden Stellen berücksichtigt wird. Das gilt insbesondere für den seit dem 1. 1. 1975 in Kraft getretenen Allgemeinen Teil des Strafgesetzbuches sowie für die einschlägigen Bestimmungen des Besonderen Teils und für das Ordnungswidrigkeitengesetz, das im neuen Aktienstrafrecht in größerem Umfang als bisher zur Anwendung gelangt.

Hamburg und Köln, im August 1975 — Ulrich Klug

Inhaltsverzeichnis

Straf- und Bußgeldvorschriften (§§ 399—408)

(aus dem **Aktiengesetz** vom 6. September 1965; Fünftes Buch, Dritter Teil)

Sachverzeichnis

Die hochstehenden Zahlen verweisen auf die Anmerkungen

Vorbemerkung

Übersicht

Anm. 1

I. Die im Aktiengesetz geregelten Straf- und Ordnungswidrigkeitstatbestände

Im Aktiengesetz sind folgende *Straf- und Ordnungswidrigkeitstatbestände*, die aus rechtssystematischen und rechtspraktischen Gründen mit dem besonderen Recht der Aktiengesellschaft und der Kommanditgesellschaft auf Aktien zusammenhängen, geregelt:

§ 399: Falsche Angaben
- Abs. I Nr. 1: Gründungsschwindel durch unrichtige Anmeldung
  - Nr. 2: Gründungsschwindel durch unrichtige Berichte
  - Nr. 3: Begebungsschwindel
  - Nr. 4: Kapitalerhöhungsschwindel
  - Nr. 5: Abwicklungsschwindel
- Abs. II: Falsche Erklärungen

§ 400: Unrichtige Darstellung

§ 401: Pflichtverletzung bei Verlust, Überschuldung oder Zahlungsunfähigkeit

§ 402: Falsche Ausstellung oder Verfälschung von Hinterlegungsbescheinigungen

§ 403: Verletzung der Berichtspflicht

§ 404: Verletzung der Geheimhaltungspflicht

§ 405: Ordnungswidrigkeiten
- Abs. I Nr. 1—3: Unzulässige Aktienausgabe
- Nr. 4: Unrichtige Bekanntmachung des Jahresabschlusses und des Geschäftsberichts
- Abs. II: Unterlassene oder unrichtige Angaben zum Teilnehmerverzeichnis
- Abs. III: Nr. 1—3: Aktienmißbrauch [Unbefugte Benutzung fremder Aktien (Nr. 1), Aktienmißbrauch bei entgeltlicher Leihe (Nr. 2 und 3)]
  - Nr. 4 und 5: Stimmrechtserschleichung
  - Nr. 6: Stimmenverkauf
  - Nr. 7: Stimmenkauf

Abgesehen von den Ordnungswidrigkeiten handelt es sich um Tatbestände des echten Kriminalstrafrechts. Es finden daher insoweit die allgemeinen Regeln des Strafrechts über Tatbestandsmäßigkeit, Rechtswidrigkeit, Schuld usw. uneingeschränkte Anwendung. — Auf die Ordnungswidrigkeiten (§ 405) findet das Ordnungswidrigkeitsgesetz Anwendung.

Anm. 2

II. Die Vor- und Nachteile der gegenwärtigen Regelung

Daß diese Tatbestände im Aktiengesetz geregelt sind, hat *Vor- und Nachteile.* Auf Grund der während der Gründerjahre in den letzten Jahrzehnten des vergangenen Jahrhunderts gemachten Erfahrungen glaubte der Gesetzgeber, daß die allgemeinen Strafbestimmungen nicht ausreichen, um den zutage getretenen Mißständen zu begegnen. Er hat deshalb schon dem ursprünglich im HGB geregelten Aktienrecht Strafvorschriften beigegeben. Es handelte sich damals um die §§ 312ff. HGB. Man versprach sich eine generalpräventive Wirkung davon, daß den in Betracht kommenden Wirtschaftskreisen die aktienrechtlichen Straftatbestände im Rahmen des Aktienrechts nahe gebracht wurden. Die gleiche Auffassung vertrat auch der Gesetzgeber im Jahre 1937. Die aktienrechtlichen Straftatbestände wurden daher im wesentlichen unverändert aus dem HGB in das neue Aktiengesetz übernommen. Vorläufer der §§ 312ff. HGB waren die Sonderbestimmungen des Bundesgesetzes vom 11. 6. 1870 und des Aktiengesetzes von 1884, dessen Vorschriften seinerzeit als Artikel 249ff. in das ADHGB eingearbeitet wurden. Lediglich der Artikel 249d Nr. 1 und 2 wurde damals aus dem Aktienstrafrecht entfernt, weil diese Bestimmung, die sich gegen betrügerische Machenschaften beim Aktienhandel richtete, durch die weite Fassung des § 88 BörsGes. überflüssig geworden war. Vgl. hierzu Kohlhaas Erläuterungen zu § 88 BörsGes. (Kurs- und Prospektbetrug). Die Strafrechtsbestimmungen des Aktiengesetzes von 1937 haben sich im großen und ganzen bewährt. Insbesondere erschien es dem Gesetzgeber von 1965 nach wie vor zweckmäßig, Straftatbestände in das Aktiengesetz aufzunehmen, die sich auf Formen der Kriminalität beziehen, die durch die Verletzung von wichtigen Vorschriften des Aktienrechts charakterisiert sind. Ob es auf längere Sicht dabei bleiben wird, erscheint fraglich. Als andere Lösungen kommen in Betracht: Eingliederung der Strafbestimmungen in den Besonderen Teil des Strafgesetzbuches oder Übernahme in ein besonderes Wirtschaftsstrafgesetz. Der zuerst genannte Weg ist schon wegen der großen Zahl der Bezugnahmen auf Bestimmungen des Aktiengesetzes kaum zweckmäßig. Der genannte Nachteil spräche an sich auch gegen die Einfügung in ein Wirtschaftsstrafgesetz, könnte aber dort wegen der besonderen Signalwirkung im Kampf gegen die Kriminalität des „weißen Kragens" aus kriminalpolitischen Gründen in Kauf genommen werden. Die Diskussion ist noch nicht abgeschlossen. Ihre sachliche Bedeutung ist nicht allzu erheblich.

Anm. 3

III. Die Tatbestände der §§ 399ff. als Vergehen im Sinne des § 12 StGB

Die Folgerungen, die sich daraus ergeben, daß die allgemeinen Bestimmungen des Strafrechts selbstverständlich auch auf die Vorschriften des Aktienstrafrechts anzuwenden sind, werden bei der Erläuterung der einzelnen Tatbestände berücksichtigt. Vorweg ist jedoch schon hier auf folgendes hinzuweisen: Alle aktienstrafrechtlichen Tatbestände der §§ 399—404 (i. V. m. § 408) sind *Vergehen* im Sinne des § 12 Abs. II StGB, denn in allen diesen Fällen handelt es sich um rechtswidrige Taten, die im Mindestmaß mit einer Freiheitsstrafe von weniger als einem Jahr bedroht sind. Dies hat nach § 23 Abs. I StGB zur Folge, daß der Versuch nur strafbar ist, wenn dies im Gesetz — wie bei § 402 Abs. III — ausdrücklich angeordnet ist. Eine Strafbarkeit aus den §§ 399—401, 403 und 404 kommt somit nur in Betracht, wenn der Tatbestand vollendet ist. Ohne daß der Vergehenscharakter geändert wird, kennt das Gesetz in § 403 und

§ 404 *qualifizierte* (mit höherer Strafe bedrohte) Begehungsformen sowie in § 401 eine *privilegierte* (mit niedriger Strafe bedrohte) Begehungsweise. Eine Besonderheit enthält § 404. Der in dieser Bestimmung geregelte Tatbestand wird nur auf *Antrag* verfolgt.

Anm. 4

IV. Die Verjährung der Straftatbestände in den §§ 399 ff.

Wichtige weitere Folgerungen aus dem Vergehenscharakter der aktienstrafrechtlichen Tatbestände ergeben sich hinsichtlich der *Verjährung* gemäß § 78 Abs. III StGB, der *Nichtanwendbarkeit des § 30 StGB* und bezüglich verschiedener *prozeßrechtlicher Bestimmungen* (vgl. z. B. § 25 GVG und § 233 StPO).

Die Strafverfolgung verjährt bei den Taten nach den §§ 399—404 und 408 in 5 Jahren. Die Verjährungsfrist ist also verhältnismäßig kurz. Aus der Nichtanwendbarkeit des § 30 StGB folgt, daß der mißlungene Versuch, einen anderen zu einer Aktienstraftat zu bestimmen, straffrei bleibt. Auch die bloße Verabredung, eine Tat zu begehen, die nach den §§ 399ff. dieses Gesetzes strafbar ist, kann nicht bestraft werden (§ 30 Abs. II StGB). Das gleiche gilt für das Sichbereiterklären zu einer Aktienstraftat und die Annahme des Anerbietens eines anderen, der sich für die Begehung einer aktienrechtlichen Straftat zur Verfügung gestellt hat. Auch hier kann nicht bestraft werden. Die Eingruppierung der aktienrechtlichen Delikte in die Gruppe der Vergehen hat ferner die Folge, daß im ersten Rechtszug unter Umständen der Amtsrichter als Einzelstrafrichter zuständig ist (§ 25 Nr. 2c GVG). Im Strafverfahren wegen eines Vergehens gegen die §§ 399ff. AktG kann der Angeklagte auf seinen Antrag von der Verpflichtung zum Erscheinen in der Hauptverhandlung entbunden werden, falls keine höhere Strafe als eine Freiheitsstrafe bis zu 6 Monaten oder eine Geldstrafe oder eine Einziehung — allein oder in Verbindung miteinander — zu erwarten ist (§ 233 StPO).

Anm. 5

V. Strafvorschriften für bestimmte Unternehmen (Kreditinstitute, Hypothekenbanken, Versicherungsgesellschaften, Bausparkassen)

Für bestimmte Unternehmen, die im Wirtschaftsleben in der Form einer Aktiengesellschaft oder einer Kommanditgesellschaft auf Aktien auftreten, sind neben den in diesem Gesetz enthaltenen Strafvorschriften noch *weitere Strafbestimmungen in den entsprechenden Sondergesetzen* zu berücksichtigen. In Betracht kommen hier vor allem:

Banken und sonstige Kreditinstitute (§§ 54ff. Kreditwesengesetz vom 10. 7. 1961), Hypothekenbankgesetz (Hypothekenbankgesetz vom 13. 7. 1899), Versicherungsgesellschaften und Bausparkassen (§§ 134ff. des Gesetzes über die Beaufsichtigung der privaten Versicherungsunternehmungen und Bausparkassen vom 6. 6. 1931 in Verbindung mit Art. IV des Gesetzes vom 26. 5. 1933, RGBl. I S. 298).

Anm. 6

VI. Die Anwendbarkeit der §§ 399ff. auf ausländische Aktiengesellschaften

Ausländische Gesellschaften werden nach h. M. durch die §§ 399ff. nicht geschützt. Dies soll sich aus der Entstehungsgeschichte und dem Sinn dieser Strafvorschriften ergeben. Vgl. Eb. Schmidt in der 1. Auflage sowie RGSt. 68, 210 (zu § 312 HGB), auch abgedruckt in DJ 1934, 1217 und DRZ 1934 Nr. 500. Ebenso Baumbach-Hueck Rn. 3 vor § 399.

Richtig ist, daß die aktienrechtlichen Straftatbestände durch die derzeitige Stellung im Aktiengesetz in enger Beziehung zu den in eben diesem Gesetz geregelten deutschen Gesellschaften stehen. Ob hieraus jedoch gefolgert werden muß, daß ausländische Gesellschaften durch diese Bestimmungen nicht geschützt werden, war schon immer zumindest zweifelhaft. Jedenfalls führt die an die Auffassung des RG anknüpfende Auslegung zu dem systematisch unbefriedigenden Ergebnis, daß ein Deutscher, der im Ausland einen aktienrechtlichen Straftatbestand gegen eine im Ausland tätige deutsche Aktiengesellschaft begeht, sich gemäß § 7 Abs. II StGB strafbar gemacht hat, während der gleiche Täter für die gleiche Tat, falls sie sich gegen eine ausländische Gesellschaft richten würde, nach den gleichen Bestimmungen straffrei bleibt. Insbesondere im Hinblick auf die europäischen Integrationsbestrebungen, die EG usw. muß ein solches Ergebnis unerwünscht sein. Hinzu kommt, daß auch supranationale Aktiengesellschaften durch das Aktienstrafrecht nicht geschützt würden. Man wird deshalb die bisherige Auffassung berichtigen müssen. Der Gesetzestext erlaubt dies ohne weiteres, und der nur formale Gesichtspunkt der Stellung im Gesetz reicht für sich allein zu einer derartigen einschränkenden Interpretation nicht aus. Im übrigen darf die praktische Bedeutung dieser Frage nicht überschätzt werden, denn in manchen strafwürdigen Fällen wird sich eine Strafbarkeit aus den Bestimmungen des Strafgesetzbuches herleiten lassen, — etwa aus § 263 (Betrug) oder aus § 266 (Untreue) StGB. — Kritisch zur Anwendung der §§ 399ff. auf ausländische Gesellschaften: Meyer, Fritz, in AG 66, 117. — Gegen Anwendung auf ausländische Gesellschaften auch Gessler, Jörg H., Vorbem. vor § 399.

§ 399 Falsche Angaben

(1) Mit Freiheitsstrafe bis zu drei Jahren oder mit Geldstrafe wird bestraft wer

1. als Gründer oder als Mitglied des Vorstands oder des Aufsichtsrats zum Zweck der Eintragung der Gesellschaft über die Übernahme der Aktien, die Einzahlung auf Aktien, die Verwendung eingezahlter Beträge, den Ausgabebetrag der Aktien, über Sondervorteile, Gründungsaufwand, Sacheinlagen und Sachübernahmen,

2. als Gründer oder als Mitglied des Vorstands oder des Aufsichtsrats im Gründungsbericht, im Nachgründungsbericht oder im Prüfungsbericht,

3. in der öffentlichen Ankündigung nach § 47 Nr. 3,

4. als Mitglied des Vorstands oder des Aufsichtsrats zum Zweck der Eintragung einer Erhöhung des Grundkapitals (§§ 182 bis 206) über die Einbringung des bisherigen, die Zeichnung oder Einbringung des neuen Kapitals, den Ausgabebetrag der Aktien, die Ausgabe der Bezugsaktien oder über Sacheinlagen, oder

5. als Abwickler zum Zweck der Eintragung der Fortsetzung der Gesellschaft in dem nach § 274 Abs. 3 zu führenden Nachweis

falsche Angaben macht oder erhebliche Umstände verschweigt.

(2) Ebenso wird bestraft, wer als Mitglied des Vorstands oder des Aufsichtsrats zum Zweck der Eintragung einer Erhöhung des Grundkapitals die in § 210 Abs. 1 Satz 2 vorgeschriebene Erklärung oder als Mitglied des Vorstands zum Zweck der Eintragung einer Umwandlung der Gesellschaft in eine Gesellschaft mit beschränkter Haftung die in § 371 Abs. 2 Satz 1 oder 2 oder Abs. 3 Satz 1 vorgeschriebene Erklärung der Wahrheit zuwider abgibt.

Übersicht

Anm. 1

I. Allgemeines

1. Die einzelnen Tatbestände

Die Bestimmung enthält als Haupttatbestände den *Gründungsschwindel* durch unrichtige Anmeldung (Nr. 1), den Gründungsschwindel durch unrichtige Berichte (Nr. 2), den *Begebungsschwindel* (Nr. 3), den *Kapitalerhöhungsschwindel* (Nr. 4), den *Abwicklungsschwindel* (Nr. 5), sowie im Abs. II die Straftatbestände der *Abgabe falscher Erklärungen* bei der Eintragung einer Kapitalerhöhung und bei der Eintragung einer Umwandlung der Gesellschaft in eine Gesellschaft mit beschränkter Haftung. — Einen Tatbestand des *Kapitalherabsetzungsschwindels* kennt das Aktienrecht nicht. Vgl. hierzu die folgende Anmerkung. — Gemeinsam ist den Tatbeständen Nr. 1 bis Nr. 5, daß der Täter entweder falsche Angaben macht oder/und erhebliche Umstände verschweigt.

Anm. 2

2. Entstehungsgeschichte

In seinen hauptsächlichen Bestimmungen geht § 399 auf § 313 HGB zurück. Vgl. hierzu RGSt. 18, 108; 24, 286; 30, 318. § 313 HGB galt vor allem der Bekämpfung des Gründungsschwindels. Deshalb soll § 399 in erster Linie verhindern, daß Aktiengesellschaften in das Handelsregister eingetragen werden, ohne daß die gesetzlichen Voraussetzungen für ihre Entstehung wirklich vorhanden sind. Insbesondere soll der Rechts- und Wirtschaftsverkehr davor bewahrt werden, daß Aktien, die nur Scheinwerte darstellen, in den Umlauf kommen. Darüber hinaus ist aber der Tatbestand, wie die voranstehende Übersicht über die einzelnen Deliktsformen zeigt, gegenüber der Regelung im § 313 HGB nicht unbeträchtlich erweitert. Im Gegensatz zur früheren Regelung sind seit Inkrafttreten des Aktiengesetzes von 1937 schwindelhafte Angaben auch bei *bedingten* Kapitalerhöhungen und bei *Fortsetzungen von in Liquidation befindlichen Gesellschaften* unter Strafdrohung genommen. Andererseits ist im Gegensatz zu § 82 Abs. I Nr. 2 GmbHG eine Strafbarkeit für den *Kapitalherabsetzungsschwindel* im § 399 *nicht* vorgesehen. Dieser Unterschied ist auffällig. Daß ein kriminalpolitisches Bedürfnis nicht besteht, ist kaum anzunehmen, wenn man davon ausgeht, daß ein solches Bedürfnis für die GmbH vom Gesetzgeber bejaht wurde. Es dürfte sich hier wohl um ein gesetzgeberisches Versehen handeln. Ob der hier bestehenden Gesetzeslücke eine nennenswerte Bedeutung zukommt, läßt sich schwer übersehen. Oft wird eine Strafbarkeit aus § 400 in Betracht kommen.

Anm. 3

3. Geschütztes Rechtsgut und Sonderdeliktscharakter

Entstehungsgeschichte und Sinnzusammenhang zeigen, daß die Strafvorschriften des § 399 die Verhütung von Täuschungen Dritter bezwecken. Der Schutz der Gesellschafter ist nicht — zumindest nicht in erster Linie — ihr Zweck. Das gilt hier im Aktienrecht ebenso wie für die entsprechende Regelung im § 82 des GmbHG. Vgl. Klug in Hachenburg Anm. 1 zu § 82. Im Hinblick auf die besonderen Risiken, die sich für die Wirtschaft aus der auf das Gesellschaftsvermögen beschränkten Haftung der Aktiengesellschaft ergeben, sollen die Strafdrohungen des § 399 nach Möglichkeit verhindern, daß im Wirtschaftsleben und in der sonstigen Rechtswirklichkeit ein irreführender Anschein über Aktiengesellschaften entsteht. Hieraus folgt, daß als geschütztes Rechtsgut das Vertrauen der Gesellschaftsgläubiger und sonstiger dritter Personen sowie — das allerdings erst in zweiter Linie — das Vertrauen der Allgemeinheit in die Korrektheit der Handelsregistereintragungen und der öffentlichen Ankündigungen anzusehen sind. — Im übrigen ist § 399 in allen seinen Begehungsformen *echtes Sonderdelikt*, da nur ein besonderer Personenkreis als Täter in Betracht kommt und die betreffenden Tätermerkmale (z. B. Gründereigenschaft, Vorstandsmitgliedschaft usw.) strafbegründend wirken. Daher ist die mittelbare Täterschaft dort nicht möglich, wo dem Hintermann die vorausgesetzte Tätereigenschaft (Zugehörigkeit zu dem im Gesetz genannten Personenkreis) fehlt. Das gleiche gilt für Mittäterschaft (§ 25 Abs. II StGB). Dagegen kann sich als Anstifter (§ 26 StGB), Gehilfe (§ 27 StGB) und Begünstiger (§ 257 StGB) jeder beliebige Dritte im Zusammenhang mit einem Gründungsschwindel (§ 399 Nr. 1) strafbar machen.

Anm. 4

II. Der Gründungsschwindel durch unrichtige Anmeldung (§ 399 Nr. 1)

1. Tatbestand

a) Täter

aa) Gründer

Den Kreis der Gründer einer Aktiengesellschaft bestimmen §§ 28, 280 III. Gründer sind danach diejenigen Aktionäre, die die Satzung festgestellt haben, und zwar auch dann, wenn diese Satzungsfeststellung nichtig ist, da die nichtige Gesellschaft jedenfalls nach außen hin besteht. Unbestritten ist, daß *Strohmänner*, d. h. vorgeschobene Personen, die in eigenem Namen, aber für fremde Rechnung Aktien übernehmen, als Gründer im Sinne dieses Tatbestands der strafrechtlichen Haftung unterliegen, nicht aber die Hintermänner, die eigentlichen „Drahtzieher". Ebenso Eb. Schmidt Anm. 2 der 1. Auflage; Erbs in Kohlhaas Anm. 5 A. Jene Hintermänner können aus § 399 I Nr. 1 nur als Anstifter oder Gehilfen, nicht als unmittelbare und auch nicht als mittelbare Täter bestraft werden. Ebenso RGSt. 24, 286 (290); 30, 300 (312); Stenglein Anm. 1 zu § 313; v. Godin-Wilhelmi Anm. 2. Da in einem vom Schuldprinzip beherrschten Strafrecht *juristische Personen* als strafrechtlich verantwortliche Täter grundsätzlich nicht in Betracht kommen, haften dort, wo sie Gründer sind, nur ihre gesetzlichen Vertreter strafrechtlich, — sofern diese natürliche Personen und nicht auch wieder juristische Personen sind. RJA 11, 208; ebenso Baumbach-Hueck Rn. 6; v. Godin-Wilhelmi Anm. 2 zu § 295 und Schlegelberger-Quassowski Anm. 4 zu § 2. Läßt sich der Gründer als natürliche Person durch eine andere natürliche Person vertreten, so haftet strafrechtlich nur der Vertretene, da nur er Gründer ist. Hier wird in der Regel mittelbare Täterschaft vorliegen. Der Vertreter kann sich allenfalls als Teilnehmer am Gründungsschwindel strafbar machen, und zwar als sogenanntes „qualifikationsloses Werkzeug" wegen Beihilfe nach § 27 StGB oder bei seltenen Fallkonstellationen ev. auch als Anstifter. Zur Lehre von der mittelbaren Täterschaft vgl. die Lehrbücher und Kommentare des allgemeinen Strafrechts. Es gilt hier in den geschilderten Fällen das Übliche.

Anm. 5

bb) Mitglieder des Vorstands

Über die Bestellung der Vorstandsmitglieder vgl. die Erläuterungen zu § 84. Falls mehrere Vorstandsmitglieder bestellt sind, kommt gleichwohl das einzelne Mitglied selbst dann als Täter in Betracht, wenn die Gesellschaft nur durch mehrere oder gar durch die Gesamtheit der Vorstandsmitglieder gemeinschaftlich vertreten wird (§ 78 II). Zur Frage, wer zum Vorstandsmitglied bestellt werden kann vgl. oben Erläuterungen zu § 76 III. Die Anwendung des § 399 setzt im übrigen nicht voraus, daß die Bestellung zum Vorstandsmitglied zum Zeitpunkt der Tat rechtswirksam war. Entscheidend ist vielmehr für den Anfangszeitpunkt der strafrechtlichen Haftung die *tatsächliche* Stellung und Tätigkeit als Mitglied des Vorstands. Diese Gesetzesauslegung wurde seinerzeit schon bei der Interpretation des inzwischen weggefallenen Tatbestands der aktienrechtlichen Untreue (§ 294 AktG 1937) entwickelt. Sie kann auf § 399 entsprechend angewandt werden. Es kommt mithin nicht darauf an, ob die Bestellung zum Zeitpunkt der Tat, etwa nach den Bestimmungen des Bürgerlichen Rechts nichtig oder anfechtbar oder aus einem sonstigen Grunde unwirksam war. RGSt. 64, 81 (84) und BGHSt. 3, 32 (37), die letztgenannte Entscheidung zu § 81 a GMbH a. F. Für § 312 war die behandelte Frage strittig. Teilweise wurde die Meinung vertreten, daß bei Nichtigkeit der Bestellung die Anwendbarkeit des § 312 zu verneinen und bei bloßer Anfechtbarkeit zu bejahen sei. Vgl. Eb. Schmidt in Anm. 8 zu § 294 der 1. Aufl. mit Hinweisen auf die ältere Literatur.

Ferner war, von dem gleichen, zum früheren Tatbestand der aktienrechtlichen Untreue entwickelten Grundgedanken ausgehend, in RGSt. 43, 407 (413) angenommen worden, daß Personen, welche die Vorstandsgeschäfte tatsächlich ausüben, insbesondere auch dann als Vorstandsmitglieder anzusehen sind, wenn sie von einer nichtigen Aktiengesellschaft bestellt worden waren. Zustimmend Eb. Schmidt Anm. 8 zu § 294 der 1. Aufl. und Klug in Hachenburg Anm. 4 zu § 81 a GmbHG a. F. Hierfür spricht vor allem, daß eine „nichtige" Aktiengesellschaft im Verkehr als bestehend zu behandeln und nur durch eine gegen sie gerichtete Klage zu beseitigen ist (§§ 275—277). Es wäre sinnwidrig, wollte man, solange die AG tatsächlich besteht, die Begehbarkeit des Delikts leugnen. Schon zu § 312 HGB wurde dies unbestritten angenommen. Vgl. Eb. Schmidt bei Staub, 14. Auflage, Anm. 6 zu § 312; ferner zu § 294 AktG 1937; Baumbach-Hueck Anm. 3; von Godin-Wilhelmi Anm. 2; Schlegelberger-Quassowski Anm. 3; Teichmann Koehler Anm. 2.

Desgleichen kommt es für den *Endzeitpunkt* nicht darauf an, ob der Täter nach bürgerlich-rechtlichen und insbesondere aktienrechtlichen Gesichtspunkten zum Zeitpunkt der Tat als aus dem Vorstand ausgeschieden anzusehen ist. Auch insoweit setzte die Anwendung des § 294 AktG 1937 — und entsprechendes gilt für § 399 des geltenden Rechts — nur voraus, daß der Täter sich zum Zeitpunkt der Tat in einer tatsächlichen Vorstandsstellung befand und tatsächlich in der Lage war, über Vermögenswerte der Gesellschaft zu verfügen, selbst wenn ihm rechtlich derartige Verfügungsrechte nicht oder nicht mehr zustanden. Das war schon in der Rechtsprechung und im Schrifttum zu § 312 HGB a. F. und § 294 AktG. 1937 unbestritten. Vgl. RGSt. 16, 269 (271); 64, 81; BGHSt. 3, 32 (37); GmbH-Rdsch. 55, 43 und 61; ebenso Scholz Anm. 3 zu § 81 a GmbHG; Kohlhaas Anm. 2 zu § 81 a GmbHG und Baumbach-Hueck Anm. 3 zu § 81 a GmbHG. Andererseits ist es für die Anwendung des § 399 ausreichend, wenn sich der Täter zum Zeitpunkt der Tat *nur rechtlich*, nicht auch tatsächlich in der Stellung eines Vorstandsmitglieds befindet.

Nicht zu leugnen ist allerdings, daß die Frage, ob der Täter, falls hinsichtlich seiner Vorstandszugehörigkeit rechtliche Mängel bestehen, die Stellung eines Vorstandsmitglieds tatsächlich inne hatte, im einzelnen Fall Schwierigkeiten bereiten kann. Für das entsprechende Problem bei der früheren GmbH-rechtlichen Untreue wurden in BGHSt. 3, 37 folgende Merkmale als besonders charakteristisch für die Innehabung der tatsächlichen Geschäftsführer-Stellung angesehen: Geschäftsführer ist derjenige, der als „die Seele des Geschäftes" angesehen wird, von dem alle Dispositionen ausgehen und der auf sämtliche Geschäftsvorgänge bestimmenden Einfluß nimmt. Der in dieser BGH-Entscheidung als tatsächlicher Geschäftsführer angesehene Täter hatte zahlreiche wichtige Kreditverhandlungen geführt. Entsprechendes muß für die *tatsächliche Innehabung einer rechtlich unwirksamen Stellung als Vorstandsmitglied* einer Aktiengesellschaft gelten. Handelt es sich um einen Vorstand mit mehreren Mitgliedern, ist es für die Bejahung der tatsächlichen Vorstandsposition allerdings nicht erforderlich, daß der Betreffende sich in einer beherrschenden „Chef"-Stellung befindet. Es muß ausreichen, wenn er nur für einzelne typische Vorstandsaufgaben tatsächlich zuständig ist.

Es fragt sich jedoch, ob es Voraussetzung für die Zugehörigkeit zu dem Täterkreis des § 399 ist, daß derjenige, der sich nur aus tatsächlichen Gründen in der Stellung eines Vorstandsmitglieds befindet, *hierzu „irgendwie bestellt“* worden sein muß. Für § 81a GmbHG wird dies in bezug auf den Geschäftsführer in BGHSt. 3, 37 (38) offengelassen. Man wird Erbs in Kohlhaas Anm. 2 B zu § 81a GmbHG a. F. darin zustimmen müssen, daß eine tatsächliche Bestellung in irgendeiner Weise erfolgt sein muß, sie mag rechtswirksam sein oder nicht. Lediglich die erfolgreiche tatsächliche Anmaßung der Stellung eines Vorstandsmitglieds dürfte in der Regel nicht ausreichen. Ebenso für § 81a GmbHG a. F. Klug in Hachenburg Anm. 4. Es muß wenigstens das, wenn auch formlose, tatsächliche Einverständnis der Aufsichtsratsmitglieder vorliegen.

Gleichgültig ist es, ob die in § 39 und § 81 angeordnete *Anmeldung der Bestellung zum Vorstand zur Eintragung* in das Handelsregister erfolgt ist. Auch darauf, ob diese Eintragung, falls eine solche Anmeldung vorliegt, vorgenommen worden ist, kommt es nicht an. Da die handelsregisterliche Eintragung nach § 15 HGB nicht rechtsbegründend, sondern nur rechtsbekundend wirkt, ist schon die aktienrechtliche Wirksamkeit der Bestellung von ihr unabhängig. Auf die Frage der strafrechtlichen Haftung kann daher insoweit die handelsregisterliche Nichtanmeldung oder Nichteintragung keine Auswirkung haben.

Die *Auflösung* der Aktiengesellschaft wirkt sich grundsätzlich auf die strafrechtliche Haftung des Täters nicht aus, sofern nur die Rechtspersönlichkeit der Gesellschaft noch besteht. Obwohl Fälle des § 399 hier schwer denkbar sind, können sie doch nicht als ausgeschlossen angesehen werden. Man denke etwa an die Wiederbelebung einer in der Abwicklung befindlichen Gesellschaft.

Ist ein *Beamter* Mitglied des Vorstands einer Aktiengesellschaft und verwirklicht er den Tatbestand der Untreue nach § 249, so ändert seine Stellung als Beamter nichts an der Tatsache, daß er als Täter in Betracht kommen kann. Das RG hat dies im Zusammenhang mit § 81a GmbHG a. F. anläßlich eines Falles ausgesprochen, bei dem der Täter kraft amtlichen Auftrags als Geschäftsführer einer GmbH handelte, deren sämtliche Anteile in den Händen einer Stadtgemeinde lagen. RG in HRR 40, 1223. Das gleiche muß für einen Beamten gelten, der kraft behördlichen Auftrags Mitglied des Vorstands einer Aktiengesellschaft ist. Daß sich der Betreffende im Rahmen der Amtshierarchie in einer besonderen weisungsgebundenen Abhängigkeit befindet, kann hieran nichts ändern, da die Tätigkeit für die Aktiengesellschaft sich jedenfalls nach außen hin grundsätzlich nicht vom Normalfall unterscheidet und das Rechtsschutzinteresse auch dann, wenn etwa alle Aktien sich im Eigentum einer Stelle der öffentlichen Hand befinden, kein wesentlich anderes ist.

Besteht der *Vorstand aus mehreren Mitgliedern*, so kommt jedes einzelne Mitglied als Täter in Betracht. Die Frage der strafrechtlichen Haftung muß jedoch für jeden einzelnen gesondert geprüft werden. Dies folgt aus dem das gesamte Strafrecht beherrschenden Schuldgrundsatz, wie er insbesondere im § 28 StGB verankert ist. Dort heißt es ausdrücklich, daß, wenn mehrere an einer Tat beteiligt sind, jeder ohne Rücksicht auf die Schuld des anderen nach seiner Schuld strafbar ist. Handelt der aus mehreren Mitgliedern bestehende Vorstand einheitlich nach Maßgabe vorheriger interner Abstimmungen, so können sich für die strafrechtliche Verantwortung Besonderheiten ergeben, falls ein Vorstandsmitglied überstimmt worden ist.

Anm. 6

cc) Stellvertretende Vorstandsmitglieder

Sie sind rechtlich echte Vorstandsmitglieder. In ihrer Bestellung als stellvertretende Vorstandsmitglieder liegt gegenüber der Bestellung zu einem ordentlichen Vorstandsmitglied nur eine Beschränkung nach innen. Vgl. oben Erläuterungen zu § 94. Die Vorschriften für die Vorstandsmitglieder gelten daher, wie § 94 ausdrücklich anordnet, auch für ihre Stellvertreter. Daraus folgt, daß sie grundsätzlich zum Kreis der als Täter des § 399 in Betracht kommenden Personen zählen. Ihre strafrechtliche Haftung ist nach Art und Umfang die gleiche wie bei ordentlichen Mitgliedern. Stehen sie im Innenverhältnis in starker Abhängigkeit zu den ordentlichen Vorstandsmitgliedern, dann können sich hieraus gemäß § 28 StGB Folgerungen für den strafrechtlichen Schuldvorwurf ergeben. An der Eignung, Täter im Sinne des § 399 sein zu können, ändert sich dadurch jedoch nichts.

Für das stellvertretende Vorstandsmitglied gilt hinsichtlich der *Bestimmung des Zeitpunkts*, von dem an eine strafrechtliche Haftung aus § 399 möglich ist, ebenfalls das gleiche, wie für die ordentlichen Vorstandsmitglieder. Es kommt also auf die rechtliche Wirksamkeit der Bestellung nicht an. Es genügt, daß der Täter tatsächlich zum stellvertretenden Vorstandsmitglied bestellt und zum Zeitpunkt der Verwirklichung des Tatbestandes tatsächlich als solcher tätig gewesen ist. Dies hat der Bundesgerichtshof für den Geschäftsführer der GmbH entschieden. GmbH-Rdsch. 55, 43 mit Anm. Vogel. Das gleiche gilt für das Recht der Aktiengesellschaft. Für den Endzeitpunkt, von dem ab keine strafrechtliche Verantwortung mehr besteht, ist bei den stellvertretenden Vorstandsmitgliedern ebenso wie bei den ordentlichen nicht die rechtliche, sondern die tatsächliche Beendigung der Tätigkeit als stellvertretendes Mitglied maßgebend. Falls die rechtliche über die tatsächliche Inhaberschaft der Position hinausgeht, ist allerdings die erstgenannte für die Bemessung des Endzeitpunktes der strafrechtlichen Haftung entscheidend.

Anm. 7

dd) Mitglieder des Aufsichtsrats

Der Aufsichtsrat ist notwendiges Organ der Aktiengesellschaft. Seine Rechtsstellung ist in den §§ 95 ff. geregelt. Wegen der Einzelheiten hierzu kann auf die Erläuterungen zu den genannten Bestimmungen Bezug genommen werden. Schon die Bestellung der erforderlichen Anzahl von Aufsichtsratsmitgliedern ist durch die Androhung von Zwangsgeld gemäß § 407 geschützt. Täter kann jedes Aufsichtsratsmitglied sein. Für die strafrechtliche Haftung macht es keinen Unterschied, ob die Bestellung zum Aufsichtsratsmitglied nach den Bestimmungen dieses Gesetzes oder auf Grund der besonderen Regeln des Mitbestimmungsrechts oder des Rechts der Holding-Gesellschaften der Montanindustrie erfolgte. Es ist also für die Anwendung des § 399 grundsätzlich ohne Bedeutung, ob das betreffende Aufsichtsratsmitglied Aktionärs- oder Arbeitnehmervertreter ist. Besonderheiten können sich für Arbeitnehmervertreter im Aufsichtsrat ergeben, wenn ein Konflikt zwischen den Pflichten als Vertreter der Interessen der Arbeitnehmer einerseits und den Pflichten als Mitglied des zur Wahrnehmung der Interessen der Gesellschaft bestimmten Aufsichtsrats andererseits entsteht. Hier ist von Fall zu Fall für jeden einzelnen zu prüfen, ob etwa unter dem Gesichtspunkt der Pflichtenkollision ein Ausschluß der Rechtswidrigkeit oder der Schuld in Frage kommt. Zur Rechtsstellung der Arbeitnehmervertreter vgl. die Erläuterungen zu § 96.

Auf die rechtliche Wirksamkeit der Bestellung zum Aufsichtsratsmitglied kann es hier ebensowenig wie bei den Vorstandsmitgliedern entscheidend ankommen. Es reicht aus, daß der Täter zum Zeitpunkt der Untreuetat bereits zum Mitglied des Aufsichtsrats bestellt war und tatsächlich als Aufsichtsratsmitglied tätig gewesen ist. Auch für den Endzeitpunkt der Haftung aus § 399 gilt das gleiche wie bei den Vorstandsmitgliedern.

Stellvertretende Aufsichtsratsmitglieder können nicht bestellt werden (§ 101 III). *Ersatzmitglieder* sind jedoch zulässig (§ 101 III). Da ihre Wahl unter der aufschiebenden Bedingung des endgültigen Fortfalls bisheriger Mitglieder des Aufsichtsrats erfolgt, sind sie vor Bedingungseintritt keine Aufsichtsratsmitglieder. Sie können daher bis zu diesem Zeitpunkt nicht als Täter nach § 399 zur strafrechtlichen Verantwortung herangezogen werden.

Anm. 8

ee) Die persönlich haftenden Gesellschafter der Kommanditgesellschaft auf Aktien

Sie zählen gleichfalls zu den als Täter in Betracht kommenden Personen. Gemäß § 408 gelten die den Vorstand betreffenden Vorschriften der §§ 399—407 sinngemäß auch für die persönlich haftenden Gesellschafter der Kommanditgesellschaft auf Aktien.

Anm. 9

ff) Die Gründer und die Aufsichtsratsmitglieder der Kommanditgesellschaft auf Aktien

Auch sie haften strafrechtlich ebenso wie die Gründer und Aufsichtsratsmitglieder der normalen Aktiengesellschaft. Daß § 278 III nur auf die Vorschriften des Ersten Buches des Aktiengesetzes verweist, steht dem nicht entgegen. Diese Verweisung ist vielmehr die notwendige, aber auch hinreichende Bedingung für die sinngemäße Anwendung der strafrechtlichen Vorschriften des Fünften Buches, weil sie zur Gleichstellung mit den normalen Vorstandsmitgliedern und damit auch zur Übernahme der strafrechtlichen Verantwortung führt, wie sie für die Zuletztgenannten gilt.

Anm. 10

gg) Täterqualifikation und Nichtigkeit der Gesellschaft

Der strafrechtlichen Haftung derjenigen, denen die Täterqualifikation zukommt, die also Gründer, Vorstands- oder Aufsichtsratsmitglieder sind, steht eine etwaige *Nichtigkeit der Gesellschaft* nicht entgegen. Ferner ist es gleichgültig für die Anwendbarkeit des § 399 Nr. 1, ob die Gesellschaft im Handelsregister eingetragen ist oder nicht. RGSt 43, 414; Eb. Schmidt Anm. 4 der 1. Aufl. und Erbs in Kohlhaas Anm. 5 D.

Anm. 11

b) Die einzelnen Tatbestandsmerkmale

aa) Falsche Angaben und Verschweigen erheblicher Umstände

Der Tatbestand des Gründungsschwindels ist ebenso wie die übrigen Tatbestände des § 399 ein sogenanntes Äußerungsdelikt. Vgl. hierzu Kern, Die Äußerungsdelikte, 1919. In allen Fällen des § 399 I ist es für die Strafbarkeit erforderlich, daß der Täter *falsche Angaben gemacht* oder *erhebliche Umstände verschwiegen* hat. Falsche Angaben sind Äußerungen, deren Inhalt von der objektiven Wahrhaftigkeit abweicht. Unbeachtlich ist es für die Tatbestandsmäßigkeit des Verhaltens, ob der Täter wußte, daß seine Angaben objektiv falsch sind. Dies wird erst bei der Prüfung der Voraussetzungen für den Vorsatz relevant. Hat der Täter keine falschen Angaben gemacht, so kann im Gegensatz zu der alten Regelung im § 313 HGB eine Tatbestandsverwirklichung durch Verschweigen erheblicher Tatsachen in Betracht kommen. Hierbei kommt es nicht darauf an, daß das Gesamtbild der Äußerung durch das Verschweigen erheblicher Umstände falsch wird. Es genügt, daß überhaupt wesentliche Umstände verschwiegen worden sind. Erheblich sind die verschwiegenen Umstände nicht nur dann, wenn eine Rechtspflicht besteht, die betreffenden Umstände zu erwähnen, sondern auch dann, wenn im Wirtschaftsleben nach Treu und Glauben und unter Berücksichtigung der Verkehrssitte eine Äußerung über die verschwiegenen Umstände zu erwarten gewesen ist. Zu Schweigerechten und Schweigepflichten vgl. Anm. 6 zu § 400. — Der Tatbestand erfaßt durch seine Formulierung im Gesetz das aktive Tun ebenso wie das Unterlassen. Einer Heranziehung des § 13 StGB bedarf es daher nicht.

Anm. 12

bb) Zusammenhang mit einer Gründung

Voraussetzung ist, daß die falschen oder durch das Verschweigen erheblicher Umstände unvollständigen Angaben mit einer *Gründung* im Zusammenhang stehen. Es müssen also vorangegangen sein: die Feststellung der Satzung (§ 23) und die Übernahme der Aktien durch die Gründer (§ 29). Nicht erforderlich ist für die Tatbestandsverwirklichung die Eintragung der Gesellschaft. Diese braucht nur der Zweck zu sein, den der Täter anstrebt. RGSt 37, 25; 43, 323. Eine etwaige Nichtigkeit der Gründung hindert die Strafbarkeit nicht. RGSt 43, 414; ebenso Baumbach-Hueck Rn. 6. Nicht erfaßt wird durch § 399 Nr. 1 die Anmeldung, die § 52 VI für die *Nachgründung* vorschreibt. Baumbach-Hueck Rn. 6.

Anm. 13

cc) Subjektives Tatbestandsmerkmal: zum Zweck der Eintragung

Subjektives Tatbestandsmerkmal ist für alle in § 399 Nr. 1 erfaßten Fälle die Absicht des Täters, die Eintragung der Gesellschaft zu bewirken. Er muß *zum Zweck der Eintragung der Gesellschaft* die betreffenden falschen Angaben gemacht oder erhebliche Umstände verschwiegen haben. Zu den Einzelheiten der Anmeldung zum Zweck der Eintragung vgl. die Erläuterungen zu den §§ 36ff. — Die durch diesen Zweck bestimmten Äußerungen müssen sich — alternativ oder konjunktiv — beziehen auf:

Anm. 14

dd) Übernahme der Aktien

Sie ist für die Errichtung der Gesellschaft entscheidend (§ 29). Die in der die Satzung feststellenden Urkunde genannten Aktien (§ 23 II) müssen sämtlich von den Gründern übernommen sein. Die Richtigkeit und Vollständigkeit der Angaben hierüber anläßlich der Anmeldung zum Handelsregister soll diese Tatbestandsalternative schützen. — § 295 I Nr. 1 AktG 1937 erwähnte noch die Zeichnung der Aktien. Da die Stufengründung (§ 30 AktG 1937) im geltenden Gesetz nicht mehr vorgesehen ist, entfällt diese Tatbegehungsform nunmehr.

Anm. 15

ee) Einzahlung auf die Aktien

Nach § 37 ist in der Anmeldung zur Eintragung in das Handelsregister die Erklärung abzugeben, daß die Voraussetzungen des § 36 Abs. II erfüllt sind. Dabei sind der Betrag, zu dem die Aktien ausgegeben werden, und der darauf eingezahlte Betrag anzugeben. Die hierauf bezüglichen Angaben werden also etwa dann falsch, wenn Einzahlungen behauptet werden, obwohl sie überhaupt nicht oder nicht in dem angegebenen Umfang erfolgt sind. Eine falsche Angabe läge aber auch dann vor, wenn als eingezahlt ein Betrag bezeichnet wird, der lediglich zum Zweck der Einzahlung geliehen wurde und der nach Abgabe der Erklärung für den Eintragungsantrag dem Zeichner alsbald zurückgegeben oder unmittelbar an den Darlehnsgeber weitergeleitet worden ist. RGSt. 24, 286; 157, 225; BGH 15, 69; Rabben S. 33; Goldschmidt AR 272 und AG. Anm. 3 zu § 313; Stenglein § 313 Anm. 3a. Ist zum Zweck der Einzahlung auf die Aktien nur aufgerechnet worden, so wäre es eine falsche Angabe, wenn im Eintragungsantrag behauptet würde, daß eine entsprechende Barzahlung erfolgt sei. RGZ 94, 61; RGSt 53, 149. Zweifelhaft kann es sein, inwieweit unrichtige Angaben über den Besitz des auf die Aktien eingezahlten Betrages unter den Tatbestand des Gründungsschwindels fallen. Da es sich hierbei um eine Frage der Verwendung eingezahlter Beträge handelt, vgl. das in der nächsten Anm. zu dieser Frage Ausgeführte. In § 54 Abs. 3 hat der Gesetzgeber vorgeschrieben, daß die erforderliche Einzahlung auf die Aktien nur in gesetzlichen Zahlungsmitteln oder in von der Deutschen Bundesbank bestätigten Schecks oder durch Gutschrift auf ein Konto im Inland bei der Deutschen Bundesbank oder einem Kreditinstitut oder auf ein Postscheckkonto der Gesellschaft oder des Vorstands zu seiner freien Verfügung erfolgen kann. Unzulässig ist die Einzahlung durch Hingabe von Wechseln, durch Hypothekenabtretung, usw. Vgl. oben Erläuterungen zu § 54 III. Wird in dem Eintragungsantrag die erfolgte Einzahlung behauptet, obwohl die Voraussetzungen des § 54 Abs. 3 nicht erfüllt sind, dann liegt eine strafbare falsche Angabe im Sinne des § 399 Nr. 1 vor. Gemäß § 36 Abs. II darf die Gesellschaft bereits dann zur Eintragung in das Handelsregister angemeldet werden, wenn mindestens ¼ des Nennbetrages der Aktien eingezahlt ist. Ist diese Voraussetzung erfüllt, dann liegt gleichwohl eine strafbare falsche Angabe vor, wenn im Eintragungsantrag eine höhere Einzahlung behauptet wird. Die Unrichtigkeit dieser Äußerung ist zwar nicht ursächlich für die Eintragung, weil diese auch erfolgen würde, wenn eine zutreffende Angabe über die 25%ige Einzahlung erfolgt wäre. Gleichwohl liegt ein strafbares Verhalten vor, denn aus § 37 Abs. I Satz 1 geht klar hervor, daß die tatsächlich eingezahlten Beträge in dem Eintragungsantrag wahrheitsgemäß angegeben werden müssen. Ebenso RGSt. 33, 252; 43, 323; BGH NJW 55, 678.

Anm. 16

ff) Verwendung eingezahlter Beträge

In den §§ 36 Abs. II und 37 hat der Gesetzgeber im einzelnen geregelt, wie die auf die Aktien eingezahlten Beträge verwendet werden dürfen. Vgl. hierzu im einzelnen die Erläuterungen zu den genannten Bestimmungen. Von entscheidender Bedeutung ist die Vorschrift, daß die eingezahlten Beträge grundsätzlich zur freien Verfügung des Vorstands stehen müssen. Zur Bezahlung der bei der Gründung angefallenen Steuern und Gebühren dürfen sie jedoch verwandt werden. Auf diese Art der Verwendung bezieht sich das hier erörterte Tatbestandsmerkmal insbesondere. Aber auch die Frage, inwieweit unrichtige Angaben über den Besitz der eingezahlten Beträge unter den Straftatbestand des Gründungsschwindels nach § 399 fallen, gehört hierher. Nach früherem Recht (§§ 313 Nr. 1, 195 Abs. III HGB) hat die herrschende Meinung diese Frage grundsätzlich bejaht. RGSt. 24, 286; 30, 314; 43, 182; 53, 149; Werneburg ZBH 1927, 219; Rabben 33; Stenglein § 313 Anm. 3a. Wie Eb. Schmidt Anm. 9 der 1. Auflage zutreffend ausführt, kann durchaus nicht angenommen werden, daß das Aktiengesetz die strafrechtliche Haftung abschwächen wollte, denn in § 36 wird mit dem Erfordernis der Einzahlung die endgültige freie Verfügungsmöglichkeit des Vorstands über die eingezahlten Beträge verlangt. Eine solche Verfügungsmöglichkeit wird aber in der Regel mindestens die Erlangung des mittelbaren Besitzes voraussetzen. Von einer Einzahlung ohne Übertragung des mittelbaren Besitzes wird mithin kaum gesprochen werden können. Infolgedessen werden falsche Angaben über den Besitz stets auch solche über die Einzahlung sein. Es wäre formalistisch, wollte man hier zu trennen versuchen. Es ist auch heute noch richtig, wenn das RG in RGSt. 24, 286 ausführt, daß die Einzahlung zu einem „leeren Formalakt ohne alle reale Basis" werden würde, wenn man Einzahlung und Erlangung der Verfügungsgewalt nicht in engster sinngemäßer Zusammengehörigkeit sehen würde. Im Ergebnis ebenso Baumbach-Hueck Rn. 7.

Anm. 17

gg) Ausgabebetrag der Aktien

Bei dieser Tatbestandsvariante will der Gesetzgeber durch die Strafdrohung sicherstellen, daß der Kurswert, zu welchem die Gründer die Aktien in den Verkehr gebracht haben, im Handelsregister in seiner wirklichen Höhe erkennbar gemacht ist, damit sich interessierte Dritte durch Einsichtnahme die für die Bonität der neuen Gesellschaft wichtige Kenntnis des Ausgabekurses verschaffen können. Die nach § 9 Abs. I unzulässige Unterpariausgabe wird durch § 399 Nr. 1 nicht unter Strafdrohung gestellt. Gleichwohl wirkt sich der Straftatbestand des Gründungsschwindels mittelbar auf diese Bestimmung aus, denn mindestens erschwert sie eine derartige Manipulation, zumal in der Urkunde gemäß § 23 II der Ausgabebetrag anzugeben ist.

Anm. 18

hh) Sondervorteile, Gründungsaufwand, Sacheinlagen und Sachübernahmen

Falsche Angaben oder das Verschweigen erheblicher Umstände kommen in bezug auf diese Angaben nur bei den sogenannten qualifizierten Gründungen in Betracht, vgl. §§ 26, 27 und 37 III Nr. 2. Der rechtspolitische Grundgedanke ist klar. In diesen Fällen ist die Gefahr der Täuschung Dritter über den wirklichen Wert des Grundkapitals und der Aktien besonders groß. Rabben S. 35. Falsche Angaben oder das Verschweigen erheblicher Umstände lägen insoweit z. B. vor, wenn Gründungsvergütungen als solche verschleiert und etwa in den Einbringungspreis eingerechnet würden (RGSt. 18, 105) oder wenn etwa eine schwindelhafte Überbewertung der Einlagen erfolgt wäre, mag auch das tatsächlich vereinbarte Entgelt richtig angegeben worden sein (RGSt. 40, 286; 49, 340; LZ 1914, 950). Erhebliche Umstände würden verschwiegen sein, wenn eine Bargründung erfolgte und dann, einer nicht verlautbarten Abrede entsprechend, Sacheinlagen von der Gesellschaft erworben würden, um die Regelung des § 27 zu umgehen. Eb. Schmidt in Anm. 12 der 1. Auflage. Andererseits können falsche Angaben über den Erwerb von Anlagen oder sonstigen Vermögensgegenständen bei *Nachgründungen* im Sinne des § 52 nicht wegen Gründungsschwindels gemäß § 399 Nr. 1 bestraft werden, da die Anmeldung in diesen Fällen nicht zum Zweck der Eintragung der Gesellschaft erfolgt. Ebenso Baumbach-Hueck Rn. 6 u. 7.

Anm. 19

c) Vollendung und Versuch

Die hier in Rede stehenden Äußerungen zum Zweck der Eintragung der Gesellschaft müssen, wie sich aus dieser Zwecksetzung ohne weiteres ergibt, im Zusammenhang mit der Anmeldung zur Eintragung in das Handelsregister dem Registergericht gegenüber erfolgt sein. *Vollendet* ist die Straftat infolgedessen mit dem *Zugehen* des Eintragungsantrags *beim Gericht.* Nicht erforderlich ist für die Vollendung, daß der Registerrichter von dem Antrag Kenntnis genommen hat. Demnach ist weder die Täuschung des Richters noch die erfolgte Eintragung im Handelsregister ein Tatbestandsmerkmal. RGSt. 37, 27; 43, 323; RG HRR 38, 1386; Rabben S. 37; Stenglein Anm. 2 zu § 313. Der Gründungsschwindel ist somit ein sog. kupiertes Erfolgsdelikt. Der Gesetzgeber hat aus kriminalpolitischen Gründen den Zeitpunkt der Deliktsvollendung vorverlegt, obwohl es dem Täter gerade auf die Täuschung des Richters und die Eintragung im Register ankommt. Aus diesem Grunde ist es auch besser, den hier erläuterten Tatbestand nicht, wie dies gelegentlich geschieht, „Gründungstäuschung", sondern „Gründungsschwindel" zu nennen. Es wird damit deutlicher zum Ausdruck gebracht, daß die Täuschung kein Tatbestandsmerkmal ist. Unter diesen Umständen versteht es sich von selbst, daß die nachträgliche Berichtigung die Strafbarkeit nicht mehr beseitigt. Ferner ist es für die Strafbarkeit belanglos, ob der Registerrichter eine Antragsergänzung verlangt oder ob er die Eintragung ablehnt. Vgl. RG JW 04, 2463 und Brodmann Anm. 2e zu § 313. — Der Versuch ist nicht strafbar (§ 23 i. V. m. § 12 StGB).

Anm. 20

d) Übergesetzliche Tatbestandsausschließungsgründe (Sozialkongruenz)

Ein bisher soweit ersichtlich noch nirgends erörtertes Problem ergibt sich für die hier behandelten drei Formen der Tatbestandsverwirklichung daraus, daß die Gesetzesanwendung eingeschränkt werden muß. Es leuchtet ein, daß nicht jede falsche Angabe als Erfüllung des Tatbestands angesehen werden darf, selbst wenn alle übrigen Tatbestandsmerkmale durch das betreffende Verhalten verwirklicht sind. Für das Tatbestandsmerkmal des Verschweigens erheblicher Umstände ist das hier auftretende Problem dadurch gelöst, daß schon der Gesetzgeber gesagt hat, ein Verschweigen von Umständen sei nur dann Tatbestandsverwirklichung, wenn es sich um *erhebliche* Umstände handele. Für das Tatbestandsmerkmal der falschen Angaben fehlt eine entsprechende Einschränkung im Gesetz. Aus dem Sinn der Bestimmung kann jedoch der Gedanke abgeleitet werden, daß falsche Angaben den Tatbestand des Gründungsschwindels nur dann zu verwirklichen geeignet sind, wenn es sich bei den betreffenden Angaben um solche handelt, die als wesentlich sowohl für den Gründungsvorgang als solchen wie auch für die weiteren rechtlichen und wirtschaftlichen Konsequenzen angesehen werden müssen. Falsche Angaben zu ganz nebensächlichen und geringfügigen Punkten genügen nicht. Insoweit ist von einer übergesetzlichen Tatbestandseinschränkung auszugehen. Ihr liegt zugrunde der allgemeine übergesetzliche Tatbestandsausschließungsgrund der Sozialkongruenz. Nach diesem Prinzip kommt ein Ausschluß des an und für sich formal tatbestandsmäßigen Verhaltens unter zwei Gesichtspunkten in Frage, nämlich einmal dann, wenn das betreffende tatbestandsmäßige Verhalten als sozialethisch geboten erscheint — so etwa die Übernahme eines gebotenen Risikos eines unternehmerischen Vorgehens, das formal einen aktienstrafrechtlichen Tatbestand verwirklicht —, und zum anderen dann, wenn das betreffende formal tatbestandsmäßige Verhalten sozialethisch völlig irrelevant ist. Vgl. Klug, Sozialkongruenz und Sozialadäquanz im Strafrechtssystem, in: Festschrift für Eb. Schmidt, Göttingen 1961, S. 249ff. Beispiele für diesen zuletzt genannten Aspekt bilden etwa die Tatbestände der einfachen Freiheitsberaubung (§ 239 StGB), des Glücksspiels (§ 284 StGB) und der einfachen passiven Beamtenbestechung (§ 331 StGB). Die geringfügige Freiheitsberaubung ebenso wie das Glücksspiel mit ganz unbeträchtlichen Geldeinsätzen und die Annahme von belanglosen Geschenken (z. B. das Neujahrstrinkgeld für den Postboten) sind wegen ihrer sozialen Harmlosigkeit als sozialkongruent und demgemäß als nicht mehr tatbestandsmäßig anzusehen, obwohl rein formal eine Tatbestandsverwirklichung bejaht werden müßte. Vgl. Klug a. a. O. S. 263. Es dürfte einleuchtend sein, daß das gleiche für ganz unwesentliche und nebensächliche falsche Angaben im Rahmen des Tatbestands des § 399 Nr. 1 zu gelten hat. Auch hier kann davon ausgegangen werden, daß der Tatbestandsausschließungsgrund der Sozialkongruenz des betreffenden Verhaltens wegen sozialer Irrelevanz eingreift. Nicht jede falsche Angabe löst mithin die Strafrechtsfolge dieser Bestimmung aus. Es muß sich mindestens um nicht ganz unerhebliche Angaben handeln.

Anm. 21

2. Rechtswidrigkeit (Rechtfertigungsgründe, Sozialadäquanz)

Die übliche Folgerung von der Tatbestandsmäßigkeit auf die Rechtswidrigkeit wird hier in der Regel uneingeschränkt zu gelten haben. Wie Eb. Schmidt Anm. 15 der 1. Auflage mit Recht bemerkt, läßt es die unbedingte Wahrheitspflicht, die in § 399 Nr. 1 zum Ausdruck gebracht ist, — und man wird hinzufügen müssen, daß das gleiche für die ebenfalls im Gesetz an dieser Stelle zum Ausdruck gebrachte Vollständigkeitspflicht gilt — als kaum denkbar erscheinen, daß für falsche Angaben oder unvollständige Mitteilungen der in Nr. 1 genannten Art jemals ein Rechtfertigungsgrund Platz greifen könnte. Ganz unmöglich ist das allerdings nicht. Die üblichen allgemeinen Rechtfertigungsgründe des Strafrechts (§§ 32, 33, 34 StGB) sind jedenfalls nicht prinzipiell ausgeschlossen. Insbesondere ist daran zu denken, daß der übergesetzliche Rechtfertigungsgrund der *Sozialadäquanz* (Welzel § 14 I 3) zur Anwendung gelangt. Im Gegensatz zur oben erwähnten Sozialkongruenz (Anm. 20), handelt es sich hier bei der Sozialadäquanz um einen „in der sozialethischen Ordnung des Gemeinschaftslebens wurzelnden gewohnheitsrechtlichen Rechtfertigungsgrund tatbestandsmäßigen Verhaltens" (Welzel § 14 I 3). Man denke etwa an volkswirtschaftlich besonders wichtige Geheimhaltungsinteressen und ähnliche Konfliktsituationen. Andererseits ist mit Nachdruck darauf hinzuweisen, daß eine derartige Rechtfertigung beim Tatbestand des Gründungsschwindels selbstverständlich nur für ganz extreme Fallkonstellationen in Betracht kommt. — Zur Frage der Bedeutung des *Irrtums über das Vorliegen eines Rechtfertigungsgrundes* vgl. Anm. 25.

Anm. 22

3. Schuld

a) Allgemeines

Schuld im strafrechtlichen Sinne ist, wie man zu sagen pflegt, Vorwerfbarkeit des tatbestandsmäßigen und rechtswidrigen Verhaltens (BGHSt. 2, 200). Daß der Schuldvorwurf nur dann zulässig ist, wenn der Täter zurechnungsfähig war (Anm. 23), das Unrechtsbewußtsein hatte (Anm. 25) und keine Schuldausschließungsgründe vorlagen (Anm. 26), ist unbestritten. Streit herrscht dagegen — allerdings nicht in der Rechtsprechung, sondern nur im Schrifttum — über die Frage, ob der Vorsatz (Anm. 24) ein Schuldelement oder, wie dies der sog. *Finalismus* lehrt, nur ein subjektives Tatbestandselement darstellt. Dieser am Handlungsbegriff anknüpfende Streit hat bekanntlich insofern praktische Bedeutung, als nach der Theorie des Finalismus bereits die Tatbestandsmäßigkeit des Verhaltens des Täters fehlt, wenn dieser nicht vorsätzlich handelte (Welzel § 8 und § 13). Für eine Stellungnahme zu dieser Diskussion ist hier nicht der Ort, zumal die Rechtsprechung im Anschluß an den BGH nach wie vor davon ausgeht, daß auch ein nicht-vorsätzliches Verhalten tatbestandsmäßig sein kann und der Vorsatz mithin erst für die Frage von Bedeutung ist, ob das bereits als tatbestandsmäßig und rechtswidrig festgestellte Verhalten des Täters zugleich als schuldhaft angesehen werden kann. Die bei den aktienrechtlichen Straftatbeständen entstehenden Vorsatzprobleme sind daher im Rahmen der Erörterung der Schuldfrage zu behandeln. Im übrigen handelt es sich bei der Streitfrage um ein definitions-theoretisches Problem, das unabhängig ist von wissenschaftlich nicht verifizierbaren sog. „sachlogischen Vorfragen". Vgl. Klug, Der Handlungsbegriff des Finalismus als methodologisches Problem, in: Emge-Festschrift, 1960, S. 33ff. Weiteres Schrifttum zur Finalismus-Diskussion: Jürgen Baumann, Strafrecht — Allgem. Teil, 6. Aufl., § 16 IV—VI und § 28 II 4; Engisch, Der finale Handlungsbegriff, in: Kohlrausch-Festschrift, 1944, S. 141ff.; Gallas, Zum gegenwärtigen Stand der Lehre vom Verbrechen, 1955; Maihofer, Der Handlungsbegriff im Verbrechenssystem, 1953; Maurach AT § 16; Mezger AT § 19; Niese, Finalität, Vorsatz und Fahrlässigkeit, 1951; v. Weber, zum Aufbau des Strafrechtssystems, 1935; Welzel, Das neue Bild des Strafrechtssystems, 4. Aufl. 1961; ders. ZStW 58 (1939), 491ff. Aus den erwähnten definitionslogischen Gründen empfiehlt es sich auch, den strafrechtlichen Schuldbegriff zu entmythologisieren und von einem nicht moralisch interpretierten und demgemäß nicht als moralisch-ethische Kategorie überhöhten, sondern nur an Gefährlichkeitsmaßstäben zu messenden Kriminal-Schuldbegriff auszugehen. Zu definieren ist dieser, dem Resozialisierungs- und Sozialisationszweck der Strafe zugeordnete Schuldbegriff als der Inbegriff derjenigen psychischen Faktoren, die (nach normativem Sprachgebrauch, wie dieser durch Gesetz, Gewohnheit und Wissenschaft festgelegt ist) beim Täter hinsichtlich seiner inneren Einstellung zur Tat vorliegen müssen, wenn der Täter (wegen seiner durch das tatbestandsmäßige und rechtswidrige Verhalten erkennbar gewordenen Gefährlichkeit) der Behandlung durch Strafsanktionen unterzogen werden soll. Ein so definierter Schuldbegriff ist mit dem klassischen psychologischen Schuldbegriff nicht identisch, weil er nicht alle psychischen Strafbarkeitsvoraussetzungen, mithin nicht die gesamte innere Tatseite umfaßt. Nach der zur Zeit geltenden normativen Sprachregelung gehören zwar die psychischen Faktoren Zurechnungsfähigkeit, Vorsatz (oder auch in bestimmten Fällen Fahrlässigkeit), Unrechtsbewußtsein und Fehlen von Schuldausschließungsgründen zu den Elementen des Schuldbegriffs, nicht aber besondere zusätzliche Absichten, wie beispielsweise die Bereicherungsabsicht beim Betrug oder die Zueignungsabsicht beim Diebstahl. Da nur ein Ausschnitt der psychischen Strafbarkeitsvoraussetzungen vom Schuldbegriff erfaßt wird, und dieser Ausschnitt begrenzt wird durch eine auf gesetzlicher und konventioneller Sprachregelung beruhende Definition, er also durch eine auf vereinbarten Axiomen aufbauende Sprachregelung bestimmt ist, empfiehlt es sich, zur Verdeutlichung des Gegensatzes zum klassischen psychologischen Schuldbegriff einerseits und zum traditionellen normativen Schuldbegriff andererseits nunmehr vom *axiomatischen Schuldbegriff* zu sprechen. Dieser verträgt sich, wie aus seiner oben angegebenen Definition hervorgeht, ebenso mit einem als normatives, d. h. rechtsstaatlich begrenztes, Maßnahmerecht interpretierten, *reformierten Strafrecht*, wie mit einem in der gleichen Weise — nämlich durch Ausrichtung nach rechtsstaatlichen Maximen — charakterisierten, an die Stelle des Strafrechts tretenden, *normativen Maßnahmerechts*. Vgl. zu dieser Grundlagenproblematik, auf die im vorliegenden Rahmen nicht näher einzugehen ist: Klug in „Phänomenologie, Rechtsphilosophie, Jurisprudenz — Festschrift für Gerhart Husserl", 1969, S. 231—233; ders. Rechtfertigung oder Abschaffung des Strafrechts? in: Erziehung und Recht im Vollzug der Freiheitsstrafe, Hrsg. G. Deimling u. J. M. Häussling, Wuppertal 1974, S. 13—25; ferner W. de Boor, Schuldstrafrecht? Normatives Maßnahmerecht? in: V. Symposion des Instituts für Konfliktforschung Köln, Selbstverlag W. de Boor, 1975, S. 37—61.

Anm. 23

b) Schuldfähigkeit

Sie fehlt oder ist gemindert, wenn der Täter gemäß §§ 20, 21 StGB zurechnungsunfähig oder vermindert zurechnungsfähig ist. Insofern gilt hinsichtlich der Schuldfähigkeit für die aktienrechtlichen Straftatbestände nichts Besonderes. Die Schuldfähigkeit muß z. Zt. der Tat bestehen. Hat der Täter jedoch den Taterfolg, den er im unzurechnungsfähigen Zustand herbeiführte, noch im zurechnungsfähigen Zustand schuldhaft verursacht (sog. actio libera in causa), so ist er strafrechtlich verantwortlich. Hat dagegen der Täter den Tatbestand des § 399 Nr. 1 in einem die Zurechnungsfähigkeit ausschließenden Rauschzustand (§ 20 StGB) verwirklicht, ohne den Taterfolg schon während des vorangegangenen noch zurechnungsfähigen Zustandes schuldhaft verursacht zu haben, dann kann eine Strafbarkeit nach § 330a StGB in Betracht kommen. Voraussetzung hierfür ist, daß der Täter sich vorsätzlich oder fahrlässig durch den Genuß geistiger Getränke oder durch andere berauschende Mittel in diesen Rausch versetzt hat. Der aktienrechtliche Straftatbestand ist dann lediglich objektive Strafbarkeitsbedingung. Kohlrausch-Lange Anm. II zu § 330a.

Praktisch bedeutsam ist für die Anwendung des § 399 Nr. 1, daß der Gesetzgeber bei verminderter Zurechnungsfähigkeit im Sinne des § 21 StGB eine Strafmilderung nicht zwingend vorgeschrieben hat. Es steht im pflichtgemäßen Ermessen des entscheidenden Gerichts, ob es von der Milderungsmöglichkeit dieser Bestimmung Gebrauch machen will. Hat ein Mitglied des Vorstands, ein Aufsichtsratsmitglied oder ein Gründer einer Aktiengesellschaft in einem durch Alkoholgenuß verursachten Zustand verminderter Zurechnungsfähigkeit gehandelt, dann wird mit Rücksicht auf die besondere Verantwortung die Möglichkeit in Betracht zu ziehen sein, die Strafe nach § 21 StGB nicht zu mildern.

Anm. 24

c) Vorsatz

Strafbar ist nach § 399 nur derjenige Täter, der vorsätzlich handelt. Da von Fahrlässigkeit im Text nicht die Rede ist, darf nach der im geltenden Strafrecht herrschenden Sprachregelung § 399 nicht auf fahrlässige Taten angewandt werden. Das gilt selbst dann, wenn der Täter bewußt und grob fahrlässig vorgegangen ist.

Der Täter muß also grundsätzlich alle Merkmale des Tatbestands einschließlich des zwischen den Tatbestandsmerkmalen bestehenden Kausalzusammenhangs bewußt und gewollt verwirklicht haben (*direkter Vorsatz*). Da aus der Formulierung des Gesetzes nichts gegenteiliges zu entnehmen ist, und der Sinn der Vorschrift dies erfordert, kann es keinem Zweifel unterliegen, daß auch der *bedingte Vorsatz* (dolus eventualis) für die Strafbarkeit genügt. Bedingter Vorsatz liegt dann vor, wenn der Täter von dem Eintritt des tatbestandsmäßigen Erfolges seines Verhaltens zwar nicht überzeugt ist, wohl aber mit der Möglichkeit des Eintretens dieses Erfolgs rechnet und dies bei seinem Verhalten billigend in Kauf nimmt. Nach der wohl zutreffenden Rechtsprechung des BGH ist es dabei sogar denkbar, daß der Täter den für möglich gehaltenen Taterfolg billigend in Kauf nimmt, obwohl dieser ihm an sich unerwünscht ist (BGHSt. 7, 363; NJW 55, 1688, mit kritischer Anm. von Engisch). Dagegen reicht für die Annahme des bedingten Vorsatzes das bloße Inkaufnehmen des tatbestandsmäßigen Erfolgs ohne seine Billigung nicht aus. Für § 399 Nr. 1 ergibt sich hiernach: Da Fahrlässigkeit in keiner Form ausreicht, kommt der Abgrenzung des bedingten Vorsatzes von der bewußten Fahrlässigkeit erhöhte Bedeutung zu. Eine über den Vorsatz hinausgehende Täuschungsabsicht ist nicht erforderlich. RGJW 31, 204. Es genügt also, daß der Täter weiß, daß er falsche Angaben macht oder erhebliche Umstände verschweigt, und daß er dies auch will (direkter Vorsatz). Für den bedingten Vorsatz genügt es, wenn der Täter weiß, daß seine Angaben möglicherweise falsch sind oder daß er möglicherweise erhebliche Umstände verschweigt, und daß er diese Möglichkeiten billigend in Kauf nimmt. — Zu den Problemen von Vorsatz und Fahrlässigkeit vgl. die nach wie vor grundlegenden „Untersuchungen über Vorsatz und Fahrlässigkeit im Strafrecht" von Karl Engisch, Berlin 1930.

Anm. 25

d) Den Vorsatz ausschließender Irrtum

Für den Irrtum gelten die allgemeinen strafrechtlichen Grundsätze. Zu unterscheiden ist zwischen Tatbestandsirrtum (§ 16 StGB) und Verbotsirrtum (§ 17 StGB). Der zuletzt genannte hängt mit dem für die Bejahung der Schuldfrage erforderlichen Unrechtsbewußtsein (vgl. das oben Anm. 22 zum Schuldbegriff Gesagte) zusammen. Der Verbotsirrtum wird deshalb unten bei den Erläuterungen zum Unrechtsbewußtsein (Anm. 26) behandelt.

Nimmt der Täter etwa irrtümlich an, seine Angaben seien nicht falsch sondern wahr, dann irrt er sich über ein Tatbestandsmerkmal des § 399 Nr. 1. Ein solcher Irrtum ist ein nach § 16 StGB den Vorsatz ausschließender *Tatbestandsirrtum*. Da der in einem solchen Irrtum befangene Täter nicht vorsätzlich gehandelt hat, kann er aus § 399 Nr. 1 nicht bestraft werden. Weiß der Täter, daß er durch sein Verhalten alle Tatbestandsmerkmale verwirklicht, glaubt er aber irrigerweise, es seien die tatsächlichen Voraussetzungen eines Rechtfertigungsgrundes (z. B. rechtfertigender Notstand gemäß § 34 StGB) gegeben, dann irrt er über ein Merkmal des den betreffenden Rechtfertigungsgrund charakterisierenden Erlaubnistatbestands. Es liegt dann ein nach herrschendem Gewohnheitsrecht den Vorsatz ebenfalls ausschließender Tatbestandsirrtum vor. Zur Unterscheidung der beiden Irrtumsformen empfiehlt es sich, diesen Tatbestandsirrtum einen *Erlaubnistatbestandsirrtum* und den im Vorangehenden erwähnten Tatbestandsirrtum einen *Verbotstatbestandsirrtum* zu nennen. Vgl. hierzu die Anm. 56, 62 und 63 zu § 294 AktG a. F. in der 2. Auflage, sowie Dreher, 7 B c zu § 16 StGB und Lackner, 5b zu § 17 StGB.

Bei beiden dieser Irrtumsarten ist der Vorsatz ausgeschlossen, und zwar beim Verbotstatbestandsirrtum durch die ausdrückliche Regelung in § 16 StGB und beim Erlaubnistatbestandsirrtum durch analoge Anwendung des § 16 StGB. Diese analoge Anwendung verstößt nicht gegen das Analogieverbot des § 1 StGB, weil es sich hier um eine Analogie zugunsten des Täters handelt. Vgl. Dreher, Anm. 7 B c zu § 16; Engisch ZStW 70, 599/600; Lackner, Anm. 5b zu § 17.

Der Vollständigkeit halber hinsichtlich der denkbaren Irrtumsfälle sei noch der *Gebotstatbestandsirrtum* erwähnt. Ein solcher liegt vor, wenn der Täter sich über das Vorliegen der tatsächlichen Voraussetzungen für Handlungsgebote, die sich unter dem Gesichtspunkt der Sozialkongruenz (oben Anm. 20) ergeben, irrt, wenn er also irrig annimmt, die tatsächlichen Voraussetzungen für ein sozialethisches Handlungsgebot — etwa aus dem Gedanken des gebotenen Risikos — seien gegeben. Für den Tatbestand des Gründungsschwindels (§ 399 Nr. 1) sind solche Fallkonstellationen wohl kaum denkbar. Deshalb sei zur Verdeutlichung der besonderen Art dieses Irrtums ein Beispiel zum Untreuetatbestand (früher § 294 AktG a. F., jetzt § 266 StGB) angeführt: Für diesen Tatbestand wäre ein Gebotstatbestandsirrtum z. B. dann gegeben, wenn ein Vorstandsmitglied einer in der Rechtsform einer Aktiengesellschaft tätigen Bank aufgrund einer dramatischen Zuspitzung der Kursentwicklung an der Börse der Meinung ist, er müsse im Interesse der Bank durch entsprechende Verkäufe an der Börse ein Kursrisiko eingehen. In Wirklichkeit ist der Täter das Opfer einer falschen Nachrichtenübermittlung geworden, da die Lage an der Wertpapierbörse sich nicht in der Weise entwickelt hatte, wie es ihm mitgeteilt worden war. Wären die Tatsachen aber so gewesen, wie sich das betreffende Vorstandsmitglied sie vorgestellt hatte, dann wären seine für die Bank getätigten Börsengeschäfte ein Fall des gebotenen Risikos, d. h. also ein Fall der Sozialkongruenz gewesen. Der Täter irrte sich also nicht über die Grenzen des gebotenen Risikos und der Sozialkongruenz, sondern nur über die tatsächlichen Voraussetzungen des für ihn Gebotenen. In entsprechender Anwendung des § 16 StGB würde also bei dieser Sachlage der Vorsatz des Täters zu verneinen sein.

Nicht verwechselt werden dürfen mit diesen drei Formen des den Vorsatz ausschließenden Tatbestandsirrtums, dem Verbots-, dem Erlaubnis- und dem Gebotstatbestandsirrtum, die für das Unrechtsbewußtsein des Täters bedeutsamen Irrtumsarten des Verbotsirrtums, des Erlaubnisirrtums und des Gebotsirrtums. Sie schließen den Vorsatz nicht aus. Das Nähere hierzu vgl. unten Anm. 27.

Die früher oft benutzte, heute nicht mehr verwendete Unterscheidung zwischen *Tat- und Rechtsirrtum* wird bei der im Vorstehenden dargestellten modernen Irrtumslehre nicht mehr relevant. Sie überschneidet sich mit den hier erörterten Irrtumsarten. Beispielsweise kann ein Tatbestandsirrtum ein Rechtsirrtum sein und nicht etwa nur ein Tatirrtum, weil es neben den deskriptiven auch normative Tatbestandsmerkmale — wie z. B. die Mitgliedschaft im Vorstand der Aktiengesellschaft — gibt. Die Begriffe Tat- und Rechtsirrtum werden deshalb besser vermieden.

Auslegungsschwierigkeiten ergeben sich u. U. im Hinblick auf den *Kausalzusammenhang*. Irrt z. B. der Täter über den sich aus seinem Verhalten ergebenden, zum Nachteil für die Gesellschaft führenden Geschehensablauf, dann irrt er sich über das Tatbestandsmerkmal des Kausalzusammenhangs. Gleichwohl ist dieser Irrtum nur dann ein den Vorsatz ausschließender Verbotstatbestandsirrtum, wenn die wirklichen Ereignisse von dem, was sich der Täter vorstellte, in einer nach der allgemeinen Lebenserfahrung nicht mehr vorhersehbaren Weise abgewichen sind. BGHSt. 7, 329; 9, 242. Unwesentliche Abweichungen des Kausalverlaufs beseitigen den Vorsatz dagegen nicht. Es ist hier also ein Adäquanzurteil zu fällen. Vgl. Welzel § 13, 3d.

Anm. 26

e) Unrechtsbewußtsein

Zum Unrechtsbewußtsein (*Bewußtsein der Rechtswidrigkeit*) gehört, daß sich der Täter zum Zeitpunkt der Tat darüber im klaren war, daß er etwas Unerlaubtes tut oder etwas Gebotenes unterläßt, insbesondere, daß er als Vorstandsmitglied durch sein Verhalten gegen die Pflicht, „die Sorgfalt eines ordentlichen und gewissenhaften Geschäftsleiters“ anzuwenden, verstößt (§ 93 I). Das Entsprechende gilt hinsichtlich des Unrechtsbewußtseins für die Aufsichtsratsmitglieder (§ 116) und die Abwickler (§ 268 Abs. II). Der Täter muß also das Bewußtsein haben, daß er sich pflichtwidrig verhält, sei es, weil sein Verhalten nicht mehr in den Grenzen des gebotenen oder erlaubten Risikos liegt, sei es, daß es aus einem anderen Grund nicht mehr sozialkongruent oder sozialadäquat ist, oder sei es, daß ein sonstiger Pflichtverstoß vorliegt. Daß ein strafrechtlicher Schuldvorwurf nur möglich ist, wenn der Täter das Unrechtsbewußtsein entweder hatte oder zumindest hätte haben müssen, ist seit dem bahnbrechenden Beschluß des Großen Senats für Strafsachen des Bundesgerichtshofs vom 18. 3. 52 unbestrittenes Gewohnheitsrecht (BGHSt. 2, 194) gewesen. Jetzt greift § 17 StGB ein, der das bisherige Gewohnheitsrecht zum Gesetzesrecht erhoben hat.

Anm. 27

f) Das Unrechtsbewußtsein ausschließender oder einschränkender Irrtum

In der Praxis werden sich bei der Feststellung des Unrechtsbewußtseins oft Beweisschwierigkeiten ergeben. Läßt sich weder das Vorliegen noch das Nichtvorliegen des Unrechtsbewußtseins im Augenblick der Tat nachweisen, dann muß nach dem strafprozessualen Grundsatz *in dubio pro reo* unterstellt werden, daß der Täter sich der Rechtswidrigkeit seines Tuns nicht bewußt war. Eb. Schmidt, Lehrkommentar zur StPO, Anm. 13—16 zu § 261. Wird in dieser Weise unterstellt, daß der Täter das Unrechtsbewußtsein nicht hatte, oder ist der Beweis, daß ihm das Unrechtsbewußtsein fehlte, gelungen, dann gibt es drei Möglichkeiten: Entweder ging der Täter von der irrigen Vorstellung aus, sein Verhalten sei nicht verboten, weil es von einem Verbotstatbestand des Gesetzes nicht erfaßt werde, oder er nimmt irrtümlich an, daß ihm ein Rechtfertigungsgrund zur Seite stünde, oder er geht irrigerweise davon aus, sein Verhalten sei sogar sozialethisch geboten (Sozialkongruenz). In allen drei Fallgruppen weiß der Täter, was er tut, glaubt aber irrtümlich, sein Tun sei entweder nicht verboten, oder es sei trotz Tatbestandsmäßigkeit erlaubt, oder es sei trotz Tatbestandsmäßigkeit sogar geboten.

Dies sind die Fälle des *Verbots-, Erlaubnis- und Gebotsirrtums*. Die beiden Fälle des Verbots- und des Erlaubnisirrtums werden üblicherweise unter dem Begriff des Verbotsirrtums (§ 17 StGB) im weiteren Sinne zusammengefaßt. Der Gebotsirrtum wird meist übersehen, obwohl der Sonderfall der Sozialkongruenz, das gebotene Risiko im Bereich des Wirtschaftsstrafrechts eine nicht unwichtige Rolle spielt. (Meistens wird nur das Phänomen des erlaubten Risikos, wie gesagt, ein Sonderfall des Rechtfertigungsgrundes der Sozialadäquanz, gesehen.)

In allen drei Fällen, sowie dann, wenn dem Täter nur Gedankenlosigkeit nachgewiesen werden kann, muß jeweils geprüft werden, ob der Verbots-, Erlaubnis- oder Gebotsirrtum oder die Gedankenlosigkeit dem Täter vorgeworfen werden kann. Dies ist zu bejahen, wenn der Täter beim Einsatz „aller seiner Erkenntniskräfte und sittlichen Wertvorstellungen" (BGHSt. 4, 1) das Unrecht seines Verhaltens hätte erkennen können. Dabei sind höhere Anforderungen als im Fall der Fahrlässigkeit zu stellen (BGHSt. 4, 237 und Dreher-Maaßen Anm. I 5 zu § 59 StGB).

Insbesondere besteht grundsätzlich eine *Nachforschungspflicht*. Ist jemand im Wirtschaftsleben tätig als Vorstandsmitglied oder Aufsichtsratsmitglied, dann genügt es nicht, daß er sich auf sein „Rechtsgefühl" verläßt. Er muß sich gerade als Mitglied der Verwaltung einer Aktiengesellschaft sorgfältig nach den einschlägigen Vorschriften erkundigen und sich auch sonst hinreichend informieren. Vgl. Welzel § 22 Nr. 3b. Eine exakte juristische Würdigung ist naturgemäß nicht zu verlangen, zumal wenn der Täter juristischer Laie ist. Es genügt eine „Parallelwertung in der Laiensphäre". Außerdem kann das Nicht-Vorliegen des Unrechtsbewußtseins, wenn die Rechtswidrigkeit auf Bestimmungen beruht, bei denen der Ordnungscharakter überwiegt, die also nicht kriminalstrafrechtliche Bedeutung haben, und wenn der hierauf bezügliche Verbotsirrtum auf fehlende oder unzureichende Erkundigungen zurückzuführen ist, nur dann zum Vorwurf gereichen, wenn die konkreten Umstände dem Täter einen besonderen Anlaß zur Erkundigung gaben. Welzel a. a. O.; BGHSt. 9, 358. In vielen Fällen wird das Bestehen eines solchen Anlasses zur Einholung von Erkundigungen verschieden beurteilt werden müssen, je nach dem, ob der Täter Vorstandsmitglied oder Mitglied des Aufsichtsrats ist. Bei beiden Personenkreisen wird man aber zu berücksichtigen haben, daß es sich bei ihnen in der Regel um Persönlichkeiten handelt, die im Wirtschaftsleben versiert sind und die sich infolgedessen nicht ohne weiteres auf die Behauptung, sie hätten sich über das Unrecht ihres Tuns geirrt und sie hätten auch keinen Anlaß gesehen, Erkundigungen einzuholen, zurückziehen dürfen. Zuzugeben ist allerdings, daß z. B. die Grenzen zwischen gebotenem, erlaubtem und verbotenem Risiko fliessend sind und daß es nicht Aufgabe der Strafjustiz sein kann, die volkswirtschaftlich unerläßliche Unternehmerinitiative vorzeitig einzuschränken.

Fehlt das Unrechtsbewußtsein nicht ganz, dann genügt nach dem BGH (LM Nr. 6 zu § 59 StGB a. F.) eine Art von bedingtem Vorsatz: „Wer die Vorstellung hat, möglicherweise Unrecht zu tun, und diese Möglichkeit in seinen Willen aufnimmt, hat das Unrechtsbewußtsein." Vgl. u. a. Dreher-Maaßen Anm. I 5 zu § 59 StGB. Man könnte hier von einem *bedingten Unrechtsbewußtsein*, das dem direkten Unrechtsbewußtsein gleichzustellen ist, sprechen.

Aus dem Gesagten ergibt sich als Strafrechtsfolge: Hat der Täter das Unrechtsbewußtsein, dann steht dem Schuldvorwurf insoweit nichts entgegen. Wird dagegen festgestellt, daß das Unrechtsbewußtsein fehlte, und zwar entweder aufgrund eines Verbots-, Erlaubnis- oder Gebotsirrtums oder wegen Gedankenlosigkeit, dann kommt es darauf an, ob das Fehlen des Unrechtsbewußtseins für den Täter *vermeidbar* war. War es unvermeidbar, dann entfällt der Schuldvorwurf und damit zugleich die Strafbarkeit des Verhaltens. War es vermeidbar, sind wiederum zwei Fälle denkbar: Hätte es dem Täter leicht möglich sein müssen, das geforderte Unrechtsbewußtsein zu haben, dann trifft ihn der volle Schuldvorwurf. Auf die Strafbarkeit wirkt sich das Fehlen des Unrechtsbewußtseins in diesem Fall nicht aus. Denkbar ist es aber auch, daß der Täter das Fehlen des Unrechtsbewußtseins nicht so leicht hätte vermeiden können. Für diesen Fall besteht die Möglichkeit, die Strafe nach §§ 17, 49 Abs. I StGB zu mildern.

Zweifelsfälle können sich vor allem in dem Fall ergeben, wo das Vorstandsmitglied von den übrigen Vorstandsmitgliedern oder das Aufsichtsratsmitglied von den übrigen

Mitgliedern des Aufsichtsrats usw. *überstimmt* wurde und infolgedessen glaubt, sein den Tatbestand des § 399 Nr. 1 verwirklichendes Verhalten sei in Ausführung des Beschlusses erlaubt. Hier irrt der Täter nicht über die tatsächlichen Voraussetzungen eines Rechtfertigungsgrundes, sondern über die rechtliche Wirkung eines Mehrheitsbeschlusses. Je nach Lage des Falles wird man hier die Vermeidbarkeit des Verbotsirrtums bejahen oder verneinen können. In der Regel allerdings ist davon auszugehen, daß sich auch der überstimmte Täter die Frage vorlegen muß, ob er den für die Gesellschaft nachteiligen Beschluß wirklich ausführen darf. Immerhin wird man die Anforderungen an die Einsicht in ein etwaiges gesellschaftliches „Widerstandsrecht" nicht zu hoch schrauben dürfen. Im übrigen vgl. zur Frage der Übereinstimmung Anm. 29. Nicht hierher gehören die Fälle der irrigen Annahme eines Sachverhalts, der — wenn er wirklich gegeben wäre — das Verhalten des Täters rechtfertigen würde, denn das sind Fälle des Erlaubnistatbestandsirrtums, die bereits den Vorsatz in Fortfall bringen. Vgl. Anm. 25.

Anm. 28

g) Schuldausschließungsgründe

Auch dann, wenn ein Verhalten sowohl tatbestandsmäßig als auch rechtswidrig ist und von den Voraussetzungen des Schuldvorwurfs die Schuldfähigkeit, der Vorsatz und das Unrechtsbewußtsein gegeben sind, ist es immer noch möglich, daß die Strafbarkeit entfällt, und zwar kommt dies dann in Frage, wenn ein sog. Schuldausschließungsgrund gegeben ist. Maßgebend sind hier die Grundsätze des allgemeinen Strafrechts. Danach sind Schuldausschließungsgründe vor allem der *gesetzliche entschuldigende Notstand* (§ 35 StGB), der *Notwehrexzeß* (§ 33 StGB) und der *übergesetzliehe entschuldigende Notstand (Pflichtenkollision)*. Vgl. Dreher, 3a vor § 32 StGB.

Anm. 29

4) Sonderfragen bei Überstimmung des Täters innerhalb eines Vorstands- oder Aufsichtsrats- oder Gründergremiums

Da der Aufsichtsrat aus mindestens drei Mitgliedern bestehen muß (§ 95), der Vorstand aus mehreren Personen bestehen kann (§ 76) und als Gründer mindestens fünf Personen beteiligt sein müssen, können besondere Schwierigkeiten für die Anwendung des § 399 Nr. 1 in denjenigen Fällen entstehen, in denen der Täter aufgrund des Beschlusses eines solchen Gremiums tätig geworden ist. Hierbei sind zwei Fälle zu unterscheiden: Handelt der Täter aufgrund eines mit seiner Stimme gefaßten einstimmigen Beschlusses der betreffenden Mehrheit von Personen und verwirklicht er durch sein diesem Beschluß entsprechendes Verhalten die Tatbestandsmerkmale des § 399 Nr. 1, dann gilt hinsichtlich der Tatbestandsmäßigkeit nichts Besonderes. Auch bei der Rechtswidrigkeit des tatbestandsmäßigen Handelns kann sich in diesem Falle nichts anderes ergeben als sonst auch. Insbesondere stellt der einstimmig gefaßte Beschluß der Mitglieder des Vorstands, des Aufsichtsrats oder des Gründergremiums für sich allein keinen Rechtfertigungsgrund dar. Auch bei der Schuldfrage kann sich die Einstimmigkeit des Beschlusses nicht entscheidend auswirken. Sollte sich ein Täter in dieser Lage unter Bezug auf die Einstimmigkeit der Beschlußfassung darauf berufen, daß ihm ein Unrechtsbewußtsein fehlte, er sich also in einem Verbotsirrtum befand, so wird man ihn in der Regel darauf hinweisen müssen, daß ein solcher Irrtum vermeidbar und infolgedessen nicht geeignet war, den Schuldvorwurf zu beseitigen. Vgl. oben Anm. 26 u. 27. Je nach Lage des Falles werden die Mitglieder des Gremiums, das den in Rede stehenden einstimmigen Beschluß gefaßt hat, entweder als Mittäter oder als Anstifter gegenüber demjenigen von ihnen zu behandeln sein, der den Beschluß ausführt. Schwieriger ist die Strafrechtslage dort, wo es sich um einen Mehrheitsbeschluß handelt, bei dem der Täter *überstimmt* worden ist. Führt der Überstimmte den Mehrheitsbeschluß aus und verwirklicht er dadurch die Tatbestandsmerkmale des § 399 Nr. 1, dann kann allein durch die Tatsache, daß ein verbindlicher Majoritätsbeschluß vorliegt, an der Tatbestandsmäßigkeit des Verhaltens nichts geändert sein. Verhält sich der Überstimmte passiv und überläßt er die Ausführung des Majoritätsbeschlusses einem anderen Mitglied des betreffenden Gremiums, so ändert dies grundsätzlich an der strafrechtlichen Verantwortung selbst dann nichts, wenn auch aufgrund eines Geschäftsverteilungsplans unter den Mitgliedern des Vorstands, des Aufsichtsrats oder des Gründergremiums der Betreffende für die Ausführung nicht zuständig ist. Der Täter darf es also nicht dabei bewenden lassen, daß er überstimmt wurde, sondern muß, soweit dies in seinen Kräften steht, etwas Aktives zur Verhinderung der falschen Angaben tun. In erster Linie kommt hier die Benachrichtigung anderer Organe der Gesellschaft in Frage. Handelt es sich etwa um den Beschluß des Vorstands, dann hat der Überstimmte den Aufsichtsrat zu verständigen. Umgekehrt ist z. B. ein Aufsichtsratsmitglied, das gegen die Maßnahme gestimmt hat, gleichwohl strafrechtlich verantwortlich, wenn es dem Vorstand seine Bedenken nicht mitgeteilt hat oder sonstige geeignete und zumutbare Schritte zur Verhinderung der Verwirklichung des Gründungsschwindels versäumte. In allen diesen oder ähnlichen Fällen kommen gegenüber dem passiv bleibenden Überstimmten die Grundsätze für die Tatbestandsverwirklichung durch Unterlassung zur Anwendung. Insbesondere ist zu beachten, daß das betreffende überstimmte Mitglied des in Rede stehenden Gremiums durch seine Überstimmung grundsätzlich die Garantenstellung im Sinne der Lehre von den unechten Unterlassungsdelikten nicht verliert. Unternimmt jedoch der Überstimmte das ihm Mögliche und Zumutbare, um die Tatbestandsverwirklichung zu verhindern, ohne daß ihm dies gelingt, dann entfällt nunmehr die Tatbestandsmäßigkeit seines Tuns. Unternimmt der überstimmte Täter zu wenig, dann liegt ein den Vorsatz ausschliessender Tatbestandsirrtum vor, wenn er annahm, daß das, was er tat, ausreichen würde für die Verhinderung der Tat. Es liegt jedoch nur ein das Unrechtsbewußtsein berührender Verbotsirrtum vor, falls der Täter der Meinung war, er sei wegen des Mehrheitsbeschlusses nicht verpflichtet, mehr gegen die falschen Angaben zu unternehmen.

Anm. 30

5. Teilnahme

Für *Anstiftung* und *Beihilfe* gelten die allgemeinen Regeln: §§ 26 und 27 StGB. Für die Täterschaft, Mit- und Nebentäterschaft sowie für die mittelbare Täterschaft ist zu beachten, daß § 399 Nr. 1 ein echtes Sonderdelikt (oben Anm. 3) ist. *Täter, Mittäter, Nebentäter und mittelbare Täter* können daher nur Gründer, Mitglieder des Vorstands oder des Aufsichtsrats sein. *Versuchte Anstiftung* und *versuchte Beihilfe* zum Gründungsschwindel sind nicht strafbar. Vgl. §§ 27, 30 StGB. — Praktisch von Bedeutung ist dagegen vor allem die Tatsache, daß jemand, der nicht Vorstandsmitglied oder Mitglied des Aufsichtsrats oder Gründer ist, also etwa ein einflußreicher Geldgeber, der einen Strohmann bei der Gesellschaftsgründung eingesetzt hat, selbst dann nicht als Täter aus § 399 Nr. 1 bestraft werden kann, wenn er die volle Tatherrschaft hatte und sich eines fahrlässig handelnden Vorstandsmitglieds oder Aufsichtsratsmitglieds als Werkzeug bediente. Eine Bestrafung wegen mittelbarer Täterschaft ist hier unmöglich, weil es sich bei diesem Tatbestand, wie gesagt, um ein echtes Sonderdelikt handelt und dem Täter die erforderliche Qualifikation als Gründer, Mitglied des Vorstands oder des Aufsichtsrats fehlt. Eine Bestrafung wegen Anstiftung oder Beihilfe ist ebenfalls unmöglich, weil das betreffende als Werkzeug benutzte Vorstandsmitglied usw., dessen sich der Hintermann bediente, nicht vorsätzlich handelte. Allenfalls käme bei dieser Fallkonstellation versuchte Anstiftung oder versuchte Beihilfe in Frage. Beide Teilnahmeformen sind jedoch, wie bereits erwähnt wurde, bei § 399 Nr. 1 nicht strafbar.

Anm. 31

6. Zusammentreffen mit anderen Straftaten

Für die Tateinheit, etwa mit Betrug (§ 263 StGB), Untreue (§ 266 StGB), gelten die allgemeinen Regeln des § 52 StGB. Ein tateinheitliches Zusammentreffen mit dem Tatbestand des § 271 StGB (mittelbare Falschbeurkundung) ist nicht möglich, da die Eintragung im Handelsregister für die Richtigkeit des zur Anmeldung und Eintragung

Gebrachten keine Beweiskraft für und gegen jedermann hat. RGSt. 18, 179. Ebenso Eb. Schmidt Anm. 17 der 1. Auflage. A. M. Werneburg ZBH 1927 S. 217. Die falschen Angaben machen die Handelsregistereintragung als solche nicht zu einer unrichtigen Eintragung. Das gleiche gilt für das Verschweigen erheblicher Umstände. Beweiskraft hat das Handelsregister dagegen hinsichtlich der im Register angegebenen Personen, welche die beurkundete Erklärung abgegeben haben. Für die Verwirklichung des Tatbestands des § 399 Nr. 1 ist es aber bedeutungslos, wer gegenüber dem Handelsregistergericht als Erklärender auftritt. Es braucht also, wenn der Tatbestand des § 271 StGB verwirklicht ist, weil die Eintragungen über die Person des Erklärenden falsch sind, der Tatbestand des § 399 Nr. 1 AktG nicht verwirklicht zu sein. Nur in dem außergewöhnlichen Grenzfall, daß der Täter gleichzeitig falsche Angaben im Sinne des § 399 Nr. 1 macht oder erhebliche Umstände verschweigt und bewirkt, daß im Handelsregister eine falsche Angabe über die Person des Erklärenden beurkundet wird, kann Tateinheit zwischen Gründungsschwindel einerseits und mittelbarer Falschbeurkundung andererseits angenommen werden. — Wurden von ein und demselben Täter in kontinuierlichem Zusammenhang mehrere falsche Angaben gemacht oder mehrfach erhebliche Umstände verschwiegen, so scheinen *Tatmehrheit* (§ 74 StGB u. ab 1. 1. 75 § 53 StGB n. F.) oder *Fortsetzungszusammenhang* vorzuliegen. Indessen kommt es hier entscheidend auf den Gesamtsinn des Verhaltens des Betreffenden an. Handelt es sich um ein und denselben Gründungsvorgang und sollen das mehrfache Verschweigen oder die mehreren falschen Angaben demselben Eintragungszweck dienen, so ist das Verhalten des Täters mit Rücksicht auf seinen einheitlichen Sinn ganzheitlich zu werten. Es liegt dann nur eine Tat vor, so daß für Tatmehrheit oder Fortsetzungszusammenhang kein Raum bleibt. Dagegen könnte beispielsweise im Rahmen eines *Konzerns* gegenüber verschiedenen Registergerichten in bezug auf denselben Gründungsvorgang Tatmehrheit gegeben sein. Auch Fortsetzungszusammenhang wäre denkbar, falls die Verletzung desselben Rechtsguts, Gleichartigkeit der einzelnen Angriffsakte und ein Gesamtvorsatz angenommen werden können. Für die Voraussetzungen des Fortsetzungszusammenhangs vgl. u. a. Jagusch in LK Vorbem. B III 2f. vor § 73 StGB, Kohlrausch-Lange Anm. II B 1 vor § 73 StGB und Dreher Anm. 3 vor § 73 StGB.

Anm. 32

7. Strafe

Für alle in § 399 zusammengefaßten Tatbestände kommt Freiheitsstrafe bis zu drei Jahren oder Geldstrafe in Betracht. Die gleichzeitige Verhängung von Freiheits- und Geldstrafe ist nicht mehr zulässig nach § 399, es sei denn die Voraussetzungen des § 41 StGB sind erfüllt. Nach der zuletzt genannten Bestimmung kann neben einer Freiheitsstrafe eine sonst nur wahlweise angedrohte Geldstrafe verhängt werden, wenn der Täter sich durch die Tat bereichert oder zu bereichern versucht hat, und die zusätzliche Verhängung der Geldstrafe auch unter Berücksichtigung der persönlichen und wirtschaftlichen Verhältnisse des Täters angebracht ist.

Das Mindestmaß der *Freiheitsstrafe* ist ein Monat (§ 38 II StGB). Eine Freiheitsstrafe unter sechs Monaten darf nur dann verhängt werden, wenn besondere Umstände, die in der Tat oder der Persönlichkeit des Täters liegen, die Verhängung einer Freiheitsstrafe zur Einwirkung auf den Täter oder zur Verteidigung der Rechtsordnung unerläßlich machen (§ 47 StGB).

Für die *Geldstrafe* gilt: Sie wird in Tagessätzen verhängt und beträgt mindestens fünf, sowie — wenn im Gesetz nichts anderes bestimmt ist — höchstens dreihundertsechzig volle Tagessätze (§ 40 I StGB). Die Höhe eines Tagessatzes bestimmt das Gericht unter Berücksichtigung der persönlichen und wirtschaftlichen Verhältnisse des Täters. Ein Tagessatz wird auf mindestens zwei und höchstens tausend Deutsche Mark festgesetzt (§ 40 II StGB). Für etwaige Zahlungserleichterungen und für die Ersatzfreiheitsstrafe vgl. § 42 und § 43 StGB, sowie für die oben erwähnte gleichzeitige Verhängung von Geldstrafe neben der Freiheitsstrafe vgl. § 41 StGB. — Als Maßregel der

Sicherung und Besserung kann das Gericht unter Umständen zusätzlich die *Untersagung der Berufsausübung* verhängen. Näheres vgl. in §§ 61, 70—70b StGB. — Im übrigen s. zur *Strafzumessung* § 46 StGB.

Anm. 33

8. Verjährung

Die Strafverfolgung verjährt gemäß § 78 III Nr. 4 StGB in fünf Jahren. Zur Strafvollstreckungsverjährung vgl. § 79 StGB.

Anm. 34

9. Schutzgesetz gemäß § 823 Abs. II BGB

Wie bereits oben Anm. 4 zu § 46 ausgeführt wurde, ist § 399 Nr. 1 Schutzgesetz gegenüber der Gesellschaft, den Aktionären und sonstigen Dritten. Er kann daher für entsprechende Ersatzansprüche herangezogen werden. Vgl. RGZ 157, 217; 159, 223; RG JW 35, 3301; JW 38, 3297. Ebenso Baumbach-Hueck Rdn. 3 und Gessler zu § 399. Der Grund hierfür liegt darin, daß dieser Straftatbestand — wie überhaupt der gesamte § 399 — dem berechtigten Schutzbedürfnis der am Wirtschaftsleben Beteiligten vor krimineller Ausnutzung der aktienrechtlichen Haftungsbeschränkung auf das Gesellschaftsvermögen und der Anonymität der Kapitalgeber dient. Ebenso auch schon für den GmbH-rechtlichen Gründungsschwindel Klug in Hachenburg Anm. 20 zu § 82 GmbHG.

Anm. 35

III. Der Gründungsschwindel durch unrichtige Berichte (§ 399 Nr. 2)

1. Tatbestand

a) Täter

Als *Täter* kommen wie bei § 399 Nr. 1 in Betracht: Gründer, Mitglieder des Vorstands und Aufsichtsratsmitglieder. Näheres vgl. oben Anm. 4—10. Das dort Ausgeführte gilt auch für den Gründungsschwindel durch unrichtige Berichte (§ 399 Nr. 2). Besonderheiten für die Qualifikation als Täter ergeben sich daraus, daß sich die Verfassergruppen bei den einzelnen Berichtsarten nicht decken. Für den *Gründungsbericht* kommen alle drei Personenkreise — Gründer, Vorstands- und Aufsichtsratsmitglieder — in Betracht. Das folgt aus § 32 in Verbindung mit § 34. (Vgl. z. B. § 32 II mit § 34 I Nr. 2.) Beim *Nachgründungsbericht* können nur Aufsichtsratsmitglieder Täter i. S. des § 399 Nr. 2 sein. Das ergibt sich aus der Legaldefinition in § 52 III, sowie daraus, daß eine Mitwirkung von Vorstands- und Aufsichtsratsmitgliedern hier — im Gegensatz zu § 34 — nicht vorgesehen ist. Als Täter kommen ferner beim Prüfungsbericht nur Vorstands- und Aufsichtsratsmitglieder, nicht die Gründer in Frage. Vgl. § 34 I. Die Gründungsprüfer (Legaldefinition in § 33 II) werden in § 399 Nr. 2 nicht erwähnt. Sie können daher aus dieser Bestimmung nicht strafrechtlich zur Verantwortung gezogen werden. — Zur Frage der *Überstimmung* bei Mehrheitsbeschlüssen vgl. oben Anm. 29.

Anm. 36

b) Die einzelnen Tatbestandsmerkmale

aa) Falsche Angaben machen und erhebliche Umstände verschweigen

Auch bei dieser Tatbestandsvariante muß es sich darum handeln, daß der Täter *falsche Angaben* macht oder *erhebliche Umstände* verschweigt. Das Anm. 11 Gesagte gilt auch hier.

Anm. 37

bb) Gründungsbericht

Allerdings müssen die falschen Angaben im *Gründungsbericht* gemacht worden sein, oder es müssen im Gründungsbericht erhebliche Umstände verschwiegen worden sein. Durch diese auf den Gründungsbericht bezogene Tatbestandsvariante hat der Gesetzgeber den Strafbarkeitsbereich beim Gründungsschwindel nicht unerheblich erweitert. Während der Geltung des § 313 HGB waren falsche Angaben im Gründungsbericht nur insoweit aus § 313 HGB strafbar, als es sich um Angaben zum Zweck der Eintragung der Gesellschaft handelte und diese Angaben dem Gericht zugingen. Erst mit der Einreichung des Gründungsberichts beim Registergericht war die Tatbestandsverwirklichung vollendet (§§ 191, 193, 195, 313 Nr. 1 HGB). Nicht unter § 313 HGB fielen solche falschen Angaben im Gründungsbericht, die nicht mit der Registereintragung zusammenhingen und nicht zum Zweck dieser Eintragung gemacht wurden. Außerdem wurde von § 313 HGB auch nicht erfaßt das Verschweigen erheblicher Umstände in einem Gründungsbericht, gleichgültig ob die verschwiegenen erheblichen Umstände für die Registereintragung von Belang waren oder nicht. Diese Regelung wurde der Bedeutung des Gründungsberichts nicht gerecht. Nach § 399 Nr. 1 ist es daher, wie auch schon nach § 295 Nr. 1 AktG a. F., strafbar, wenn der Gründungsbericht falsche Angaben enthält oder erhebliche Umstände im Bericht verschwiegen werden, wobei es belanglos ist, ob das eine oder das andere oder beides zum Zweck der Eintragung der Gesellschaft erfolgte. Durch § 399 Nr. 1 soll also der gesamte Gründungsbericht vor falschen Angaben und vor dem Verschweigen erheblicher Umstände geschützt werden. Geschützt ist der Gründungsbericht also auch insoweit, als sein Inhalt für Eintragungszwecke nicht von Bedeutung ist. Unzutreffend daher Schlegelberger Anm. 2 und Teichmann-Köhler Anm. 3. Über den Gründungsbericht vgl. im § 32 sowie in den Erläuterungen hierzu das Nähere. Nach § 33 Abs. I haben die Mitglieder des Vorstands und des Aufsichtsrats den Hergang der Gründung zu prüfen. In der Regel handelt es sich dabei um diejenigen Mitglieder des Aufsichtsrats und des Vorstands, die nach § 30 bestellt worden sind. In besonderen Fällen sieht jedoch § 33 Abs. II die Bestellung anderer Gründungsprüfer durch das Gericht vor. Es handelt sich hierbei in erster Linie um Fälle, in denen sich Interessenkollisionen daraus ergeben können, daß die Vorstands- oder Aufsichtsratsmitglieder mit zu den Gründern gehören oder aus sonstigen in § 33 Abs. II näher angegebenen Umständen eine Konfliktsituation entstehen kann. Der von den Gründern nach § 32 anzufertigende schriftliche Bericht über den Hergang der Gründung ist demgemäß entweder an die Mitglieder des Vorstands und des Aufsichtsrats oder, in dem soeben geschilderten Sonderfall, an die vom Gericht eingesetzten Gründungsprüfer zu richten. Hieraus ergibt sich der Zeitpunkt für die Vollendung des Delikts. Obwohl der Gründungsbericht dem Registergericht zum Zweck der Eintragung der Gesellschaft eingereicht werden muß, kommt es für diese Variante des Gründungsschwindeltatbestands nicht auf den Zeitpunkt des Eingehens beim Gericht an. *Vollendet* ist das Vergehen vielmehr schon durch die Vorlage des Gründungsberichts bei mindestens einem Vorstands- oder Aufsichtsratsmitglied oder bei mindestens einem Gründungsprüfer gemäß § 33 Abs. II, falls solche vom Gericht bestellt worden sind. Ebenso Baumbach-Hueck Rn. 13. Wie bei der ersten Begehungsform (§ 399 Nr. 1) so ist es auch hier nicht erforderlich, daß der betreffende Empfänger des Gründungsberichts Kenntnis genommen hat. Es kommt ausschließlich auf das Zugehen des Berichts an. Belanglos ist es ferner für die Strafbarkeit, ob der Empfänger des Berichts durch die falschen Angaben oder durch das Verschweigen erheblicher Umstände getäuscht worden ist. Vgl. hierzu oben Anm. 19.

Anm. 38

cc) Nachgründungsbericht

Im § 295 Nr. 1 AktG a. F. war eine Strafbarkeit von Aufsichtsratsmitgliedern, die im Nachgründungsbericht falsche Angaben machten oder erhebliche Umstände verschwiegen, nicht vorgesehen. Vgl. Anm. 2 und 15 der 2. Auflage. Dies ist nunmehr durch den Gesetzgeber geändert. — Für den in § 52 III geregelten Nachgründungsbericht vgl. Anm. 10 zu § 52. Verfasser des Nachgründungsberichts sind die Aufsichtsratsmitglieder. Zu der strafrechtlichen Auswirkung der Überstimmung eines Aufsichtsratsmitgliedes vgl. oben Anm. 29. Im übrigen gilt für den Nachgründungsbericht dasselbe wie für den Gründungsbericht, namentlich hinsichtlich der *Vollendung*. Es kann daher auf die Erläuterungen in Anm. 37 Bezug genommen werden.

Anm. 39

dd) Prüfungsbericht

Die Mitglieder des Vorstands und des Aufsichtsrats haben den Hergang der Gründung der Gesellschaft zu prüfen (§ 33 I) und hierüber einen schriftlichen *Prüfungsbericht* zu fertigen (§ 34 II). Die den Gegenstand dieses Prüfungsberichts bildende Gründungsprüfung hat sich namentlich darauf zu erstrecken, ob die Angaben der Gründer über die Übernahme der Aktien, über die Einlagen auf das Grundkapital und über die in den §§ 26 und 27 vorgesehenen Festsetzungen richtig und vollständig sind. Außerdem ist zu prüfen, ob die für eingelegte oder übernommene Gegenstände gewährten Leistungen angemessen sind. Über das Ergebnis dieser Prüfung ist unter Darlegung der genannten Umstände schriftlich zu berichten (§ 34 Abs. II). Je ein Exemplar dieses Prüfungsberichts ist dem Gericht, dem Vorstand der Gesellschaft und der Industrie- und Handelskammer als der „amtlichen Vertretung des Handelsstands" einzureichen. Vgl. § 34 Abs. III. Da dieser Bericht, wie das Gesetz in § 40 II ausdrücklich erklärt, von jedermann bei dem Gericht eingesehen werden kann, kommt ihm im Rechts- und Wirtschaftsleben eine ganz besondere Bedeutung zu. Es war deshalb sinnvoll, wenn der Gesetzgeber im Gegensatz zur Rechtslage nach § 313 HGB den strafrechtlichen Schutz auch auf diesen Bericht erstreckt hat, und zwar unabhängig davon, ob die betreffenden falschen Angaben oder das Verschweigen erheblicher Umstände mit der Handelsregistereintragung der Gesellschaft im Zusammenhang stehen oder ob das nicht der Fall ist. — *Täter* können bei dieser Tatbestandsform nur die Vorstands- und die Aufsichtsratsmitglieder sein. Die Gründer kommen *als solche* hier nicht in Betracht, da sie keinen Prüfungsbericht zu erstatten haben. Die nach § 33 Abs. II und III gerichtlich bestellten Gründungsprüfer im engeren Sinne können nach dem Gesetzeswortlaut keine Täter des § 399 Nr. 2 sein. Berichten sie falsch oder verschweigen sie erhebliche Umstände in dem von ihnen anzufertigenden Bericht, dann machen sie sich nach § 403 dieses Gesetzes strafbar. Das Nähere vgl. in den Erläuterungen zu § 403. Im übrigen gilt für den Prüfungsbericht dasselbe, was in der Anm. 37 über den Gründungsbericht ausgeführt wurde: *Vollendet* ist die Straftat, sobald der Prüfungsbericht, in dem falsche Angaben gemacht oder erhebliche Umstände verschwiegen wurden, dem Gericht oder dem Vorstand oder der Industrie- und Handelskammer zugegangen ist (§ 34 Abs. III). Ist der Bericht, wovon man im Regelfall ausgehen kann, dem Vorstand zuerst zugegangen, dann ist der Tatbestand schon in diesem Augenblick vollendet. Auf den Eingang beim Gericht oder bei der Industrie- und Handelskammer kommt es dann nicht mehr an. Vollendet ist also das Delikt, wenn es auch nur einer der genannten Stellen zugegangen ist. Auf die Kenntnisnahme durch diese Stelle und die Verursachung einer Täuschung kommt es hier ebensowenig an wie in den übrigen Fällen des Gründungsschwindels.

Anm. 40

ee) Sozialkongruenz

Zum übergesetzlichen Tatbestandsausschließungsgrund der *Sozialkongruenz* vgl. oben Anm. 20. Es gilt hier bei § 399 Nr. 2 das gleiche.

Anm. 41

2. Rechtswidrigkeit, Schuld, Teilnahme, Zusammentreffen mit anderen Straftaten

Für die Probleme der *Rechtswidrigkeit*, der *Schuld*, der *Teilnahme* und des *Zusammentreffens mit anderen Straftaten* kann das zu § 399 Nr. 1 gesagte auf § 399 Nr. 2 entsprechend angewandt werden. Es wird daher auf Anm. 21 (Rechtswidrigkeit), 22—28 (Schuld), 30 (Teilnahme) und 31 (Zusammentreffen mit anderen Straftaten) Bezug genommen.

Anm. 42

3. Strafe, Verjährung, Schutzgesetz gem. § 823 II BGB

Die angedrohte *Strafe* ist für alle Varianten in § 399 die gleiche. Vgl. daher oben Anm. 32. Demgemäß ergeben sich auch bei der *Verjährung* keine Unterschiede. Vgl. Anm. 33. — Wie § 399 Nr. 1 so ist § 399 Nr. 2 ebenfalls ein *Schutzgesetz gemäß § 823 II BGB.* Näheres s. oben Anm. 34. Baumbach-Hueck Rn. 3 und Gessler zu § 399.

Anm. 43

IV. Begebungsschwindel (§ 399 Nr. 3)

1. Tatbestand

a) Täter

Der Kreis der *Täter* ist nicht begrenzt. Das Gesetz schränkt nicht ein. § 399 Nr. 3 ist somit kein *Sonderdelikt.* Vgl. oben Anm. 3. Gemeint sind nach dem das gesamte Strafrecht beherrschenden Schuldgrundsatz nicht Personen jedweder Art, sondern nur *natürliche Personen.* Das bedarf der besonderen Betonung, weil die hier in Betracht kommenden öffentlichen Ankündigungen nach § 47 Nr. 3 hauptsächlich von Banken, also in der Mehrzahl der Fälle von *juristischen Personen*, vorgenommen werden. Die als Bankiers tätigen Einzelkaufleute und persönlich haftenden Gesellschafter sind im modernen Bankwesen immer seltener geworden, zumal im Bereich des hier interessierenden Aktienemissionsgeschäfts. Für die Anwendung des § 399 Nr. 3 bedeutet dies, daß als Täter, wenn überhaupt, dann in erster Linie die Vorstandsmitglieder oder Geschäftsführer der als Emissionsbanken tätigen Aktiengesellschaften oder Gesellschaften mit beschränkter Haftung in Betracht kommen. Aber auch an die verantwortlichen Leiter der in Formen des öffentlichen Rechts tätigen Banken, die sich mit der Aktienausgabe befassen, ist zu denken. Im übrigen aber kann nach dem Wortlaut des Gesetzes jedermann, der eine öffentliche Ankündigung nach § 47 Nr. 3 ergehen läßt, Täter des § 399 Nr. 3 sein.

Anm. 44

b) Die einzelnen Tatbestandsmerkmale

aa) Falsche Angaben und Verschweigen erheblicher Umstände

Der Täter muß *falsche Angaben gemacht* oder *erhebliche Umstände verschweigen* haben. Vgl. hierzu oben Anm. 11. Es gilt für die Tatbestandsmerkmale weitgehend das gleiche wie beim Gründungsschwindel. Allerdings ist der Gegenstand der falschen Angaben und der verschwiegenen Umstände hier ein anderer. In Betracht kommen beim Begebungsschwindel alle Angaben und Umstände, welche die Gesellschaft betreffen und die für die Bonität des Unternehmens und damit der Aktien, also insbesondere für den Kurs innerhalb und außerhalb der Börse, von Bedeutung sind. Der Gründungsvorgang spielt hierbei eine wichtige, aber keineswegs eine ausschließliche Rolle. Vgl. die Erläuterungen zu § 47 Nr. 3.

Anm. 45

bb) Öffentliche Ankündigung

In einer *öffentlichen Ankündigung* müssen die betreffenden falschen Angaben gemacht und die erheblichen Umstände verschwiegen worden sein. Was unter einer solchen öffentlichen Ankündigung zu verstehen sei, schreibt der Gesetzgeber nicht vor. Maßgebend ist die Verkehrsanschauung. Hauptsächlich kommen als Ankündigung dieser Art die Veröffentlichungen in Zeitungen und Zeitschriften, der Aushang in den Schalterräumen oder Schaufenstern der Banken und ähnlicher Institute, Bekanntmachungen in den Organen der Börsen, Kino-, Rundfunk- und Fernseh-Mitteilungen, Reklameanzeigen, Postwurfsendungen usw. in Frage. Schreiben, die sich an einen unbestimmten Personenkreis wenden, können dieses Tatbestandsmerkmal ebenfalls erfüllen. Möglich ist ferner nach dem Gesetzeswortlaut und dem Sinn der Bestimmung die nicht-schriftliche öffentliche Ankündigung. Auf die Rundfunk- und Fernseh-Mitteilungen wurde schon hingewiesen. Zu denken wäre außerdem an Werbevorträge u. ä., ja sogar an das Ausrufen etwa im Rahmen der Börse, wobei aber berücksichtigt werden muß, daß in einem solchen Fall den Anforderungen an die Vollständigkeit der Angaben über erhebliche Umstände natürliche und im Verkehr anerkannte Grenzen gesetzt sind; falsche Angaben im eigentlichen Sinne dürfen aber selbstverständlich auch in einem derartigen Fall nicht gemacht werden. — *Gegenstand* der Ankündigung müssen die *Aktien* der Gesellschaft und *Zweck* der Ankündigung muß die *Einführung* dieser Aktien in den Verkehr sein (§ 47 Nr. 3). Um die Einführung in den Börsenverkehr braucht es sich nicht zu handeln. Der Zweck der Ankündigung ist ein *subjektives Tatbestandsmerkmal*. Das bedeutet, daß der Täter mit einer entsprechenden Absicht gehandelt haben muß. Andernfalls ist sein Verhalten nicht tatbestandsmäßig. — Ein *Anpreisen* und *Empfehlen* der Aktien ist nach dem Wortlaut des Gesetzes nicht erforderlich. Ebenso Baumbach-Hueck Rn. 15 und Erbs in Kohlhaas Anm. 6. Ein solches Erfordernis wäre sinnwidrig, denn der Rechts- und Wirtschaftsverkehr ist ebenso an einem Strafrechtsschutz vor falschen Angaben und dem Verschweigen erheblicher Umstände bei öffentlichen Ankündigungen interessiert, in denen die Aktien nicht angepriesen werden, zumal ein solches Verfahren besonders gut geeignet sein kann, um die Seriösität der Ankündigung vorzutäuschen.

Anm. 46

cc) Zeitliche Grenzen

Aus dem in § 399 Nr. 3 in Bezug genommenen § 47 Nr. 3 folgt, daß nur solche öffentlichen Ankündigungen den Tatbestand des Begebungsschwindels erfüllen, die innerhalb bestimmter *zeitlicher Grenzen* erfolgt sind. Sie müsesn entweder vor Eintragung der Gesellschaft in das Handelsregister oder in den ersten zwei Jahren nach der Eintragung erfolgt sein. Später greifen möglicherweise andere Strafbestimmungen, wie beispielsweise § 88 BörsG, ein. Die Einhaltung der genannten Zeitgrenzen ist jedoch kein Tatbestandsmerkmal des § 399 Nr. 3, sondern lediglich eine *objektive Strafbarkeitsbedingung*. So schon für das frühere Recht Stenglein Anm. 9a zu § 313 HGB und für § 295 Nr. 2 AktG a. F. Eb. Schmidt Anm. 20 der 1. Auflage sowie Erbs in Kohlhaas Anm. 6. Der Vorsatz braucht sich mithin nicht darauf zu erstrecken, daß die Ankündigung vor der Eintragung oder während der ersten zwei Jahre nach der Eintragung erfolgte. A. M. jedoch jetzt Baumbach-Hueck Rn. 15.

Anm. 47

dd) Übergesetzliche Tatbestandsausschließungsgründe (Sozialkongruenz)

Auch bei diesem Tatbestand kann ebenso wie beim Gründungsschwindel nicht jede falsche Angabe tatbestandsmäßig sein. Sie muß vielmehr eine gewisse Relevanz für den Sinn der öffentlichen Ankündigung aufweisen. Die formale Tatbestandsmäßigkeit wird demnach bei § 399 Nr. 3 ebenfalls durch den *übergesetzlichen Tatbestandsausschließungsgrund der Sozialkongruenz* bei sozialethischer Irrelevanz des betreffenden Verhaltens ausgeschlossen. Vgl. oben Anm. 20.

Anm. 48

ee) Vollendung

Vollendet ist der Tatbestand des Begebungsschwindels mit erfolgter Ankündigung, also z. B. mit dem Erscheinen der Zeitung, mit dem ersten Aushang, mit der ersten Kinovorführung, mit dem Zugehen des ersten Reklameschreibens, mit dem Ende des ersten Werbevortrags usw. Daß ein Dritter von der Ankündigung Kenntnis genommen hat, ist ebensowenig erforderlich, wie die Hervorrufung einer Täuschung. Stenglein Anm. 9a zu § 313 HGB und Eb. Schmidt Anm. 19 der 1. Auflage. Auch der Begebungsschwindel ist daher ein sog. kupiertes Erfolgsdelikt, denn auf die Erreichung des für den Täter in der Regel wesentlichen Erfolgs seines Tuns kommt es für die Tatbestandsmäßigkeit des Verhaltens nicht an.

Anm. 49

2. Rechtswidrigkeit

Die *allgemeinen Rechtfertigungsgründe* kommen grundsätzlich in Frage. Sie werden jedoch praktisch kaum eine Rolle spielen. Am ehesten wird der aus dem Rechtfertigungsprinzip der *Sozialadäquanz* herzuleitende und auf den Gedanken der *Güterabwägung* sowie der *Pflichtenkollision* beruhende sog. übergesetzliche Notstand gelegentlich und ausnahmsweise zur Anwendung gelangen. Vgl. oben Anm. 21. Näheres zur *Irrtumsfrage* s. Anm. 25 und 27.

Anm. 50

3. Schuld

Fahrlässigkeit genügt nicht. Erforderlich ist *Vorsatz*, und zwar *direkter oder bedingter* Vorsatz. Vgl. im einzelnen oben Anm. 20. Der Vorsatz muß sich auf alle oben erwähnten Tatbestandsmerkmale erstrecken, jedoch nicht auf die Einhaltung der in § 40 Nr. 3 genannten zeitlichen Grenzen. Sie sind nur objektive Bedingungen der Strafbarkeit. Oben Anm. 46. Für die Irrtumsprobleme vgl. oben Anm. 24 und die dortigen Weiterverweisungen.

Anm. 51

4. Besondere Begehungsformen (Versuch und Teilnahme)

a) Der *Versuch* ist nicht strafbar. Vgl. Anm. 19.

b) Die *Teilnahme* regelt sich für den Begebungsschwindel anders als für alle übrigen Tatbestandsformen des § 399, weil § 399 Nr. 3 kein Sonderdelikt ist. Dieses Delikt kann von jedem begangen werden. Es gelten also die allgemeinen Teilnahmegrundsätze ohne Einschränkung. Vor allem ist *mittelbare Täterschaft* hier ohne weiteres denkbar. Sie läge z. B. vor, wenn sich der Leiter einer Bank eines gutgläubigen Bösrenvorstands als eines Tatwerkzeugs bedienen würde, selbst wenn der betreffende Börsenvorstand fahrlässig gehandelt hätte. Ebenso Eb. Schmidt Anm. 19 der 1. Auflage und Erbs in Kohlhaas Anm. 6. Ein anderer ähnlich gelagerter Fall wäre es, wenn sich etwa ein Aufsichtsratsmitglied und Besitzer eines Aktienpakets eines gutgläubigen Angestellten einer Emissions-Bank für die Infiltrierung falscher Angaben in die öffentliche Ankündigung bedienen würde.

Anm. 52

5. Zusammentreffen mit anderen Straftaten, Strafe, Verjährung

Für das *Zusammentreffen mit anderen Straftaten* (Tateinheit, Tatmehrheit und Fortsetzungszusammenhang) gelten die Grundsätze des allgemeinen Strafrechts (§§ 52ff. StGB). Für *Strafe* und *Verjährung* gilt das gleiche wie beim Gründungsschwindel durch unrichtige Anmeldung. Vgl. Anm. 32 u. 33.

Anm. 53

6. Schutzgesetz gem. § 823 II BGB

Daß der gesamte § 399 ein *Schutzgesetz gemäß § 823 II BGB* ist, war bereits zum Gründungsschwindel in Anm. 34 ausgeführt worden. Auch § 399 Nr. 3 hat daher diese für das

Schadensersatzrecht wichtige Schutzgesetzfunktion. Ebenso Baumbach-Hueck Rn. 3 und Gessler zu § 399.

Anm. 54

V. Kapitalerhöhungsschwindel bei gewöhnlicher Kapitalerhöhung und bei genehmigtem Kapital (§ 399 Nr. 4)

1. Tatbestand

a) Täter

Das Gesetz nennt nur die *Mitglieder des Vorstands oder des Aufsichtsrats* als mögliche Täter dieser Form des Kapitalerhöhungsschwindels. Vgl. oben Anm. 4—10. Sicher ist, daß Gründer keine Täter im Sinne des § 399 Nr. 4 sein können. Eine Kapital*erhöhung* kommt erst in Betracht, wenn eine Gesellschaft mit einem bestimmten Kapital bereits existiert. Das Gründungsstadium muß also schon vorüber sein. Das Gesetz nennt daher die Gründer an dieser Stelle überhaupt nicht. Anders liegen die Verhältnisse für die Abwickler. Obwohl während der Abwicklung eine Kapitalerhöhung praktisch kaum vorkommen wird, ist sie theoretisch denkbar. Bestritten ist nur, ob sie während der Andauer der Abwicklung zulässig ist. Für den Fall, daß sie vorkommt, wurde vor 1945 die Meinung vertreten, daß Abwickler unter Anwendung des Analogiegedankens strafrechtlich aus § 295 Nr. 3 AktG a. F. haften. Man sah es als unbillig an, die Abwickler günstiger zu stellen. So von Godin-Wilhelmi Anm. 8 und Eb. Schmidt Anm. 23 der 1. Auflage. Heute ist diese Analogie verboten. Die damit entstehende Lücke könnte nur vom Gesetzgeber ausgefüllt werden. Nach der geltenden Gesetzesfassung können aber die Abwickler ebensowenig wie die Gründer Täter sein, weil im Gesetzestext nur Vorstands- und Aufsichtsratsmitglieder genannt sind.

Anm. 55

b) Die einzelnen Tatbestandsmerkmale

Der Tatbestand des Kapitalerhöhungsschwindels gleicht dem des Gründungsschwindels. Auch hier besteht das strafbare Verhalten zunächst einmal darin, daß *zum Zweck der Eintragung* in das Handelsregister — hier der Kapitalerhöhung, dort der Gesellschaft selbst — *falsche Angaben gemacht* oder *erhebliche Umstände verschwiegen* werden. Wegen der Einzelheiten dieser Tatbestandsmerkmale vgl. oben Anm. 11. Die betreffenden Angaben und die verschwiegenen Umstände müssen sich auf *bestimmte Gegenstände* beziehen, und zwar bei der *Kapitalerhöhung gegen Einlagen* (§§ 182—191) sowie bei der Kapitalerhöhung mittels *genehmigten Kapitals* (§§ 202—206) auf die Einbringung des bisherigen Kapitals (§§ 184 II, 182 IV, 203 III), auf die Zeichnung des neuen Kapitals (§§ 188 III Nr. 1, 185, 203 I), auf die Einbringung des neuen Kapitals (§§ 188 II, 36 II, 37 I, 203 I), auf den Ausgabebetrag der Aktien (§§ 188 II, 37 I, 203 I) und auf die Sacheinlagen (§§ 184, 188 III, 203 I). Bei der *bedingten Kapitalerhöhung* (§§ 192—201) müssen sich die falschen Angaben und die verschwiegenen erheblichen Umstände beziehen auf die Ausgabe der Bezugsaktien (§ 201), auf die Einbringung des neuen Kapitals (§ 201), auf den Ausgabebetrag der Aktien (§ 201) und auf die Sacheinlagen (§ 195 II Nr. 1, III). Angaben über die Einbringung des bisherigen und über die Zeichnung des neuen Kapitals sind im Gesetz bei den §§ 192—201 nicht vorgesehen. Daher bezieht sich der strafrechtliche Schutz des § 399 Nr. 4 bei der bedingten Kapitalerhöhung auch nicht auf solche Angaben. Hinsichtlich aller Tatbestandsvarianten kann der Tatbestandsausschließungsgrund der *Sozialkongruenz* in der Weise Bedeutung gewinnen, daß durch ihn unwesentliche falsche Angaben für die Tatbestandsmäßigkeit i. S. des § 399 Nr. 4 nicht ausreichen. Vgl. oben Anm. 20. *Vollendet* ist das Delikt ebenso wie der Gründungsschwindel mit dem Zugehen derjenigen Schriftstücke, welche die falschen Angaben enthalten oder in denen die erheblichen Umstände verschwiegen werden, beim Registergericht. Vgl. Anm. 19. Auf die Kenntnisnahme oder gar die Hervorrufung einer Täuschung kommt es nicht an.

Anm. 56

2. Rechtswidrigkeit, Schuld, Versuch, Teilnahme, Zusammentreffen mit anderen Straftaten, Strafe, Verjährung und Schutzgesetz gemäß § 823 II BGB

Da die Rechtslage bezüglich der weiteren Strafbarkeitsvoraussetzungen und der Rechtsfolgen die gleiche ist wie beim Gründungsschwindel, kann verwiesen werden auf Anm. 21 für die *Rechtswidrigkeit*, auf Anm. 22—28 für die *Schuld*, auf Anm. 19 für den *Versuch*, auf Anm. 30 für die *Teilnahme*, auf Anm. 31 für *das Zusammentreffen mit anderen Straftaten*, auf Anm. 32 für *die Strafe*, auf Anm. 33 für die *Verjährung* und auf Anm. 34 für die *Schutzgesetzeigenschaft gemäß § 823 Abs. II BGB*.

Anm. 57

VI. Abwicklungsschwindel (§ 399 Nr. 5)

1. Tatbestand

a) Täter

Täter nach § 399 Nr. 5 können nur *Abwickler (Liquidatoren)* sein. Ihre Rechtsstellung regeln die §§ 265ff. Grundsätzlich sollen die Vorstandsmitglieder als Abwickler tätig sein. Das gilt nicht, wenn die Satzung oder ein Beschluß der Hauptversammlung bestimmt, daß andere Personen Abwickler sein sollen (§ 265 II). Auch das Gericht kann im Rahmen des § 265 III Personen zu Abwicklern bestellen, die nicht zum Kreis der Vorstandsmitglieder gehören. Näheres vgl. oben in den Erläuterungen zu § 265. Für die Anwendung des § 399 Nr. 5, insbesondere für den Anfangs- und den Endzeitpunkt der strafrechtlichen Haftung, die Unmaßgeblichkeit der Rechtswirksamkeit der Bestellung usw. gilt das gleiche wie beim Gründungsschwindel für Vorstandsmitglieder. Es kann daher auf das oben in den Anm. 5 und 6 Ausgeführte Bezug genommen werden.

Anm. 58

Nach § 265 II können auch *juristische Personen* zum Abwickler bestellt werden. Da das geltende deutsche Strafrecht wegen des Schuldgrundsatzes nur eine Strafbarkeit natürlicher, nicht aber eine solche von juristischen Personen kennt, entfällt eine Anwendung des § 399 Nr. 5 dort, wo eine juristische Person, etwa eine Treuhandgesellschaft in der Rechtsform einer Aktiengesellschaft oder einer GmbH, zum Abwickler bestellt wurde. Fraglich könnte es sein, ob etwa die gesetzlichen Vertreter der betreffenden juristischen Personen aus § 399 Nr. 5 in bezug auf die in Abwicklung befindliche Gesellschaft strafrechtlich zur Verantwortung gezogen werden können. Das ist ebenso wie für die Liquidatoren einer GmbH zu verneinen, da nicht die betreffenden natürlichen Personen, sondern nur die durch sie vertretenen juristischen Personen Abwickler der Aktiengesellschaft sind. Vgl. Klug in Hachenburg Anm. 6 zu § 81a.

Anm. 59

Daraus, daß kraft ausdrücklicher Bestimmung im Gesetz sogar juristische Personen zum Abwickler bestellt werden dürfen, ist zu folgern, daß auch *Personenvereinigungen* wie Offene Handelsgesellschaften, Kommanditgesellschaften u. a. zu Abwicklern bestellt werden können. Für die Anwendung des § 399 Nr. 5 sind hier die gleichen Gesichtspunkte maßgebend, die für die juristischen Personen in der vorangehenden Anm. entwickelt wurden. Denn auch hier ist die betreffende Gesellschaft als solche zum Abwickler bestellt, so daß hinsichtlich der strafrechtlichen Folgerungen zwischen der Gesellschaft selbst und den einzelnen Gesellschaftern oder Angestellten der Gesellschaft unterschieden werden muß. Das bedeutet, daß § 399 Nr. 5 in diesen Fällen nicht zur Anwendung gelangt.

Anm. 60

Aus § 265 in Verbindung mit § 94 geht hervor, daß es neben den ordentlichen Abwicklern auch *stellvertretende Abwickler* einer Aktiengesellschaft geben kann. Ihre Bestellung wird dann praktisch werden können, wenn ein Vorstand mit allen seinen Mitgliedern, unter denen sich ordentliche und stellvertretende Vorstandsmitglieder befinden, zum Abwickler bestellt wird. Hier muß im Innenverhältnis zwischen ordentlichen und stellvertretenden Abwicklern unterschieden werden, da andernfalls die zweistufige Vorstandsstruktur im Abwickler-Gremium aufgegeben würde. Hinsichtlich der Rechtsstellung der stellvertretenden Abwickler ergeben sich im Außenverhältnis keine Unterschiede gegenüber den ordentlichen Abwicklern. Maßgebend sind auch hier die §§ 265 ff. Hinsichtlich der Anwendung des § 399 Nr. 5 gilt das gleiche wie für die stellvertretenden Vorstandsmitglieder beim Gründungsschwindel. Anm. 6.

Anm. 61

Infolge der Beschränkung des Personenkreises, der für die Täterschaft in Frage kommt, ist auch der Abwicklungsschwindel ein *echtes Sonderdelikt* mit den für die Teilnahme Dritter sich hieraus ergebenden Rechtsfolgen. Vgl. oben Anm. 3.

Anm. 62

b) Die einzelnen Tatbestandsmerkmale

Bezüglich der Merkmale „falsche Angaben" und „Verschweigen erheblicher Umstände" vgl. oben Anm. 11. Die falschen Angaben und die verschwiegenen erheblichen Umstände müssen zum *Gegenstand* den von den Abwicklern nach § 274 Abs. III zu führenden Nachweis haben, daß noch nicht mit der Verteilung des Vermögens der Gesellschaft unter die Aktionäre begonnen worden ist. Vgl. hierzu die Erläuterungen zu § 274 Abs. III. Außerdem muß das tatbestandliche Verhalten zum *Zweck der Eintragung der Fortsetzung der Gesellschaft* erfolgt sein. Ganz nebensächliche falsche Angaben fallen nicht unter den Tatbestand. Vgl. oben Anm. 20. Da der von den Abwicklern zu führende Nachweis gemäß § 274 Abs. III bei der Anmeldung der Fortsetzung der Gesellschaft zur Eintragung in das Handelsregister erbracht werden muß, kommt es für den Zeitpunkt der *Vollendung* des Delikts auch hier wieder auf das Zugehen des in Rede stehenden Nachweises beim Registergericht an, wobei es irrelevant ist, ob jemand von den unrichtigen Äußerungen Kenntnis genommen hat und ob irgendeine Täuschung bewirkt wurde.

Anm. 63

2. Rechtswidrigkeit, Schuld u. a.

Für *Rechtswidrigkeit, Schuld, Versuch, Teilnahme, Zusammentreffen mit anderen Straftaten, Strafe, Verjährung* und *Schutzgesetzeigenschaft* (§ 823 Abs. II BGB) vgl. oben Anm. 56 und die dortigen Weiterweisungen. Das Entsprechende gilt auch hier.

Anm. 64

VII. Unwahre Erklärungen in sonstigen Anmeldungen (§ 399 Abs II)

1. Bei Kapitalerhöhungen aus Gesellschaftsmitteln

Bei *Kapitalerhöhungen aus Gesellschaftsmitteln* (§§ 207 ff.) ordnet das Gesetz in § 210 I Satz 2 an, daß die Anmeldenden dem Registergericht gegenüber zu erklären haben, daß nach ihrer Kenntnis seit dem Stichtag der zugrunde gelegten Bilanz bis zum Tag der Anmeldung keine Vermögensminderung eingetreten ist, die der Kapitalerhöhung entgegenstünde, wenn sie am Tag der Anmeldung beschlossen worden wäre. Nach § 399 II ist die wahrheitswidrige Abgabe einer solchen Erklärung zum Straftatbestand erhoben.

a) Täter

Als *Täter* kommen Mitglieder des Vorstands oder des Aufsichtsrats in Betracht. Vgl. oben Anm. 5—7. In der Regel ist bei den Aufsichtsratsmitgliedern an den Aufsichtsratsvorsitzenden oder seinen Stellvertreter zu denken (§§ 207 II i. V. m. 184 I). Das hindert jedoch nicht, daß andere Aufsichtsratsmitglieder Mittäter oder mittelbare Täter sein können. Das gilt nicht für außenstehende Dritte. § 399 II 1. Alternative ist ein *echtes Sonderdelikt.*

Anm. 65

b) Tatbestandsmerkmale, Versuch und Vollendung

Tatbestandsmerkmale sind die *Erklärung gegenüber dem Registergericht* und — als subjektives Merkmal — die Abgabe der Erklärung *zum Zweck der Eintragung* einer Erhöhung des Grundkapitals aus Gesellschaftsmitteln. Die Erklärung muß *objektiv wahrheitswidrig* sein. Ist sie objektiv wahr, hält sie aber der Täter irrig für unwahr, liegt ein *Versuch* vor, der jedoch nicht strafbar ist (vgl. oben Anm. 19). *Vollendet* ist die Tat, wenn die Erklärung dem Gericht zugegangen ist. Kenntnisnahme durch den Richter oder durch sonstige Personen, oder gar gelungene Täuschung ist nicht erforderlich. Vgl. oben Anm. 19.

Anm. 66

c) Rechtswidrigkeit und Schuld

Für die *Rechtswidrigkeit* und die *Schuld* gelten keine Besonderheiten. Vgl. daher oben Anm. 21—28. Hinsichtlich des *Vorsatzes* werden bei der Anwendung des § 399 II auch Fallkonstellationen akut, bei denen der Täter nicht weiß, daß eine Vermögensminderung inzwischen eingetreten ist, dies aber für möglich hält und billigend in Kauf nimmt. Hier liegt dann *bedingter Vorsatz* vor, der für die Strafbarkeit aus § 399 II ebenso wie bei den übrigen Tatbestandsformen des § 399 ausreicht. Fahrlässige Begehung ist aus dieser Bestimmung jedoch nicht strafbar. Zum bedingten Vorsatz ebenso Baumbach-Hueck Rn. 21.

Anm. 67

d) Teilnahme, Zusammentreffen mit anderen Straftaten, Strafe, Verjährung, Schutzgesetz (§ 823 II BGB) und Überstimmung

Für die *Teilnahme,* bei der auf den Sonderdeliktscharakter zu achten ist, für das *Zusammentreffen mit anderen Straftaten,* für die *Strafe* und für die *Verjährung* finden die in den Anm. 30—33 behandelten Grundsätze entsprechende Anwendung. Wie alle übrigen Tatbestände des § 399 ist auch § 399 II 1. Alternative ein *Schutzgesetz* i. S. des § 823 II BGB. Vgl. Anm. 34. — Zum Sonderproblem der *Übereinstimmung* von Vorstands- oder Aufsichtsratsmitgliedern s. oben Anm. 29.

Anm. 68

2. Bei Umwandlung der Gesellschaft in eine GmbH

Bei einer *Umwandlung der Gesellschaft in eine GmbH* (§§ 369 ff.) ordnet der Gesetzgeber an, daß bei der Anmeldung dieser Umwandlung zur Eintragung in das Handelsregister verschiedene Erklärungen abzugeben sind (§ 371 II Satz 1 und 2; § 371 III Satz 1), und zwar über den fristgemäßen Zugang etwaiger Mitteilungen von Aktionären (§ 369 II Satz 2), über die Rücknahme einer solchen Mitteilung (§ 369 II Satz 3) sowie über die Teilnahme von Aktionären an einer Hauptversammlung, wie sie in § 369 III geregelt ist.

a) Täter

Täter können nur Vorstandsmitglieder sein. Über diese s. oben Anm. 5 u. 6. Die 2. Alternative des § 399 II ist ebenfalls ein *echtes Sonderdelikt.* Personen, die nicht Mitglieder des Vorstands sind, können daher weder Mittäter, noch mittelbare Täter, noch Nebentäter sein.

Anm. 69

b) Tatbestandsmerkmale, Versuch und Vollendung

Auch bei dieser Alternative des § 399 II sind die *Tatbestandsmerkmale* die *Erklärung* gegenüber dem Registergericht und die Abgabe der Erklärung *zum Zweck der Eintragung*, wobei hier die Eintragung einer Umwandlung der Gesellschaft in eine GmbH gemeint ist. Die Erklärung muß objektiv wahrheitswidrig sein. Vgl. Anm. 65. Das Delikt ist *vollendet*, wenn die Erklärung dem Gericht zugeagngen ist. Der *Versuch* ist nicht strafbar. Weiteres gleichfalls Anm. 65.

Anm. 70

c) Rechtswidrigkeit, Schuld, Teilnahme, Zusammentreffen mit anderen Straftaten, Strafe, Verjährung, Schutzgesetz (§ 823 II BGB)

Zur *Rechtswidrigkeit* und zur *Schuld* vgl. Anm. 66 und die dort genannten Weiterverweisungen. Es gelten die allgemeinen Grundsätze. Beim *Vorsatz* genügt auch hier *bedingter Vorsatz*. — Zur *Teilnahme*, für das *Zusammentreffen mit anderen Straftaten*, für die *Strafe* und für die *Verjährung* vgl. die Hinweise in Anm. 67 — § 399 II 2. Alternative ist *Schutzgesetz gemäß § 823 II BGB* (Anm. 34).

§ 400 Unrichtige Darstellung

Mit Freiheitsstrafe bis zu drei Jahren oder mit Geldstrafe wird bestraft, wer als Mitglied des Vorstands oder des Aufsichtsrats oder als Abwickler

1. **die Verhältnisse der Gesellschaft einschließlich ihrer Beziehungen zu verbundenen Unternehmen in Darstellungen oder Übersichten über den Vermögensstand, in Vorträgen oder Auskünften in der Hauptversammlung unrichtig wiedergibt oder verschleiert,**
2. **die Verhältnisse eines Konzerns oder Teilkonzerns, für den die Gesellschaft einen Konzernabschluß oder Teilkonzernabschluß aufzustellen hat, in Darstellungen oder Übersichten über den Vermögensstand des Konzerns oder Teilkonzerns wiedergibt oder verschleiert,**
3. **in Aufklärungen und Nachweisen, die nach den Vorschriften dieses Gesetzes einem Abschlußprüfer oder sonstigen Prüfer der Gesellschaft oder eines verbundenen Unternehmens oder einem Konzernabschlußprüfer zu geben sind, falsche Angaben macht oder die Verhältnisse der Gesellschaft oder des Konzerns unrichtig wiedergibt oder verschleiert, oder**
4. **im Geschäftsbericht, im Konzerngeschäftsbericht oder Teilkonzerngeschäftsbericht über die Gegenstände nach § 160 Abs. 3 oder § 334 Abs 3 Nr. 1 bis 3 falsche Angaben macht oder erhebliche Umstände verschweigt.**

Übersicht

Anm. 1

I. Allgemeines zu allen vier Straftatvarianten

1. Sonderdelikt

Durch die Beschränkung des Täterkreises auf Mitglieder des Vorstands, des Aufsichtsrats sowie auf Abwickler hat der Gesetzgeber § 400 zum *Sonderdelikt* gemacht. Da es keine entsprechende allgemeine Deliktsform gibt, ist § 400 außerdem ein *echtes Sonderdelikt*. Dies hat für die Frage der mittelbaren Täterschaft und der Mittäterschaft wichtige strafrechtliche Konsequenzen. Vgl. hierzu das unten Anm. 16 zur Teilnahme Ausgeführte.

Anm. 2

2. Geschütztes Rechtsgut und Schutzgesetz (§ 823 II BGB)

§ 400 dient nicht etwa nur dem Schutz der Aktionäre, sondern darüber hinaus dem Schutz aller derjenigen, die mit der Aktiengesellschaft in rechtliche oder wirtschaftliche Beziehung treten oder zu treten beabsichtigen. Die einzelnen Tatbestandsformen — das gilt vor allem für die Nr. 1 und 2 des § 400 — beziehen sich auf Sachverhalte, die für die Beurteilung der Bonität der Gesellschaft sowie insbesondere ihrer Kreditwürdigkeit von erheblicher Bedeutung sind. In diesem Zusammenhang ist es nur einer von vielen möglichen Fällen, wenn Teichmann-Köhler Anm. 4 darauf hinweisen, daß Nr. 1 des § 296 AktG a. F. nicht nur dem Aktienkäufer zustatten komme, sondern auch demjenigen, der im Vertrauen auf die Berichte usw. Aktien der betreffenden Gesellschaft zum Pfande hereingenommen habe. Der ganze § 400 ist daher mit allen seinen einzelnen Tatbestandsvarianten *Schutzgesetz* gemäß § 823 Abs. II BGB. Vgl. RG BankArch. 34, 509; RG 157, 213; RGSt. 41, 298; 43, 415; 64, 424; RG JW 35, 2427; Baumbach-Hueck Rn. 2 und Gessler zu § 400; ferner Teichmann-Köhler Anm. 4.

Anm. 3

3. Täter

Nach dem klaren Wortlaut des Gesetzes kommen als Täter nur Vorstandsmitglieder, Aufsichtsratsmitglieder oder Abwickler in Betracht. Dies gilt uneingeschränkt für sämtliche Tatbestandsformen des § 400. Daß jeweils auch die Stellvertreter mit gemeint sind, ist unstreitig. Vgl. hierzu und zu den übrigen strafrechtlich bedeutsamen Rechtsfragen, die mit dem genannten Personenkreis zusammenhängen, die Erläuterungen in den Anm. 5—10 u. 57—60 zu § 399.

Anm. 4

4. Strafe

Sie ist die gleiche wie in § 399. Vgl. deshalb Anm. 32 zu § 399.

Anm. 5

5. Verjährung

Die Rechtslage ist die gleiche wie bei § 399. Vgl. Anm. 33 zu § 399.

Anm. 6

II. § 400 Nr. 1

1. Tatbestandsmerkmale

a) Unrichtige Wiedergabe und Verschleierung

aa) Allgemeines

In zahlreichen Bestimmungen des Aktiengesetzes ist für die verschiedensten Erklärungen des hier in Rede stehenden Personenkreises eine „Pflicht zur Wahrheit und Klarheit" begründet (RGSt. 67, 349). So muß z. B. der vom Vorstand an den Aufsichtsrat zu erstattende regelmäßige Bericht über den Gang der Geschäfte und die Lage des Unternehmens „den Grundsätzen einer gewissenhaften und getreuen Rechenschaft" entsprechen (§ 90 IV). Das gleiche gilt für den Bericht, den der Aufsichtsrat über die Prüfung des Jahresabschlusses, der Vorstandsvorschläge für die Gewinnverteilung und des Geschäftsberichts der Hauptversammlung zu erstatten hat (§ 171 II). Für die dem Aktionär in der Hauptversammlung zu erteilenden Auskünfte über die Angelegenheiten der Gesellschaft hat das Gesetz in § 131 Abs. II ausdrücklich angeordnet, daß sie „den Grundsätzen einer gewissenhaften und getreuen Rechenschaft" zu entsprechen hätten. Beim Geschäftsbericht ist der Inhalt durch § 160 sogar besonders festgelegt. Ferner sind für den Inhalt der durch § 400 Nr. 1 strafrechtlich geschützten Äußerungen die Vorschriften über die Jahresbilanz (§§ 148ff.) und über die Jahresabschlußprüfung (§§ 162ff.) bedeutungsvoll. Nach § 165 Abs. II können die Abschlußprüfer vom Vorstand alle Aufklärungen und Nachweise verlangen, welche für eine „sorgfältige Prüfung notwendig sind". Für die Abwicklung vgl. die §§ 264ff., insbesondere § 270. Alle im Aktiengesetz enthaltenen Bestimmungen über die Äußerungen von Vorstands- und Aufsichtsratsmitgliedern sowie von Abwicklern müssen bei der Auslegung und Anwendung des § 400 Nr. 1 berücksichtigt werden. Das gilt vor allem für die an einzelnen Stellen geregelten Grenzen der Äußerungspflichten. Sobald ein *Schweigerecht* wie z. B. bei § 131 Abs. III gegeben ist, beschränkt dies den Anwendungsbereich des § 400 Nr. 1, und zwar so, daß keine *Tatbestandsmäßigkeit* vorliegt. Wie schon Eb. Schmidt in Anm. 3 der 1. Auflage zutreffend hervorhob, handelt es sich insoweit nicht etwa erst um ein Rechtfertigungsproblem. Die in Rede stehenden Schweigerechte sind keine Rechtfertigungsgründe, die dem an sich tatbestandsmäßigen Verhalten die Rechtswidrigkeitsindikation nehmen, sie sind vielmehr Rechte, die schon dem Tatbestand den genaueren Gehalt geben. Liegen sie vor, fehlt es also schon an der Tatbestandsmäßigkeit im Sinne des § 400 Nr. 1. Andererseits ist aber zu beachten, daß diese Tatbestandseinschränkung nur wirksam werden kann, wenn der Täter von seinem gesetzlichen Schweigerecht Gebrauch macht. Beruft er sich nicht auf das Recht zum Schweigen und äußert er sich über den Vermögensstand der Gesellschaft und die sonstigen für § 400 Nr. 1 in Frage kommenden Themen, dann greift jene „Pflicht zur Wahrheit und Klarheit" trotz der Freiwilligkeit der Äußerungen wieder ein, und eine Anwendung des § 400 Nr. 1 wird möglich.

Besteht nicht nur ein Schweigerecht, sondern sogar eine *Schweigepflicht*, so wird damit der Bereich einer Tatbestandsverwirklichung (durch Unterlassen) erst recht eingeschränkt. Ein Fall dieser Art kann sich aus den §§ 93, 116 ergeben. Bei einem Konflikt zwischen § 266 StGB und § 400 — falls nämlich ein Verstoß gegen die Schweigepflicht eine Untreuehandlung darstellen würde — geht § 266 StGB vor, so daß derjenige, der schweigt, um nicht wegen Untreue bestraft zu werden, selbstverständlich nicht aus § 400 Nr. 1 bestraft werden kann. Allerdings können sich hier schwierige Rechtsfragen ergeben, wenn der Täter einem Irrtum unterliegt. Vgl. Anm. 25 und 27 zu § 399.

Anm. 7

bb) Unrichtige Wiedergabe

Eine *unrichtige Wiedergabe* ist eine Darstellung im Sinne dieses Tatbestands dann, wenn sie objektiv unrichtig ist, sei es dadurch, daß sie falsche Behauptungen enthält, oder sei es dadurch, daß die mitgeteilten Behauptungen zwar wahr, aber nicht vollständig sind und wesentliche Tatsachen verschweigen. Der Tatbestand kann also sowohl durch ein *Tun* als durch ein *Unterlassen* verwirklicht werden. In dem letztgenannten Fall wirken sich die in Anm. 6 erörterten Pflichten besonders aus, denn nur, wenn eine Rechtspflicht zur Äußerung besteht, kann in dem Schweigen eine Verwirklichung des Tatbestandsmerkmals liegen. Eine unvollständige Darstellung kann somit hinsichtlich des Verschwiegenen nur dann zu einer unrichtigen Wiedergabe werden, wenn das Gesetz eine Offenbarungspflicht enthält. Vgl. zu weiteren Einzelheiten des Begehens durch Unterlassen § 13 StGB.

Anm. 8

cc) Verschleierung

Durch das Tatbestandsmerkmal der *Verschleierung* wird der Anwendungsbereich des § 400 Nr. 1 erweitert. Tatbestandsmäßig können danach auch solche Äußerungen sein, bei denen das Erklärte an sich objektiv richtig, also *nicht unwahr* ist, die Art und Weise der Äußerung das Erklärte jedoch *undeutlich* macht und hierdurch zu einer unzutreffenden Beurteilung des Inhalts der Äußerung verführt. Zum Beispiel liegt eine Verschleierung der Verhältnisse der Gesellschaft vor, wenn diese so dargestellt werden, daß sie sich „nicht oder doch nur schwer erkennen lassen". RGSt. 68, 346; Klug in Hachenburg Anm. 36 zu § 82 GmbHG. Vgl. ferner RGSt. 37, 434; 41, 239; 68, 346; Erbs in Kohlhaas Anm. 6 B zu § 82 GmbHG. Mit Rücksicht auf die Kriterien der Unwahrheit und der Undeutlichkeit lassen sich begrifflich die Tatbestandsmerkmale der unrichtigen Wiedergabe und der Verschleierung mit hinreichender Schärfe trennen. Schwierigkeiten entstehen allerdings bei der praktischen Anwendung in Grenzfällen, weil sich eine äußerste Undeutlichkeit denken läßt, die der Unwahrheit gleichkommt. Indessen ist die Subsumtion unter eines der beiden Merkmale nicht von entscheidender Bedeutung, wenn das betreffende Verhalten nur überhaupt entweder eine unwahre Darstellung oder eine Verschleierung oder beides ist. Das Verschleiern kann sowohl in der Form des *Tuns* als auch durch *Unterlassen* begangen sein. Im zuletzt genannten Fall kommt eine Strafbarkeit nur in Betracht, wenn das Unterlassen der in Anm. 6 erwähnten *Pflicht zur Klarheit* widerspricht. Zum *Schweigerecht* s. Anm. 6.

Anm. 9

dd) Form und Art der unrichtigen Wiedergaben oder der Verschleierungen

Gleichgültig ist es für die Tatbestandsmäßigkeit im Sinne des § 400 Nr. 1, ob die betreffenden Äußerungen *mündlich* oder *schriftlich* erfolgt sind. Dies geht einmal daraus hervor, daß der Gesetzeswortlaut nirgends eine besondere Form der unrichtigen Wiedergaben oder Verschleierungen erfordert, und zum anderen daraus, daß Nr. 1 des § 400

Beispiele nennt, für die teils überhaupt nur Mündlichkeit — so bei den Vorträgen in der Hauptversammlung —, teils in der Regel Mündlichkeit — so bei den in der Hauptversammlung erteilten Auskünften usw. — in Frage kommt. Bei schriftlichen Äußerungen ist es gleichgültig, ob die betreffenden Erklärungen, die unrichtige Wiedergaben oder Verschleierungen enthalten, gezeichnet sind. Auch nichtunterschriebene Darstellungen, Übersichten usw. können den Tatbestand verwirklichen, sofern nur erkennbar ist, daß sie von einem Verwaltungsträger der in § 400 genannten Art herrühren. — Denkbar wäre es ferner, daß eine kombinierte, teils schriftliche, teils mündliche Äußerung das strafbare Verhalten bildet. Ob eine solche Kombination eine Mehrheit von Straftaten oder ein einheitliches einmaliges Begehen des Delikts darstellt, hängt von den Umständen des Einzelfalles und außerdem vom Vorsatz des Täters ab. Grundsätzlich belanglos ist es für die Frage der Tatbestandsmäßigkeit, ob der Täter sich *öffentlich* oder nur *intern*, sei es in einer größeren Sitzung, sei es unter vier Augen äußert. Strafrechtlich ohne Bedeutung ist es ferner, ob die Erklärungen auf Grund einer besonderen rechtlichen Verpflichtung oder freiwillig, wie etwa bei einer Zwischenbilanz oder einem Zwischenbericht, abgegeben wurden. Nicht ohne Belang dagegen ist die Unterscheidung zwischen *privaten* und *dienstlichen* Äußerungen der Vorstandsmitglieder, Mitglieder des Aufsichtsrats und der Abwickler. Aus der genauen Schilderung der in Betracht kommenden einzelnen Verhaltensweisen auch in den Nrn. 2—4 des § 400 wird man schließen müssen, daß der Gesetzgeber nur die spezifisch aktienrechtlichen, d. h. also dienstlich abgegebenen Erklärungen strafrechtlich schützen wollte. Das wird erhärtet durch einen Vergleich mit der Vorschrift des § 294 AktG a. F. Dort ist es deutlich anders, wie die sehr allgemein gehaltene Ausdrucksweise des Gesetzes zeigt. Vgl. Anm. 8 und 41 zu § 294 der Vorauflage. — Die Äußerung eines Vorstandsmitglieds einer Gesellschaft A ist naturgemäß nur dann eine dienstliche, wenn sie in der Eigenschaft als Vorstandsmitglied dieser Gesellschaft getan wird. Ist der Täter z. B. zugleich Mitglied des Aufsichtsrats der Gesellschaft B und hat er sich in dieser zuletzt genannten Eigenschaft geäußert, so reicht das für eine strafrechtliche Haftung aus § 400 Nr. 1 nicht aus, falls es sich um eine Darstellung der Verhältnisse bei der Gesellschaft A handelt. — Daß der Täter bei § 400 Nr. 1 — und das gleiche gilt für den Tatbestand in Nr. 2 — stets in dienstlicher Eigenschaft gehandelt haben muß, ist im übrigen herrschende Meinung. Vgl. RGSt. 45, 210 (211) zu § 147 GenG; Baumbach-Hueck Rn. 3; von Godin-Wilhelmi Anm. 3a; Schlegelberger-Quassowski Anm. 6; Eb. Schmidt Anm. 4 der 1. Auflage. Anders ist es bei der dem hiesigen Tatbestand ähnlichen Geschäftslagetäuschung des § 82 Nr. 3 GmbHG. Dort ist der Tatbestand wiederum so allgemein formuliert, daß es belanglos ist, ob der Täter seine Äußerungen in seiner dienstlichen Eigenschaft oder privat getan hat. Vgl. Klug in Hachenburg Anm. 34 zu § 82. Im übrigen ist zu beachten, daß der Charakter einer Äußerung als einer nicht dienstlichen, sondern privaten in der Regel davon unabhängig ist, an wen sie sich richtet. Selbstverständlich kann der Tatbestand auch erfüllt werden von einer an eine einzelne Person gerichteten unwahren oder verschleierten Darstellung, sofern diese Äußerung von dem betreffenden Täter in seiner dienstlichen Eigenschaft als Vorstands- oder Aufsichtsratsmitglied oder als Abwickler getan worden ist. Auch bei Erklärungen gegenüber der Presse, im Rundfunk oder im Fernsehen muß jeweils von Fall zu Fall geprüft werden, ob die betreffende Erklärung privat oder in dienstlicher Eigenschaft abgegeben wurde. Hier kommt es ganz auf den jeweiligen konkreten Zusammenhang an. Schließlich ist hinsichtlich der Art und Weise der unrichtigen Wiedergabe und des Verschleierns noch darauf hinzuweisen, daß beides sowohl durch ein *Tun* als auch durch ein *Unterlassen* geschehen kann, im zuletzt genannten Fall jedoch nur unter der Voraussetzung, daß eine Rechtspflicht zum Tun bestand. Hier wirkt sich die vom RG erwähnte Pflicht zur Wahrheit und Klarheit entscheidend aus. Vgl. oben Anm. 7 und 8.

Anm. 10

b) Gegenstand der unrichtigen Wiedergabe und der Verschleierung

Die unrichtige Wiedergabe und die Verschleierung muß sich auf die *Verhältnisse der Gesellschaft* einschließlich ihrer Beziehungen zu *verbundenen Unternehmen* (zum Begriff des verbundenen Unternehmens vgl. § 15 und §§ 291 ff.) beziehen. Und diese Verhältnisse müssen vom Täter in Darstellungen oder Übersichten über den *Vermögensstand*, in Vorträgen oder Auskünften in der Hauptversammlung unrichtig wiedergegeben oder verschleiert worden sein. Als Darstellungen oder Übersichten in diesem Sinne kommen in erster Linie die Geschäftsberichte (§ 160) und die Bilanzen (§§ 148 ff.) in Betracht. Das gleiche gilt aber auch für den sogenannten Zwischenbericht sowie für den Status und sonstige vorläufige Vermögensübersichten und für weitere Darstellungen aller Art. Sie müssen sich allerdings auf die Vermögensverhältnisse beziehen. Die nach § 90 an den Aufsichtsrat zu erstattenden Berichte des Vorstands gehören ebenso hierher, obwohl sie nicht für Dritte und nicht für die Aktionäre bestimmt sind. Das Gesetz kennt insoweit keine Einschränkungen der Tatbestandsmäßigkeit. RGSt. 5, 147 und 64, 424. Die den Abschlußprüfern oder sonstigen Prüfern gegebenen Auskünfte gehören ebenfalls zu den Darstellungen im Sinne dieses Tatbestands. Gleichwohl hat der Gesetzgeber sie in § 400 Nr. 3 ausdrücklich genannt. Sodann sind in § 400 Nr. 1 noch besonders genannt die *Vorträge und die Auskünfte in der Hauptversammlung*. Bei den Vorträgen braucht es sich selbstverständlich nicht um ausgearbeitete Vorträge im engeren Sinne zu handeln, es genügen Stegreif- und Diskussionsäußerungen, selbst wenn es sich nur um kurze Ausführungen handelt. Das „Schlußwort" des Leiters der Hauptversammlung gehört ebenfalls hierher. Aus der gemeinsamen Nennung von Vorträgen und Auskünften in der Hauptversammlung muß gefolgert werden, daß alle in dienstlicher Eigenschaft im Rahmen der Hauptversammlung abgegebenen Erklärungen der Mitglieder des Vorstands und des Aufsichtsrats sowie der Abwickler unter § 400 Nr. 1 fallen. Es ist dies auch durchaus verständlich im Hinblick auf die wichtige Funktion des § 131 im Rahmen des modernen Aktienrechts. Vgl. die Erläuterungen zu § 131. Dem Gesetzgeber war es offenbar ein besonderes Bedürfnis, gerade das Auskunftsrecht des Aktionärs in der Hauptversammlung strafrechtlich zu schützen. — Werden mehrere Darstellungen usw. im Sinne des § 400 Nr. 1 gegeben, dann müssen sie alle der Wahrheit entsprechen, es genügt nicht, daß eine der Darstellungen richtig ist, es sei denn, daß es sich um eine ausdrückliche, mit klarer Bezugnahme auf die anderen falschen Darstellungen richtigstellende Darstellung handelt. Enthält die Bilanz Unwahrheiten oder Verschleierungen, so genügt es nicht, wenn aus den Erläuterungen im Geschäftsbericht die wahren Verhältnisse erkannt werden können. Vgl. RG in LZ 1915, 384[52].

Anm. 11

c) Beispiele zu § 400 Nr. 1

Eine unwahre Darstellung der Verhältnisse der Gesellschaft ist es, wenn in der Bilanz die Außenstände falsch bewertet sind (RGSt. 14, 80). Das gleiche gilt für falsche Bewertungen der Grundstücke und des sonstigen Anlagevermögens, für zu geringe oder zu hohe Abschreibungen, für falsche Schätzungen der Warenvorräte usw. Ganz allgemein hat schon das RG 112, 23 über Bilanzen gesagt: „Zweck der Vorlegung der Bilanz ist die richtige und zuverlässige Darlegung und Feststellung des Vermögens in allen wesentlichen Beziehungen für den Zeitpunkt, auf den sich die Bilanz bezieht." Bei Schätzungen ist jedoch zu beachten, daß nur auffällige, in die Augen springende Fehlschätzungen eine unrichtige Wiedergabe der Verhältnisse der Gesellschaft sein können, da die meisten Schätzungen bis zu einem gewissen Grade unsicher sind. Unrichtig ist die Darstellung ferner dann, wenn Gegenstände, die der Gesellschaft nicht gehören, in die Bilanz aufgenommen sind (RGSt. 43, 416). Die Unrichtigkeit der Darstellung kann sodann darin bestehen, daß bestimmte Vermögensstücke überhaupt nicht aufgeführt sind (RGSt. 62, 357). Aufgelöste stille Reserven dürfen nicht als Einnahmen „aus dem laufenden Geschäftsbetriebe" erschienen (RGSt. 62, 360). Sogenannte „Voraktivierungen" müssen in der Bilanz als solche erkennbar gemacht sein (RGSt. 67, 349). Unrichtig ist die Darstellung ferner dann, wenn eingetretene Abnutzungen nicht abgeschrieben sind und wenn überhaupt die Wertansätze den Vorschriften der §§ 153 ff. widersprechen. Hat der Vorstand, um Verluste zu decken, sich selbst dafür belastet und in die Bilanz entsprechende Aktivposten eingestellt, so wird die Darstellung der Verhältnisse der Gesellschaft dadurch falsch, es sei denn, daß der Vorstand bereits haftbar gemacht wurde, die Verpflichtungen hieraus anerkannt hat und wirtschaftlich in der Lage ist, die anerkannten Verpflichtungen auch zu erfüllen. Fehlt es jedoch an der zuletzt genannten Voraussetzung, dann dürfen die entsprechenden an sich anerkannten Forderungen der Gesellschaft nicht oder zumindest nicht in voller Höhe als Aktivposten in der Bilanz erscheinen. Werden sie gleichwohl als Außenstände angeführt, so kann die Unwahrheit der Darstellung nur durch entsprechende Gegenmaßnahmen, etwa eine Wertberichtigung auf der Passivseite, vermieden werden. Ist der Vorstand, der sich selbst belastet hat, obwohl er noch nicht haftbar gemacht wurde, in der Lage, die gegen ihn gerichteten Forderungen zu erfüllen, dann kann es an der Unwahrheit der Darstellung der Verhältnisse fehlen, weil in dieser Selbstbelastung mindestens ein bindendes Angebot gesehen werden kann. Vgl. Klug in Hachenburg Anm. 35 zu § 82 GmbHG. Sind bei der Aufstellung der Jahresbilanz die Gliederungsvorschriften des § 151 nicht eingehalten, so ergibt sich daraus nur dann eine strafbare unwahre Darstellung der Verhältnisse der Gesellschaft, wenn neben den Formverstößen — möglicherweise durch sie verursacht — die Bilanz sachliche Unrichtigkeiten enthält. — Auch allgemeine Urteile über die Geschäftslage („erfreuliches Ergebnis“ oder „wir sind zufrieden“ usw.) müssen objektiv wahr sein (RGSt. 38, 199). — Um unrichtige Darstellungen der Verhältnisse der Gesellschaft *durch Unterlassen* handelt es sich vor allem dort, wo auf der Passivseite der Bilanz wichtige Posten unterdrückt werden. Dabei können allerdings Zweifel hinsichtlich der Behandlung von sogenannten *Eventualverbindlichkeiten* (Bürgschaften, Garantien, Verpflichtungen aus der Ausstellung oder Indossierung — nicht der Akzeptierung — von Wechseln usw.) entstehen. Hier kommt es darauf an, ob es wahrscheinlich ist, daß die Gesellschaft in Anspruch genommen wird. Allgemeine Regeln lassen sich insoweit kaum angeben. Entscheidend ist die jeweilige konkrete Fallgestaltung. Meistens wird man jedoch davon auszugehen haben, daß derartige Eventualverpflichtungen in der Bilanz, einem Status oder einer sonstigen Vermögensübersicht, wenn auch nur „unter dem Strich“, erwähnt werden. — Durch das Weglassen eines Aktivpostens kann die Darstellung selbstverständlich ebenfalls unwahr werden, denn § 400 Nr. 1 setzt nicht voraus, daß die Unwahrheit der Darstellung zu einer zu günstigen Schilderung der Verhältnisse der Gesellschaft führt. Auch falsche ungünstige Darstellungen, sei es durch Unterlassen, sei es durch Tun, können unter § 400 Nr. 1 fallen. Ebenso schon Eb. Schmidt Anm. 9 der 1. Auflage sowie das dort angegebene ältere Schrifttum. Andererseits hat aber schon RG 116, 119 anerkannt, daß Abschreibungen oder Minderbewertungen, die sich im Rahmen der Gepflogenheiten eines ordentlichen Geschäftsmanns halten und durch die der Wert der Aktiven geringer als in Wirklichkeit erscheint, nicht unter den Tatbestand des § 400 Nr. 1 fallen. Die Strafbestimmung soll nicht die Bildung *stiller Reserven* verhindern, soweit sie sich im Rahmen des Vertretbaren halten. Maßgebend hierfür können sowohl die *steuerrechtlichen Bestimmungen* als auch die anerkannten *Grundsätze für die Tätigkeit der Wirtschaftsprüfer* sein. Diese in langjähriger Praxis entwickelten Grundsätze für die Tätigkeit der Wirtschaftsprüfer sind wegen der hohen sachlichen und persönlichen Voraussetzungen für die Bestellung zum Wirtschaftsprüfer auch sonst geeignet, zur Auslegung des § 400 hinzugezogen zu werden. Insoweit ist auf die einschlägigen gesetzlichen Bestimmungen und das Schrifttum zu verweisen. Vgl. Wirtschaftsprüferhandbuch 1959. Historisch bemerkenswert: B. Manasse, Der Sachverständige, 2. Auflage Berlin 1932. — Einem gesetzlichen Gebot, wie z. B. dem der §§ 153ff. darf die Bildung der stillen Reserve jedoch nicht widersprechen. Liegt eine Äußerung über stille Reserven vor, so darf sie andererseits nicht falsch sein. Das Bestehen stiller Reserven darf also nicht wahrheitswidrig verneint werden. — Als weitere Fälle der unrichtigen Darstellungen kommen in Betracht: Das *Verschweigen* von Veruntreuungen eines Vorstandsmitglieds, da derartige Veruntreuungen „in den Augen der Aktionäre nicht ohne Einfluß auf die Frage der Vertrauenswürdigkeit der Gesellschaftsorgane bleiben können“ (RGSt. 38, 197); ferner das Verschweigen von Passiva, während die damit in Verbindung stehenden Aktiva mitgeteilt sind (RG JW 1930, 2709); ebenso das Verschweigen von Tatsachen, die nach Ablauf des Geschäftsjahres, aber vor Erstattung des Berichts bekannt geworden sind, wenn sie die Unrichtigkeit eines Bilanzpostens ergeben (RG JW 06, 614[49]; Recht 1928 Nr. 2481). Der Tatbestand des § 400 Nr. 1 kann durch Schweigen ferner dann erfüllt sein, wenn ein Vorstands- oder Aufsichtsratsmitglied oder ein Abwickler die falsche Darstellung eines Verwaltungsträgers oder einer sonstigen Person, die für die Gesellschaft spricht, unwidersprochen passieren läßt. Vgl. hierzu RGSt. 14, 80; 49, 239 auf eine Genossenschaft bezüglich. RGSt. 45, 214 schränkt diese Möglichkeiten ein. Der Entscheidung kann jedoch nicht zugestimmt werden. Richtig ist nur der Hinweis darauf, daß eine strafrechtliche Haftung dann entfällt, wenn eine Berichtigung des anderen in der betreffenden Situation nicht möglich ist.

Daß die unrichtige Darstellung *für die Gesellschaft nicht günstig* zu sein braucht, wurde bereits gesagt. Der Straftatbestand soll vor Manipulationen aller Art schützen. Gläubiger oder Aktionäre können auch durch wahrheitswidrige ungünstige Verlautbarungen geschädigt werden. Man denke etwa an Kursbeeinflussungen zugunsten interessierter Kreise, an bewußt niedrig gehaltene Abfindungsangebote u. ä. bei Kapitalumwandlungen usw. — Eine *Verschleierung* ist es, wenn z. B. der Wechselbestand als Wertpapierkonto bezeichnet wird. Da der Wechsel rechtlich ein Wertpapier im weiteren Sinne ist, kann eine solche Darstellung kaum als unwahr gelten. Jedoch stellt man sich im Wirtschaftsverkehr unter einem Wertpapierkonto nur ein Effektenkonto im eigentlichen Sinne vor. Andererseits wäre es ebenfalls eine Verschleierung, wenn Effekten unter Debitoren erscheinen. In beiden Fällen handelt es sich um ein Verschleiern durch *aktives Tun*. Indessen kann das Tatbestandsmerkmal auch durch *Unterlassen* verwirklicht werden, sofern aus der Verpflichtung zur Klarheit (vgl. oben Anm. 6) eine Rechtspflicht zum Tun herzuleiten ist. Als Beispiel käme das Weglassen von Vorkommnissen in Frage, die in der Bilanz oder in der Gewinn- und Verlustrechnung erwähnt werden müssen. So, wenn die zur Deckung eines Verlusts erfolgte freiwillige Zuwendung durch ein Vorstandsmitglied, einen Aktionär oder einen sonstigen Dritten verschwiegen wird. Ausführliche Breite ist in der Regel nicht zu fordern. Es muß aber klar erkennbar sein, daß ohne jene Zuwendung ein Verlust vorläge. Vgl. Klug in Hachenburg Anm. 36 zu § 82 GmbHG. Ob das Zusammenziehen von mehreren Bilanzposten zu einem einheitlichen eine Verschleierung ist, kann nur von Fall zu Fall entschieden werden. — Zum *Verhältnis zwischen unrichtigen Wiedergaben und Verschleierungen* der Verhältnisse der Gesellschaft in Darstellungen oder Übersichten über den Vermögensstand i. S. des § 400 Nr. 1 ist der Praxis zuzugeben, daß die systematisch exakte Unterscheidung zwischen Unwahrheit und Unklarheit bei der konkreten Anwendung fließend werden kann. So schon RG 74, 296. Da jedes Tatbestandsmerkmal allein hinreichend ist, spielt die Einordnung, wie gesagt, keine Rolle. Das Merkmal der Verschleierung dient vor allem der Ergänzung und soll verhindern, daß sich ein Täter unter Hinweis auf die Wahrheit seiner „geschickten" Darstellung der strafrechtlichen Verantwortung unberechtigt entzieht. Dem wird dadurch, daß auch die Unklarheit der Darstellung genügen kann, ein Riegel vorgeschoben.

Anm. 12

2. Vollendung und Versuch

Der Tatbestand des § 400 Nr. 1 ist vollendet:

a) Bei unrichtiger Wiedergabe oder Verschleierung der Verhältnisse der Gesellschaft einschließlich ihrer Beziehungen zu verbundenen Unternehmen in *Darstellungen* oder *Übersichten* über den Vermögensstand, wenn mindestens eine Darstellung oder Übersicht mindestens einem derjenigen zugegangen ist, für die sie bestimmt ist, wobei man das Bestimmtsein im weitesten Sinne zu verstehen hat. Man denke beispielsweise an den korrekten Zugang bei einer Zeitungsredaktion, obwohl die Darstellung oder Übersicht an sich nur für die Aktionäre bestimmt (im engeren Sinne) ist.

b) Bei *Vorträgen* oder *mündlichen Auskünften* in der Hauptversammlung mit der Äußerung als solcher, die von mindestens einem Hauptversammlungsteilnehmer gehört und aufgenommen sein muß.

c) Bei *Auskünften* und Vorträgen, die *in schriftlicher Formulierung* (durch Verteilung) in der Hauptversammlung vorgelegt worden sind, mit der Entgegennahme durch mindestens einen Hauptversammlungsteilnehmer.

d) Vollendet kann das Delikt aber auch dann sein, wenn mindestens eine Darstellung oder Übersicht oder mindestens eine schriftliche Fassung eines Vortrags oder einer Auskunft in der Hauptversammlung Dritten, insbesondere der Öffentlichkeit zugänglich gemacht ist (durch Auslage u. ä.).

Irgendeinen Täuschungserfolg oder auch nui eine Täuschungsabsicht oder gar eine Bereicherungsabsicht fordert das Gesetz nicht. Ebenso ist es ferner für die Vollendung des Tatbestands nicht nötig, daß ein Vermögensschaden eingetreten ist. Ebenso Baumbach-Hueck Rn. 11.

Der *Versuch* ist nicht strafbar, da es sich bei § 400, ebenso wie bei § 399, um ein Vergehen handelt (§ 12 StGB), und die Strafbarkeit des Versuchs nicht ausdrücklich im Gesetz angeordnet ist (§ 43 II StGB u. ab 1. 1. 75 § 23 I StGB n. F.).

Anm. 13

3. Übergesetzlicher Tatbestandsausschluß (Sozialkongruenz)

Ein *übergesetzlicher Tatbestandsausschluß*, insbesondere unter dem Gesichtspunkt der *Sozialkongruenz* (vgl. oben Anm. 20 zu § 399) wird bei den Tatbeständen des § 400 praktisch kaum in Betracht kommen. Immerhin, undenkbar ist er nicht. Wie oben Anm. 6 bereits ausgeführt wurde, wirken sich Schweigerechte und Schweigepflichten nicht erst als Rechtfertigungs-, sondern bereits als Tatbestandsausschließungsgründe aus. Soweit es sich hier um übergesetzliche Schweigerechte und -pflichten handelt, beruht ihre die Tatbestandsmäßigkeit begrenzende Funktion auf dem allgemeinen Gedanken der Sozialkongruenz.

Anm. 14

4. Rechtswidrigkeit

Für die *Rechtswidrigkeit* einschließlich der Rechtfertigungsgründe gelten die allgemeinen Grundsätze. Vgl. Anm. 21 zu § 399. Das dort ausgeführte, insbesondere hinsichtlich des übergesetzlichen Rechtfertigungsgrundes der *Sozialadäquanz*, gilt auch hier.

Anm. 15

5. Schuld

Vgl. zunächst zum Grundsätzlichen Anm. 22—28 zu § 399. Zur Frage der *Schuldfähigkeit* gilt nichts Besonderes. Sie muß stets gegeben sein, wenn das Verhalten des Täters strafbar sein soll. Als Schuldform setzen sämtliche Tatbestände des § 400 Nr. 1—4, da nichts Gegenteiliges gesagt ist (§ 15 StGB), *Vorsatz* voraus. *Bedingter Vorsatz* genügt. Ebenso Baumbach-Hueck Rn. 3; wohl auch Erbs in Kohlhaas Anm. 1; Eb. Schmidt Anm. 16 der 1. Auflage. Über den direkten oder bedingten Vorsatz hinaus ist keine besondere subjektive Tendenz erforderlich. Insbesondere ist *keine Täuschungsabsicht* vom Gesetzgeber verlangt. RG JW 31, 203; Schlegelberger-Quassowski Anm. 1; Stenglein Anm. 5 zu 314 HGB; a. M. für das frühere Recht: Neukamp ZHR 48, 459; Rehm, Bilanzen, 2. Aufl., S. 463, 468 und 509. Erst recht ist auch *keine Bereicherungsabsicht* für die Strafbarkeit vorausgesetzt. Man kann daher die Tatbestände des § 400 als Delikte mit kupierter Innentendenz bezeichnen. Der Gesetzgeber hat im Interesse eines wirksamen Schutzes des Wirtschaftslebens den Strafrechtsschutz gewissermaßen vorverlegt. Erfahrungsgemäß dient dies der Praktikabilität der Bestimmungen. Wohl aber ist nach der modernen Schuldauffassung des BGH (Gr. Sen. BGHSt. 2, 194) das *Unrechtsbewußtsein* Voraussetzung des Schuldvorwurfs. Näheres hierzu Anm. 26 zu § 399. Für die strafrechtliche Bedeutung der vor allem für die beiden Tatbestände der Nr. 1 und Nr. 2 in Betracht kommenden *Irrtümer* vgl. die grundsätzlichen Ausführungen in Anm. 25 u. 27 zu § 399. Nimmt der Täter z. B. irrtümlich an, er dürfe oder müsse gemäß § 93 I bestimmte Umstände verschweigen, so ergeben sich zwei Möglichkeiten: Irrt sich der Täter über das tatsächliche Vorliegen „überwiegender Belange der Gesellschaft“

(Güterabwägung), dann liegt ein Erlaubnistatbestandsirrtum vor. Dieser schließt in entsprechender Anwendung des § 16 StGB den Vorsatz aus. Eine Strafbarkeit entfällt. Irrt der Täter dagegen nicht über den Sachverhalt, in dem er die genannten überwiegenden Belange der Gesellschaft erblickt, sondern über die rechtliche Reichweite des Begriffs der überwiegenden Belange der Gesellschaft, so liegt ein Verbotsirrtum (§ 17 StGB), der nur das Unrechtsbewußtsein, nicht aber den Vorsatz ausschließt. Denn nach der Formel des BGH „weiß der Täter, was er tut, hält dies aber irrig für erlaubt". Demgegenüber findet im erstgenannten Fall die Formel Anwendung: „Der Täter ist an sich rechtstreu, weiß aber nicht, was er tut". In dem hier in Rede stehenden zweiten Fall, bei dem es sich um einen bloßen Verbotsirrtum handelt, entfällt die Strafbarkeit nicht ohne weiteres. Es kommt vielmehr darauf an, ob dem Täter der Verbotsirrtum vorzuwerfen ist. Nur wenn der Verbotsirrtum unvermeidbar war, entfällt der Schuldvorwurf und mit ihm die Strafbarkeit in vollem Umfang. Ist dagegen der Verbotsirrtum vermeidbar gewesen, hat sich der Täter strafbar gemacht. Hinsichtlich des sich aus der Vermeidbarkeit ergebenden Schuldvorwurfs können jedoch Gradunterschiede gemacht und die Strafe demgemäß nach den Grundsätzen der §§ 17, 49 Abs. I StGB gemildert werden. Für die *Schuldausschließungsgründe* gilt das Übliche. Vgl. Anm. 28 zu § 399.

Anm. 16

6. Teilnahme

Bei etwaiger *Teilnahme* an der Begehung der Tatbestände des § 400 wirkt es sich aus, daß diese Bestimmung nur *echte Sonderdelikte* enthält. Vgl. oben Anm. 1. Als Mittäter und als mittelbare Täter können sich daher nur Mitglieder des Vorstands oder des Aufsichtsrats oder Abwickler strafbar machen. Als Anstifter (§ 26 StGB) und als Gehilfen (§ 27 StGB) können dagegen auch Dritte bestraft werden. Nicht strafbar dagegen sind die Anstiftung oder Beihilfe zur versuchten Begehung der Delikte des § 400, weil der Versuch dieser Delikte in keinem Fall strafbar ist. Erst recht ist demgemäß keine versuchte Anstiftung (§ 30 StGB) denkbar.

Anm. 17

7. Konkurrenzen

Für die *Konkurrenzen*, das Zusammentreffen mit anderen Straftaten, gelten die allgemeinen Grundsätze (*Tateinheit:* § 52 StGB; *Tatmehrheit:* § 53 StGB). Bei mehrfacher Verwirklichung des § 400 Nr. 1 kann *Fortsetzungszusammenhang* in Betracht kommen. Hinsichtlich der Voraussetzungen hierfür kann auf das Anm. 31 zu § 399 Gesagte Bezug genommen werden. Über das Verhältnis der in § 400 geregelten verschiedenen Tatbestände Nr. 1—4 untereinander s. unten Anm. 35.

Anm. 18

8. Strafe und Verjährung

Die *Strafe* ist die gleiche wie in § 399. Vgl. dort Anm. 32. Demgemäß gilt auch für die *Verjährung* nichts anderes (Anm. 33 zu § 399).

Anm. 19

III. § 400 Nr. 2

1. Tatbestandsmerkmale

Gegenüber dem bisherigen Aktienstrafrecht der §§ 294—304 AktG a. F. ist die besondere Behandlung der Konzerne neu. So fehlte bisher eine dem § 400 Nr. 2 entsprechende Bestimmung. Ob das zur Folge hatte, daß dadurch nach altem Recht strafwürdiges Verhalten nicht in vollem Umfang erfaßt wurde, also eine Lücke bestand, mag dahingestellt bleiben. Selbst wenn dem nicht so war, wofür manches spricht, ist zumindest die Klarstellung im Interesse einer wirksamen Bekämpfung der „Weiße-Kragen-Kriminalität" zu begrüßen.

a) Unrichtige Wiedergabe und Verschleierung

Auch im § 400 Nr. 2 geht es wie bei Nr. 1 um die *unrichtige Wiedergabe* oder *Verschleierung*. Diese Tatbestandsmerkmale als solche sind die gleichen wie in § 400 Nr. 1. Vgl. daher das dort in Anm. 6—9 Ausgeführte. — Enthalten sein müssen die unrichtigen Wiedergaben oder Verschleierungen in Darstellungen oder Übersichten über den Vermögensstand. — Beziehen müssen sie sich in allen genannten Fällen auf die Verhältnisse eines Konzerns oder Teilkonzerns, für den die Gesellschaft einen Konzernabschluß oder Teilkonzernabschluß aufzustellen hat. — Nicht erfaßt sind durch Nr. 2 Vorträge und Auskünfte auf der Hauptversammlung. Diese können dann unter § 400 Nr. 1 fallen.

Anm. 20

b) Darstellungen und Übersichten über den Vermögensstand

Bei den hier angesprochenen *Darstellungen und Übersichten über den Vermögensstand* des Konzerns oder Teilkonzerns wird es sich vor allem handeln um Konzernabschlüsse und Konzerngeschäftsberichte gemäß § 329 sowie um Teilkonzernabschlüsse und Teilkonzerngeschäftsberichte nach § 330. Wegen der Einzelheiten vgl. insbesondere die §§ 331 ff. Es kommen aber auch andere Darstellungen und Übersichten über den Vermögensstand des Konzerns für die Erfüllung des Tatbestands in Frage, wie z. B. Zwischenbilanzen zur Vorlage bei Banken zum Zwecke der Kreditbesschaffung, Vermögensübersichten für Wertpapierwerbezwecke usw. Die Fassung des Gesetzes ist sehr weit, um die Wirtschaft vor gefährlichen Manipulationen, die gerade bei Konzernen und Teilkonzernen bedrohliche Ausmaße erreichen können, zu schützen.

Anm. 21

c) Konzern

Das Tatbestandsmerkmal „*Konzern*" definiert das Gesetz in § 18. Vgl. das Nähere oben in den Erläuterungen zu dieser Bestimmung. Für den Tatbestand des § 400 Nr. 2 ist die Unterscheidung zwischen Unterordnungskonzernen (§ 18 I) und Gleichordnungskonzernen (§ 18 II) irrelevant. Der Strafrechtsschutz bezieht sich auf beide Arten von Konzernen. Daß im Einzelfall ein Konzern vorliegt, muß im Strafprozeß allerdings nachgewiesen werden. Mit Recht wird in der Begründung zum Regierungsentwurf betont, die Vermutung des § 18 I 3. Satz, daß ein abhängiges Unternehmen mit dem herrschenden Unternehmen einen Konzern bilde, bedeute keine Beweisvermutung zuungunsten des Angeklagten im Strafprozeß. Ebenso Baumbach-Hueck Rn. 10. Eine andere Auffassung würde dem Grundsatz „in dubio pro reo" widersprechen und eine rechtsstaatlich bedenkliche Umkehrung der Beweislast zur Folge haben.

Anm. 22

2. Vollendung, Versuch, übergesetzlicher Tatbestandsausschluß

Vollendet ist der Tatbestand des § 400 Nr. 2, wenn mindestens eine Darstellung oder Übersicht über den Vermögensstand, in der die Verhältnisse des Konzerns oder Teilkonzerns unrichtig wiedergegeben oder verschleiert worden sind, mindestens einem derjenigen zugegangen ist, für den sie (im weitesten Sinne) bestimmt ist. Vgl. oben Anm. 12. — Der *Versuch* ist nicht strafbar (vgl. hier oben Anm. 12). — Zum *übergesetzlichen Tatbestandsausschluß* vgl. Anm. 13.

Anm. 23

3. Rechtswidrigkeit, Schuld, Teilnahme, Konkurrenzen, Strafe und Verjährung

Für *Rechtswidrigkeit, Schuld, Teilnahme, Konkurrenzen, Strafe* und *Verjährung* gilt das zu § 400 Nr. 1 Gesagte (Anm. 14—18) bei Nr. 2 entsprechend.

Anm. 24

IV. § 400 Nr. 3

1. Tatbestandsmerkmale

Durch diese Variante des § 400 sollen falsche Angaben und unrichtige Wiedergaben oder Verschleierungen in Aufklärungen und Nachweisen gegenüber Abschlußprüfern oder sonstigen Prüfern, insbesondere gegenüber Konzernabschlußprüfern, strafrechtlich erfaßt werden.

a) Aufklärungen und Nachweise gegenüber Abschlußprüfern

Als solche Aufklärungen und Nachweise kommen zunächst diejenigen in Betracht, welche die *Abschlußprüfer* vom Vorstand verlangen können, soweit sie für eine sorgfältige Prüfung notwendig sind (§ 165 II). Der Begriff der *Aufklärungen* und *Nachweise* ist so weit, daß er alles umfaßt, was irgendwie für die Prüfung gebraucht werden kann. Aufklärungen sind vor allem Erklärungen über Einzelfragen, die von den Abschlußprüfern zu Widersprüchen oder Zweifelsfragen gestellt werden. Vgl. Anm. 6 zu § 165. Das Tatbestandsmerkmal Nachweise umfaßt mehr als Bücher und Schriften, also auch nicht schriftlich Niedergelegtes. Richtschnur ist nach der ratio legis die möglichst umfassende Unterrichtung der Abschlußprüfer (ebenfalls oben Anm. 6 zu § 165). Soweit es für eine sorgfältige Prüfung notwendig ist, haben die Abschlußprüfer nach § 165 IV das Recht Aufklärungen und Nachweise zu verlangen auch gegenüber einem Konzernunternehmen sowie gegenüber einem abhängigen oder herrschenden Unternehmen.

Anm. 25

b) Konzernabschlußprüfer

Erfaßt werden vom Tatbestand Nr. 3 ferner die Aufklärungen und Nachweise, die den *Konzernabschlußprüfern* nach § 336 IV i. V. m. § 165 erteilt werden müssen.

Anm. 26

c) Sonstige Prüfer

Tatbestandsmäßig sind ferner falsche Angaben sowie unrichtige Wiedergaben oder Verschleierungen der Verhältnisse gegenüber *sonstigen Prüfern.* Hier sind z. B. *Sonderprüfer* i. S. von § 145 und von § 258 angesprochen, nicht dagegen Gründungsprüfer i. S. von § 33 II, denen die Gründer nach § 35 I Aufklärungen und Nachweise zu erteilen haben, da Gründer nicht zum Täterkreis des § 400 Nr. 3 zählen. Ebenso Baumbach-Hueck Rn. 12.

Anm. 27

d) Unrichtige Wiedergaben, Verschleierungen, falsche Angaben

Zu den Tatbestandsmerkmalen *unrichtige Wiedergaben* und *Verschleierungen* von Verhältnissen der Gesellschaft und des Konzerns vgl. das hier oben Anm. 6—9 Gesagte. Zum Begriff der *falschen Angaben* s. Anm. 11 zu § 399. Die Verweigerung einer Aufklärung ist keine falsche Angabe. Sie kann daher nicht nach § 400 Nr. 3 strafbar sein, sofern die Weigerung keine Verschleierung enthält. Allenfalls ist eine Anwendung von § 407 I möglich.

Anm. 28

e) Konzern, verbundenes Unternehmen

Zum *Konzern*-Begriff vgl. Anm. 21. Die Regelung des weit gefaßten Tatbestandsmerkmals des *verbundenen Unternehmens* enthalten die §§ 291 ff.

Anm. 29

2. Vollendung und Hinweis

Vollendet ist der Tatbestand des § 400 Nr. 3, wenn die Aufklärungen oder Nachweise — mündlich oder schriftlich — einem Abschlußprüfer oder sonstigen Prüfer oder Konzernabschlußprüfer zugegangen sind. Der Versuch ist nicht strafbar. — Im übrigen gelten für § 400 Nr. 3 keine Besonderheiten. Das oben Anm. 13—18 Ausgeführte gilt hier entsprechend. Vgl. ferner Anm. 1—5. — Der *Versuch* ist nicht strafbar (Anm. 12).

Anm. 30

V. § 400 Nr. 4

1. Geschäftsberichte, Konzerngeschäftsberichte und Teilkonzerngeschäftsberichte

In diesem Unterfall des § 400 werden falsche Angaben und das Verschweigen erheblicher Umstände, die an sich unter Nr. 1 oder Nr. 2 fallen würden, besonders behandelt, damit der Strafrechtsschutz für kriminelle Verhaltensweisen mit erheblicher Gefährlichkeit für die an der Wirtschaft Beteiligten unbezweifelbar sichergestellt ist. Nr. 4 betrifft Manipulationen mit Geschäftsberichten hinsichtlich solcher Teile dieser Berichte, die für die frühzeitige Erkennung wirtschaftlicher Risiken durch Gesellschaftsgläubiger von entscheidender Bedeutung sein können. Zu diesen Geschäftsberichten im weiteren Sinne gehören: Gewöhnliche *Geschäftsberichte* (§ 160) mit Lagebericht (§ 160 I) und Erläuterungsbericht (§ 160 II u. III), ferner *Konzerngeschäftsberichte* (§ 334) sowie *Teilkonzerngeschäftsberichte* (§ 330). Vgl. über Einzelheiten die Erläuterungen zu den genannten Paragraphen, sowie das im folgenden Ausgeführte.

Anm. 31

2. Falsche Angaben und Verschweigen erheblicher Umstände

Unter Strafdrohung gestellt sind in § 400 Nr. 4 *falsche Angaben* und das *Verschweigen erheblicher Umstände* nur bei bestimmten Gegenständen der genannten Berichte. Bei den übrigen Teilen greifen regelmäßig Nr. 1 und Nr. 2 des § 400 ein. Auf diese Gegenstände müssen sich die falschen Angaben und das Verschweigen erheblicher Umstände beziehen. Die Tatbestandsmerkmale falsche Angaben und Verschweigen erheblicher Umstände sind die gleichen wie in § 399 I. Auf das oben Anm. 11 zu § 399 Gesagte wird deshalb Bezug genommen.

Anm. 32

3. Gegenstände gewöhnlicher Geschäftsberichte

Folgende *Gegenstände* gewöhnlicher *Geschäftsberichte* umfaßt der Tatbestand des § 400 Nr. 4: Angaben über Vorratsaktien (§ 160 III Nr. 1); eigene Aktien (Nr. 2); wechselseitige Beteiligungen (Nr. 3); Bezugsaktien bei bedingter Kapitalerhöhung (Nr. 4); genehmigtes Kapital (Nr. 5); bestehende Genußrechte, Rechte aus Besserungsscheinen sowie ähnliche Rechte (Nr. 6); aus der Jahresbilanz nicht ersichtliche Haftungsverhältnisse (Nr. 7); Gesamtbezüge des Vorstands, des Aufsichtsrats, eines Beirats oder einer ähnlichen Einrichtung (Nr. 8); Gesamtbezüge der früheren Mitglieder des Vorstands und ihrer Hinterbliebenen (Nr. 9); die Beziehungen zu verbundenen Unternehmen (Nr. 10) und das Bestehen einer Beteiligung an einer Gesellschaft (Nr. 11).

Anm. 33

4. Gegenstände von Konzern- und Teilkonzerngeschäftsberichten

Bei den *Konzerngeschäftsberichten* und den *Teilkonzerngeschäftsberichten* sind durch § 400 Nr. 4 die nachstehenden *Berichtsgegenstände* strafrechtlich geschützt, wobei ein strafrechtlich sich auswirkender Unterschied zwischen den Konzern- und den Teilkonzerngeschäftsberichten nicht besteht, zumal für die Letztgenannten in § 330 I Satz 2 bestimmt ist, daß die den Konzerngeschäftsbericht regelnden §§ 329, 331 bis 338 sinngemäß gelten: Angaben über Konsolidierungsausgleichsposten (§ 334 III Nr. 1), über aus dem Konzern- oder Teilkonzernabschluß nicht ersichtliche Haftungsverhältnisse (§ 334 III Nr. 2) sowie über die rechtlichen und geschäftlichen Beziehungen zu mit einem konzernverbundenen, aber nicht konzernangehörigen Unternehmen (§ 334 III Nr. 3).

Anm. 34

5. Vollendung, Vorsatz usw.

Als *Täter* kommen nur Mitglieder des Vorstands oder des Aufsichtsrats oder Abwickler in Frage. Vgl. oben Anm. 3. — *Vollendet* ist der Tatbestand des § 400 Nr. 4, wenn mindestens ein Exemplar des Geschäftsberichts mindestens einer derjenigen Personen, für die er bestimmt ist, zugegangen ist, oder wenn er Dritten, insbesondere der Öffentlichkeit zugänglich gemacht ist (durch Auslage usw.). Vgl. Anm. 12. Der *Versuch* ist nicht strafbar (Anm. 12). — Strafbar ist nur *vorsätzliches* Verhalten. *Bedingter Vorsatz* genügt. Im übrigen vgl. für *übergesetzliche Tatbestandsausschließung*, *Rechtswidrigkeit*, *Schuld*, *Teilnahme*, *Strafe* und *Verjährung* das zu § 400 Nr. 1 Anm. 13—18 Gesagte. Die dort dargestellten Grundsätze gelten sinngemäß auch für § 400 Nr. 4.

Anm. 35

6. Konkurrenzen

Für die *Konkurrenzen*, das Zusammentreffen mit anderen Straftaten, ist oben das auch hier für § 400 Nr. 4 Gültige grundsätzlich ausgeführt. Es bleibt jedoch das Verhältnis der in den einzelnen Nummern des § 400 geregelten Tatbestände untereinander zu erläutern. Hier gilt folgendes:

a) § 400 Nr. 1 und Nr. 2

Nr. 1 und *Nr. 2* überschneiden sich. Es gibt Sachverhalte, die nur unter Nr. 1, und solche die nur unter Nr. 2 subsumiert werden können. Daneben sind aber auch solche denkbar, die beide Tatbestände zugleich verwirklichen. Dieser zuletztgenannte Fall scheint daher Tateinheit (Idealkonkurrenz) nahezulegen. Aus dem Schutzzweck des § 400, der hinsichtlich der Fallvarianten Nr. 1, 2 und 4 ein und derselbe ist, sowie aus der besonderen Bedeutung der Konzerne kann jedoch gefolgert werden, daß *Gesetzeskonkurrenz* anzunehmen ist, und zwar hinsichtlich des Verhältnisses zwischen Nr. 1 und 2 die stillschweigende *Subsidiarität*, nach der Nr. 1 hinter Nr. 2 zurücktritt — von Nr. 2 „konsumiert" wird — und der Täter nur aus Nr. 2 bestraft wird, wenn seine Tat beide Tatbestände verwirklicht.

Anm. 36

b) § 400 Nr. 1, 2 und Nr. 3

Zwischen *Nr. 1* und *Nr. 2* einerseits und *Nr. 3* andererseits besteht ebenfalls *Gesetzeskonkurrenz*, jedoch in der Form der *Spezialität*, denn jeder denkbare Fall, der den Tatbestand des § 400 Nr. 3 verwirklicht, erfüllt die Tatbestandsmerkmale entweder von Nr. 1 oder Nr. 2. Der Tatbestand Nr. 3 charakterisiert also einen Ausschnitt aus dem Gesamtanwendungsbereich von Nr. 1 und Nr. 2 zusammen. Wenn somit der Tatbestand Nr. 3 verwirklicht ist, wird nur aus ihm bestraft und nicht aus dem gleichzeitig mitverwirklichten Tatbestand Nr. 1 oder Nr. 2.

Anm. 37

c) § 400 Nr. 1, 2 und 4

Gleichfalls *Gesetzeskonkurrenz* in der Form der *Spezialität* besteht zwischen *Nr. 1* und *Nr. 2* einerseits und *Nr. 4* andererseits. Denn jeder Sachverhalt, der den Tatbestand des § 400 Nr. 4 verwirklicht, erfüllt zugleich entweder den Tatbestand Nr. 1 oder den Tatbestand Nr. 2. Nr. 4 ist soweit lex specialis gegenüber Nr. 1 und Nr. 2. Bei einem Verhalten, das den Tatbestand Nr. 4 verwirklicht, wird infolgedessen nur aus Nr. 4 bestraft.

Anm. 38

d) § 400 Nr. 3 und Nr. 4

Die Anwendungsbereiche der Tatbestände *Nr. 3* und *Nr. 4* überschneiden sich. Es sind Sachverhalte denkbar, die nur den einen oder nur den anderen Tatbestand verwirklichen, aber — wenn sicherlich auch in selteneren Fällen — ebenfalls solche, die Nr. 3 und Nr. 4 zugleich verwirklichen. Das Verhältnis der Spezialität liegt daher nicht vor. Falls Gesetzeskonkurrenz bestehen sollte, müßte stillschweigende Subsidiarität angenommen werden. Die sehr unterschiedlichen Tatbestandsmerkmale lassen indessen nicht erkennen, welcher Tatbestand gegebenenfalls der Anwendung zurücktreten sollte. Es ist deshalb davon auszugehen, daß zwischen Nr. 3 und Nr. 4 keine Gesetzeskonkurrenz besteht, sondern *Tateinheit (Idealkonkurrenz)* i. S. von § 52 StGB möglich ist.

§ 401 Pflichtverletzung bei Verlust, Überschuldung oder Zahlungsunfähigkeit

(1) Mit Freiheitsstrafe bis zu drei Jahren oder mit Geldstrafe wird bestraft, wer es

1. als Mitglied des Vorstands entgegen § 92 Abs. 1 unterläßt, bei einem Verlust in Höhe der Hälfte des Grundkapitals die Hauptversammlung einzuberufen und ihr dies anzuzeigen, oder

2. als Mitglied des Vorstands entgegen § 92 Abs. 2 oder als Abwickler entgegen § 268 Abs. 2 Satz 1 unterläßt, bei Zahlungsunfähigkeit oder Überschuldung die Eröffnung des Konkursverfahrens oder des gerichtlichen Vergleichsverfahrens zu beantragen.

(2) Handelt der Täter fahrlässig, so ist die Strafe Freiheitsstrafe bis zu einem Jahr oder Geldstrafe.

Übersicht

Anm. 1

I. Allgemeines

1. Echtes Sonderdelikt und echtes Unterlassungsdelikt

Da die Tatbestände des § 401 nur von bestimmten Personen begangen werden können und es keinen allgemeinen Tatbestand gibt, dessen Spezialfälle die Tatbestände des § 401 wären, sind die in dieser Bestimmung enthaltenen Straftaten *echte Sonderdelikte*. Dies hat die bekannten Folgen für die Teilnahme. Vgl. unten Anm. 11. Sämtliche Delikte des § 401 können nicht in der Form aktiven Tuns, sondern nur durch Unterlassen begangen werden. Sie sind daher *echte Unterlassungsdelikte*. Hieraus ergeben sich vor allem für die Frage der Kausalität Besonderheiten. Ursächlich ist eine Unterlassung für den eingetretenen strafbaren Erfolg nur dann, wenn die unterbliebene Handlung nicht hinzu gedacht werden kann, ohne daß der Erfolg entfiele. Vgl. zu dieser Grundsatzfrage u. a. RGSt. 75, 49. Die Ursächlichkeit der Unterlassung entfällt also dort, wo selbst ein Handeln des Täters den strafbaren Erfolg nicht abgewendet hätte. — § 13 StGB greift nicht ein. Dort sind die *unechten* Unterlassungsdelikte geregelt.

Anm. 2

2. Geschütztes Rechtsgut und Schutzgesetz i. S. v. § 823 II BGB

Geschütztes Rechtsgut sind die Interessen der Gesellschaftsgläubiger, der Aktionäre und sonstiger Dritter, die in rechtlichen oder in wirtschaftlichen Beziehungen zur Aktiengesellschaft stehen. Zur zuletzt genannten Gruppe zählen sowohl die Arbeitnehmer als auch solche Personen, die erst nach dem Eintreten des Verlusts im Sinne von § 92 Abs. I oder erst nach dem Eintritt der Zahlungsunfähigkeit oder der Überschuldung Gesellschaftsgläubiger geworden sind. Dies hängt ebenso wie bei den vorangehenden aktienstrafrechtlichen Tatbeständen damit zusammen, daß die Rechtsfigur der AG zu einer Haftungsbeschränkung führt und die AG infolgedessen bei Nichteinhaltung der gesetzlichen Sicherheitsvorschriften zu einer erheblichen Gefahr für Dritte werden kann. Hieraus folgt, daß § 401 *Schutzgesetz i. S. des § 823 Abs. II BGB* zugunsten der Gesellschaft, der Gesellschaftsgläubiger, der Aktionäre und sonstiger Dritter, die zur Gesellschaft in rechtlichen oder wirtschaftlichen Beziehungen stehen, ist. A. M. Baumbach-Hueck Rn. 2 unter Bezugnahme auf RG 159, 233 und BGH NJW 59, 624; einschränkend Gessler zu § 401. Eine Beschränkung der Schutzfunktion der Nr. 1 auf die Gesellschaft und ihre Aktionäre würde der verfassungsrechtlichen Sozialbindung des Eigentums und der damit zusammenhängenden weitreichenden Informationsfunktion der Hauptversammlung (Veröffentlichung von Berichten über die bevorstehende und über die abgelaufene Hauptversammlung in der Presse, Teilnahme von Arbeitnehmervertretern aus dem Aufsichtsrat in der Hauptversammlung; u. ä.) nicht gerecht. Die schon in der 2. Auflage zu § 297 AktG a. F. vertretene Auffassung über den Anwendungsbereich von § 823 II BGB in bezug auf beide Tatbestandsformen Nr. 1 und Nr. 2 muß daher aufrechterhalten bleiben. Für Nr. 2 kommen Baumbach-Hueck Rn. 2 zum gleichen Ergebnis unter Bezugnahme auf BGHZ 29, 100. Vgl. auch BGH in NJW 59, 623 (zu § 64 GmbHG) und hier oben Anm. 9 zu § 92, sowie Anm. 68 zu § 93.

Anm. 3

II. Die Tatbestände

1. § 401 I Nr. 1

a) Täter

Täter können bei Nr. 1 nur Vorstandsmitglieder (vgl. Anm. 5, 6, 8, 10 und 29 zu § 399) und stellvertretende Vorstandsmitglieder (vgl. Anm. 6 zu § 399 i. V. m. Anm. 5, 8, 10 und 29 ebenda) sein, nicht dagegen — anders als bei Nr. 2 — die Abwickler. Zur strafrechtlichen Bedeutung der Nichtigkeit der Gesellschaft vgl. oben Anm. 10 zu § 399. Das dort Dargelegte gilt entsprechend.

Anm. 4

b) Unterlassung der Einberufung der Hauptversammlung und der Verlustanzeige

Unterlassung der Einberufung der Hauptversammlung und der Verlustanzeige bei einem Verlust in Höhe der Hälfte des Grundkapitals sind so gefährliche Verhaltensweisen, daß es dem Gesetzgeber schon beim Erlaß des § 315 HGB a. F. angezeigt erschien, dem zivilrechtlichen Schutz durch Haftung der Vorstandsmitglieder einen strafrechtlichen Schutz an die Seite zu stellen. Die Tatbestandsmerkmale ergeben sich aus *§ 92 I.* Maßgebend für die Tatbestandsmäßigkeit eines Unterlasses i. S. eines echten Unterlassungsdelikts (oben Anm. 1) ist die Nichterfüllung von Handlungspflichten. Die Letztgenannten sind nach § 92 I:

aa) Die *Anzeigepflicht* gegenüber der Hauptversammlung bei dem genannten Kapitalverlust.

bb) Die *Einberufungspflicht* hinsichtlich der Hauptversammlung, um der Anzeigepflicht Genüge zu leisten. — Im einzelnen gilt: Nach § 92 I ist der Vorstand verpflichtet, unverzüglich die Hauptversammlung zu berufen, wenn sich bei Aufstellung der Jahresbilanz oder einer Zwischenbilanz ergibt, daß ein Verlust in Höhe der Hälfte des Grundkapitals der Aktiengesellschaft besteht. Ebenso hat nach der gleichen Bestimmung der Vorstand die Hauptversammlung unverzüglich zu berufen, wenn bei pflichtmäßigem Ermessen, also ohne daß eine Jahres- oder Zwischenbilanz vorliegen muß, anzunehmen ist, daß ein Verlust in der genannten Höhe besteht. In dieser Hauptversammlung hat dann der Vorstand von dem entstandenen Verlust Anzeige zu machen. Die beabsichtigte Anzeige ist auf die Tagesordnung zu setzen und damit in der gesetzlich vorgeschriebene Weise bekanntzumachen. Die Einberufung der Hauptversammlung muß unverzüglich, d. h. ohne schuldhaftes Zögern (§ 121 BGB) erfolgen. Die Einberufungs- und Anzeigeverpflichtung trifft den gesamten Vorstand. Jedes einzelne Mitglied haftet aber für deren Erfüllung. Stößt ein einzelnes Mitglied bei dem Versuch der Erfüllung seiner Verpflichtung auf Widerstand, so hat es hiervon den Aufsichtsrat zu verständigen und zum Eingreifen zu veranlassen. Dieser kann dann nach § 111 III eine Hauptversammlung einberufen. Vgl. oben Anm. 1—4 zu § 92 sowie Anm. 12 zu § 111. Nach dem ausdrücklichen Wortlaut des Gesetzes kommt eine Strafbarkeit von Aufsichtsratsmitgliedern, die den Vorstand pflichtwidrig nicht zur Einhaltung seiner Verpflichtungen aus § 92 Abs. I anhalten, gemäß § 401 Nr. 1 nicht in Betracht. Eine strafrechtliche Haftung ist dagegen unter den Gesichtspunkten der Anstiftung oder Beihilfe auch bei Aufsichtsratsmitgliedern denkbar, nicht aber unter dem Aspekt der mittelbaren Täterschaft, da § 401 Nr. 1 (ebenso wie Nr. 2) ein echtes Sonderdelikt ist. Zur strafrechtlichen Problematik der Überstimmung einzelner Vorstands- oder Aufsichtsratsmitglieder gilt das Anm. 29 zu § 399 Ausgeführte sinngemäß auch hier. — Da über Gegenstände der Tagesordnung (einer Hauptversammlung), die nicht ordnungsgemäß bekanntgemacht sind, keine Beschlüsse gefaßt werden können (§ 124 IV) und der Hauptversammlung, der ein Kapitalverlust von 50% oder mehr vom Vorstand angezeigt wird, Gelegenheit haben muß, um auf Grund der Anzeige — meist dringend notwendige — Beschlüsse zu fassen, befreit eine Verlustanzeige die Vorstandsmitglieder nicht von ihrer strafrechtlichen Haftung, wenn diese Anzeige in einer Hauptversammlung erfolgt, deren Tagesordnung bei der Einberufung die Anzeigeerstattung nicht vorgesehen hatte. Ebenso Baumbach-Hueck Rn. 4.

Anm. 5

2. § 401 II Nr. 2

a) Täter

Bei diesem Tatbestand können Vorstandsmitglieder (vgl. Anm. 5 zu § 399), stellvertretende Vorstandsmitglieder (vgl. Anm. 6 zu § 399), Abwickler (vgl. Anm. 57 zu § 399) und stellvertretende Abwickler (vgl. Anm. 60) *Täter* sein. — Zur Täterqualifikation bei Nichtigkeit der Gesellschaft gilt das Anm. 10 zu § 399 Gesagte sinngemäß auch hier.

Anm. 6

b) Unterlassung des Konkurs- und des Vergleichseröffnungsantrags

Der *Tatbestand* ist erfüllt, wenn es der Täter entgegen § 92 II (als Vorstandsmitglied) oder § 268 II (als Abwickler) unterläßt, bei Zahlungsunfähigkeit oder Überschuldung der Gesellschaft die Eröffnung des Konkursverfahrens oder des gerichtlichen Vergleichsverfahrens zu beantragen, und zwar ohne schuldhaftes Zögern (§ 121 BGB), spätestens aber drei Wochen nach Eintritt der Zahlungsunfähigkeit. Ein schuldhaftes Zögern liegt nicht vor, wenn der Täter die Eröffnung des gerichtlichen Vergleichsverfahrens mit der Sorgfalt eines ordentlichen und gewissenhaften Geschäftsleiters betreibt. Im einzelnen ist zu beachten: Überschuldung liegt vor, wenn das Vermögen der Gesellschaft die Schulden nicht mehr deckt. Ob sich die Überschuldung aus einer Bilanz, einem Status oder aus anderen Erkenntnisquellen ergibt, ist irrelevant. Ebenso Baumbach-Hueck Rn. 5. Im Gegensatz zur Errechnung des Verlustes der Hälfte des Grundkapitals, der nach § 92 I zur Anzeige an die Hauptversammlung verpflichtet (Anm. 3 zu § 92), sind bei der Feststellung der Überschuldung die Vorschriften dieses Gesetzes über die Bewertung nicht maßgebend. § 40 II HGB ist vielmehr anzuwenden (Anm. 7 zu § 92). Unerheblich für die Strafbarkeit ist es, ob dem Vergleichs- oder Konkurseröffnungsantrag entsprochen wurde. Ein zurückgenommener Antrag ist einem nicht gestellten gleichzustellen (RGSt 44, 52). Ebenso Baumbach-Hueck Rn. 5. Die Zahlungseinstellung und die Konkurseröffnung sind keine Tatbestandsmerkmale. Die Pflichtverletzung als solche, die in der Antragsunterlassung besteht, stellt bereits das strafwürdige tatbestandsmäßige Verhalten dar.

Anm. 7

3. Vollendung bei Nr. 1 und Nr. 2

Bei der Entscheidung der Frage, wann ein (echtes) Unterlassungsdelikt *vollendet* ist, ergeben sich in der Praxis Schwierigkeiten. Sind Fristen für die Erfüllung der Handlungspflicht vorgesehen, wie dies bei § 401 I Nr. 2 i. V. m. § 92 II der Fall ist, dann lassen sich die Schwierigkeiten zum Teil überwinden. So kann für *Nr. 2* gesagt werden, daß der Tatbestand jedenfalls nach Ablauf von drei Wochen nach Eintritt der Zahlungsunfähigkeit, genauer: nach Kenntniserlangung von der Zahlungsunfähigkeit oder von der Überschuldung, vollendet ist, wenn bis zu diesem Termin keiner der genannten Anträge gestellt ist. Daß die dreiwöchige Frist mit der Kenntniserlangung beginnt, folgt daraus, daß der Gesetzgeber mit dieser Fristeinräumung Möglichkeiten für Sanierungsversuche schaffen wollte (Anm. 8 zu § 92). Vgl. BGH in BB 1961, 387 = DB 1961, 569 und Baumbach-Hueck Rn. 7; a. A. Ritter § 83 AktG a. F. Anm. 3b. — Dort, wo im Gesetz ohne Fristsetzung einfach von unverzüglichem Handeln (so § 92 I) die Rede ist, kann nur auf die Definition in § 121 BGB (unverzüglich = ohne schuldhaftes Zögern) verwiesen werden. Aber auch damit kommt man in concreto nicht recht weiter. So bleibt für *Nr. 1* des § 401 I nur die Feststellung übrig, daß die Umstände des Einzelfalles ausschlaggebend sind. Dabei kann es von entscheidender Bedeutung sein, daß der Täter seinen mangelnden Willen zum pflichtgemäßen Handeln in erkennbarer Weise — etwa durch mündliche oder schriftliche Äußerungen oder durch sonstiges schlüssiges Verhalten — manifestiert hat. Mit dieser Manifestation ist dann das Unterlassungsdelikt vollendet. Das gilt jedenfalls für Nr. 1, kann aber auch für Nr. 2 in Betracht kommen, wenn nämlich die Manifestation in definitiver Weise schon vor dem Ablauf der dreiwöchigen Frist erfolgt ist. Ist allerdings der Zeitpunkt, bis zu dem von unverzüglicher Pflichterfüllung zu sprechen ist, vorüber, ohne daß der Täter gehandelt hat, dann ist damit spätestens ebenso wie bei der Dreiwochen-Frist des § 92 II, das Delikt vollendet, ohne daß es noch der Feststellung jener Willensmanifestation bedarf. — Auch bei echten Unterlassungsdelikten ist ein *Versuch* an sich möglich (vgl. Schönke-Schröder Rn. 15 vor § 43 StGB a. F.). Hier bei § 401 ist er jedoch nicht strafbar. Das folgt daraus, daß es sich hier um ein Vergehen handelt (§ 12 StGB) und die Strafbarkeit des Versuchs im Gesetz nicht ausdrücklich angeordnet ist (§ 23 Abs. I StGB).

III. Tatbestandsausschließung, Rechtswidrigkeit und Rechtfertigung

Für eine etwaige *Tatbestandsausschließung* (z. B. unter dem Gesichtspunkt der Sozialkongruenz) sowie für die Fragen der *Rechtswidrigkeit* einschließlich der *Rechtfertigungsgründe* (z. B. unter dem Gesichtspunkt der Sozialadäquanz) ergeben sich bei § 400 I Nr. 1 und Nr. 2 keine Besonderheiten. Die in Anm. 20 und 21 zu § 399 entwickelten Grundsätze gelten sinngemäß auch hier.

Anm. 9

IV. Schuld, insbesondere Vorsatz und Fahrlässigkeit (§ 401 II)

Für die Prüfung der *Schuld* ist im Rahmen des § 401 zu beachten, daß die beiden Tatbestände § 401 I Nr. 1 und Nr. 2 nicht nur bei *vorsätzlicher*, sondern auch bei *fahrlässiger* Verwirklichung zur Strafbarkeit führen. (Zum Grundsätzlichen vgl. K. Engisch, Untersuchungen über Vorsatz und Fahrlässigkeit im Strafrecht, Berlin 1930.)

1. Vorsatz

Bei vorsätzlicher Begehung genügt *bedingter Vorsatz*. Dieser läge beispielsweise vor, wenn ein Mitglied des Vorstands von der Annahme ausginge, ein anderes Vorstandsmitglied werde (unter den Voraussetzungen des § 401 I Nr. 1) die gebotene Hauptversammlung einberufen, gleichzeitig aber die Gefahr sähe, das andere Vorstandsmitglied werde die Hauptversammlung möglicherweise doch nicht einberufen, und diese Möglichkeit der Unterlassung gleichwohl billigend in Kauf nähme.

Anm. 10

2. Fahrlässigkeit

Wegen der gefährlichen Tragweite der in § 400 I Nr. 1 und Nr. 2 angesprochenen Unterlassungen bedroht das Gesetz die fahrlässige Unterlassung der in Nr. 1 und Nr. 2 genannten Pflichten ebenfalls mit Strafe. Nach der in der höchstrichterlichen Rechtsprechung üblichen Begriffsbestimmung (vgl. z. B. RGSt. 58, 134; 61, 320) handelt *fahrlässig*, wer die Sorgfalt außer acht läßt, zu der er nach den Umständen und seinen persönlichen Verhältnissen verpflichtet und fähig ist, und deshalb nicht erkennt, daß er den gesetzlichen Tatbestand verwirklicht *(unbewußte Fahrlässigkeit)*. Ferner handelt aber auch fahrlässig derjenige, der es für möglich hält, daß er den gesetzlichen Tatbestand verwirklicht, jedoch pflichtwidrig und vorwerfbar im Vertrauen darauf handelt, daß er ihn nicht verwirklichen werde *(bewußte Fahrlässigkeit)*. Maßgebend für die Sorgfaltspflichten der Vorstandsmitglieder und der Abwickler ist grundsätzlich § 93 Abs. I, auf den für die Abwickler § 268 Abs. II verweist. Die Vorstandsmitglieder und die Abwickler haben daher bei ihrer Geschäftsführung die Sorgfalt eines ordentlichen und gewissenhaften Geschäftsleiters anzuwenden. Neben diesem allgemeinen Grundsatz ergeben sich im übrigen die Sorgfaltspflichten aus den Sonderregelungen, die für die hier in Rede stehenden Straftatbestände maßgebend sind, d. h. also aus § 92 und § 268 Abs. II, der auch auf § 92 verweist.

Für die übrigen unter dem Begriff der Schuld zusammengefaßten Strafbarkeitsvoraussetzungen wie *Schuldfähigkeit*, *Unrechtsbewußtsein* und *Schuldausschließungsgründe* vgl. die bei § 401 entsprechend anzuwendenden in Anm. 22—29 zu § 399 behandelten Prinzipien.

Anm. 11

V. Teilnahme und Konkurrenzen

Hinsichtlich der *Teilnahme* ist zu beachten, daß auch Mittäter, Nebentäter und mittelbare Täter bei § 401 I Nr. 1 nur Vorstandsmitglieder und bei § 401 I Nr. 2 nur Vorstandsmitglieder oder Abwickler sein können. Dies folgt daraus, daß die Tatbestände des § 401 I echte Sonderdelikte sind. Vgl. oben Anm. 1. Dagegen kann jeder Dritte wegen Anstiftung oder Beihilfe aus § 401 bestraft werden. BGHSt. 14, 282 und ebenso Baumbach-Hueck Rn. 5. — Hinsichtlich der *Konkurrenzen* ist für das Verhältnis der beiden Tatbestände Nr. 1 und Nr. 2 untereinander davon auszugehen, daß Tateinheit (Idealkonkurrenz) zwischen ihnen möglich ist, denn ein Vorstandsmitglied kann im Einzelfall zu gleicher Zeit verpflichtet sein, die Hauptversammlung wegen eines 50%igen Kapitalverlustes einzuberufen und wegen Zahlungsunfähigkeit, die Eröffnung des gerichtlichen Vergleichsverfahrens zu beantragen. Unterläßt er beides innerhalb der gesetzlich vorgeschriebenen Zeiträume, handelt also weder unverzüglich (Nr. 1), noch innerhalb der Dreiwochenfrist (Nr. 2), dann liegt ein tateinheitliches Unterlassen vor, und es ergeben sich die Rechtsfolgen aus § 52 StGB. Die in der 2. Auflage in Anm. 11 zu § 297 AktG a. F. vertretene Ansicht, die beiden Tatbestände stünden zueinander im Verhältnis der Alternativität, wird nicht aufrechterhalten. — Tateinheit kann sodann zwischen den Tatbeständen des § 401 I AktG und § 266 StGB gegeben sein. — Zwischen Bankrottdelikten (§§ 239, 240 KO) und § 401 I Nr. 1 und Nr. 2 ist Tateinheit möglich. Daß die Strafbarkeit nach § 401 I Nr. 1 und Nr. 2 nicht von Zahlungseinstellung oder Konkurseröffnung abhängt, während beide Merkmale zum Tatbestand der §§ 239, 240 KO gehören, hindert dies nicht (a. M. Baumbach-Hueck Rn. 5 im Anschluß an RG St. 44, 52), da Divergenz der Tatbestandsmerkmale Voraussetzung für die Anwendung von § 52 StGB ist. Tateinheit setzt nur voraus, daß mindestens Teile des Handlungsvollzugs zugleich zur Verwirklichung des einen und des anderen Gesetzes beitragen (BGHSt. 22, 206). Erforderlich und genügend ist teilweise Identität der Ausführungshandlungen (BGHSt. 7, 149). Vgl. Lackner Anm. 2 zu § 52 StGB und Schönke-Schröder Rn. 9 zu § 73 StGB a. F.

Anm. 12

VI. Strafe

Zur wirksamen Bekämpfung der Wirtschafts- und insbesondere der sog. „Weiße-Kragen"-Kriminalität hat der Gesetzgeber die angedrohte *Strafe* in § 401 gegenüber der früheren Regelung in § 297 AktG a. F. erheblich erhöht. In der letztgenannten Bestimmung betrug die Höchststrafe nur drei Monate Gefängnis, und zwar für die vorsätzliche Begehung; die fahrlässige Unterlassung blieb in § 297 AktG a. F. straffrei. Demgegenüber wird der Täter des § 401 I Nr. 1 oder Nr. 2 bei *vorsätzlicher* Unterlassung mit Freiheitsstrafe bis zu drei Jahren oder mit Geldstrafe bestraft. Weitere Einzelheiten (Bemessung der Geldstrafe, Untersagung der Berufsausübung usw.) Anm. 32 zu § 399. — Bei *fahrlässiger* Unterlassung wird der Täter nach § 401 II mit Freiheitsstrafe bis zu einem Jahr oder Geldstrafe bestraft. Auch hier kann die Berufsausübung untersagt werden (§§ 70, 70a, 70b StGB). Zur Geldstrafe vgl. hier ebenfalls Anm. 32 zu § 399. Das dort Ausgeführte gilt für die Geldstrafe bei Fahrlässigkeitsdelikten in gleicher Weise.

Anm. 13

VII. Verjährung

Die Strafverfolgung der vorsätzlichen Unterlassung (§ 401 I) verjährt wie bisher in fünf Jahren (§ 78 III Nr. 4 StGB), bei der fahrlässigen Unterlassung (§ 401 II) jedoch gemäß § 78 III Nr. 5 StGB schon in drei Jahren. Da es sich hier bei § 401 um Unterlassungsdelikte handelt, beginnt die Strafverfolgungsverjährung nicht schon dann, wenn der Straftatbestand verwirklicht ist, sondern erst mit dem Wegfall der Pflicht zum Handeln. RGSt. 65, 362; 73, 129; 75, 34. Wegfallen kann die Pflicht zum Handeln einmal durch nachträgliche Erfüllung der Handlungspflicht oder durch deren Erlöschen bei Ausscheiden aus dem Vorstand oder bei Beendigung des Einsatzes als Abwickler. Ebenso Eb. Schmidt Anm. 14 der 1. Auflage.

§ 402 Falsche Ausstellung oder Verfälschung von Hinterlegungsbescheinigungen

(1) Wer über die Hinterlegung von Aktien oder Zwischenscheinen Bescheinigungen, die zum Nachweis des Stimmrechts in einer Hauptversammlung oder in einer gesonderten Versammlung dienen sollen, falsch ausstellt oder verfälscht, wird mit Freiheitsstrafe bis zu drei Jahren oder mit Geldstrafe bestraft, wenn die Tat nicht in anderen Vorschriften über Urkundenstraftaten mit schwererer Strafe bedroht ist.

(2) Ebenso wird bestraft, wer von einer falschen oder verfälschten Bescheinigung der in Absatz 1 bezeichneten Art zur Ausübung des Stimmrechts Gebrauch macht.

(3) Der Versuch ist strafbar.

Übersicht

Anm. 1

I. Allgemeines

Der Tatbestand der Fälschung oder Verfälschung von Hinterlegungsbescheinigungen ist aus dem alten § 316 HGB hervorgegangen und stimmt im wesentlichen mit ihm überein. § 402 ist nur dann anwendbar, wenn in der Satzung der betreffenden Aktiengesellschaft gemäß § 123 Abs. II und § 138 S. 2 bestimmt ist, daß die Ausübung des Stimmrechts davon abhängig ist, daß die Aktien bis zu einem bestimmten Zeitpunkt vor der Hauptversammlung oder der gesonderten Versammlung (§ 138) hinterlegt werden. Vgl. oben Anm. 8—13 zu § 123. Diese Anwendungsvoraussetzung ist strafrechtssystematisch eine *objektive Strafbarkeitsbedingung*, auf die sich der Vorsatz des Täters nicht zu erstrecken braucht. — Im Gegensatz zu den vorangehenden Straftaten ist § 402 *kein Sonderdelikt*. Täter kann jeder beliebige sein. Da § 402 drei verschiedene Tatbestände enthält, die in wesentlichen Beziehungen voneinander abweichen, ist Eb. Schmidt Anm. 2 der 1. Auflage darin zuzustimmen, daß § 402 ein sogenanntes „*kumulatives Mischgesetz*" ist. Vgl. Binding, Normen I 2 105. Demgemäß enthält die Bestimmung „mehrere Strafgesetze" im Sinne des § 52 StGB. Dies hat wichtige Folgen für das Verhältnis der einzelnen Deliktsformen untereinander und insbesondere für das Verhältnis zu dem Tatbestand der Urkundenfälschung im Sinne von § 267 StGB. Näheres vgl. unten Anm. 10. — Das *geschützte Rechtsgut* bilden die Interessen der Gesellschaft und der Aktionäre am ordnungsgemäßen Ablauf der Hauptversammlung. Dementsprechend ist § 298 *Schutzgesetz im Sinne des § 823 Abs. II* BGB für die Gesellschaft und die Aktionäre. Ebenso Baumbach-Hueck Rn. 2 und Gessler zu § 402. — Zur *Subsidiarität* dieser Bestimmung gegenüber anderen Urkundenstraftaten vgl. Anm. 10 und 11.

Anm. 2

II. Die Tatbestände

1. Falsches Ausstellen der Hinterlegungsbescheinigung

Von grundlegender Bedeutung für die Auslegung des § 402 ist die Unterscheidung zwischen Urkundenfälschung im Sinne des § 267 und schriftlicher Lüge, wie sie etwa in den §§ 271, 278 StGB bekämpft wird. Bei der Urkundenfälschung nach § 267 StGB kommt es auf die Wahrheit oder Unwahrheit des Inhalts oder der Angaben über Ort und Zeit der Errichtung der Urkunde nicht an BGHSt. 9, 44. Wegen Urkundenfälschung wird bestraft, „wer zur Täuschung im Rechtsverkehr eine unechte Urkunde herstellt, eine echte Urkunde verfälscht oder eine unechte oder verfälschte Urkunde gebraucht" (§ 267 Abs. I StGB). Eine *unechte Urkunde* ist *hergestellt*, wenn sie den Anschein erweckt, von einer anderen Person als dem wirklichen Aussteller herzurühren (BGHSt. 1, 121). Vom Täter wird also keine schon vorhandene Urkunde abgeändert, sondern lediglich eine neue hergestellt. Hierbei wird der Rechtsverkehr hinsichtlich der Person des Ausstellers der Urkunde getäuscht. Bei dieser Tatbegehungsform liegt also eine Urkundenfälschung selbst dann vor, wenn der Inhalt der Urkunde wahr ist. *Verfälscht* ist eine *echte Urkunde* im Sinne der 2. Alternative des § 267 Abs. I StGB, wenn diese Urkunde durch unbefugte nachträgliche Änderungen etwas anderes als die ursprüngliche Erklärung des Ausstellers auszusagen scheint. Auch hier kommt es auf die Wahrheit oder Unwahrheit der Urkunde nicht an, denn es könnte z. B. sein, daß die echte Urkunde vor ihrer Verfälschung eine Lüge enthielt, die durch die Verfälschung in eine wahre Erklärung abgeändert worden ist. Von diesen an den Grundtatbestand der Urkundenfälschung anknüpfenden Überlegungen muß bei der Auslegung des § 402 ausgegangen werden. Dabei ergibt sich dann, daß man unter dem falschen Ausstellen der Hinterlegungsbescheinigung dreierlei verstehen kann. Der erste Fall hat wenig praktische Bedeutung. Er liegt vor, wenn die Hinterlegungsbescheinigung von einem anderen herrührt als demjenigen, der sich aus ihr als der Antragsteller ergibt. Hier wäre eine unechte Urkunde im Sinne des § 267 StGB hergestellt. Wichtiger ist der zweite denkbare Fall. Bei ihm würde das falsche Ausstellen der Hinterlegungsbescheinigung darin bestehen, daß zwar der wirkliche mit dem sich aus der Bescheinigung ergebenden Aussteller identisch ist, die Bescheinigung selbst jedoch von dem Aussteller einen der Wahrheit widersprechenden Inhalt erhalten hat. In diesem Falle wäre der Tatbestand des § 402 verwirklicht, jedoch könnte aus § 267 StGB nicht bestraft werden, da die Urkunde im Sinne der zuletzt genannten Vorschrift eine echte wäre. Nach § 402 wird also bei einer derartigen Sachlage eine „schriftliche Lüge" bestraft. Offensichtlich entspricht dies auch dem Sinn des Gesetzes, denn es soll ja gerade verhindert werden, daß in den Hinterlegungsbescheinigungen jemand der Wahrheit zuwider als Aktionär und damit als stimmberechtigt bezeichnet wird. Gegenüber dem zuerst genannten, wohl im wesentlichen nur theoretisch bedeutsamen Fall, wäre dies gerade für die Praxis der Hauptfall des § 402. Denkbar ist im übrigen noch ein dritter Fall, bei dem sowohl die Voraussetzungen des ersten als auch des zweiten Falles gegeben sind. Er würde also vorliegen, wenn der wahre mit dem in der Bescheinigung angegebenen Aussteller nicht identisch wäre und außerdem der Inhalt der Bescheinigung der Wahrheit widerspräche. Hier würde wieder § 267 StGB mitverwirklicht sein, allerdings nur hinsichtlich der Unechtheit, nicht hinsichtlich der Unwahrheit der Bescheinigung. *Vollendet* ist das Delikt im Augenblick der Herstellung der betreffenden falschen Hinterlegungsbescheinigung. Es ist nicht erforderlich, daß von ihr Gebrauch gemacht wird. Ob irgend jemandem die Bescheinigung vorgelegt, ausgehändigt oder sonst zugänglich gemacht wurde, ist für die Strafbarkeit gleichgültig. Ebenso Eb. Schmidt Anm. 4 der 1. Auflage.

Anm. 3

2. Verfälschen der Hinterlegungsbescheinigung

Das Tatbestandsmerkmal „verfälschen" stimmt mit dem ebenso bezeichneten Tatbestandsmerkmal der zweiten Alternative des § 267 StGB überein. Eine Hinterlegungsbescheinigung ist daher dann verfälscht i. S. des Gesetzes, wenn sie zwar von demjenigen Aussteller herrührt, der aus der Urkunde ersichtlich ist, ihr Inhalt jedoch nachträglich verändert wurde, so daß jetzt der Eindruck hervorgerufen wird, als habe der Aussteller die veränderte Erklärung abgegeben, während er in Wirklichkeit bei der Herstellung dieser Urkunde etwas anderes erklärt hatte. Für die Auslegung des Tatbestandsmerkmals „verfälschen" kann somit alles herangezogen werden, was Rechtsprechung und Schrifttum zur Auslegung des gleichen Tatbestandsmerkmals bei § 267 StGB entwickelt haben. Wie bereits oben Anm. 2 ausgeführt wurde, würde sich an der Strafbarkeit des Verhaltens selbst dann nichts ändern, wenn durch die tatbestandsmäßige Verfälschung der echten Urkunde der ursprünglich falsche Inhalt zu einem wahren gemacht worden wäre. Für die *Vollendung* der Verfälschung gilt dasselbe wie für die Vollendung beim Tatbestandsmerkmal des falschen Ausstellens der Hinterlegungsbescheinigung. Vgl. Anm. 2.

Anm. 4

3. Gebrauchmachen von einer falschen oder verfälschten Hinterlegungsbescheinigung zum Zweck der Stimmrechtsausübung (§ 402 II)

Während bei § 267 StGB die dritte Tatbestandsalternative von einem „Gebrauchmachen zur Täuschung im Rechtsverkehr" spricht, hat § 402 das Gebrauchmachen entsprechend der Zweckbestimmung des Paragraphen auf das Gebrauchmachen zum Zweck der Stimmrechtsausübung beschränkt. Andere Verwendungen könnten also nur dann zur Strafbarkeit führen, wenn es sich gleichzeitig um die Verwirklichung des Tatbestandes des § 267 StGB handelte. Aus dem oben in Anm. 2 Gesagten geht jedoch hervor, daß dies beim Gebrauchmachen von einer falsch ausgestellten Hinterlegungsbescheinigung in der Regel nicht der Fall ist. Gebraucht ist die vom Täter oder einem Dritten falsch ausgestellte oder verfälschte Hinterlegungsbescheinigung, wenn sie der Wahrnehmung der zur Legitimationsprüfung bestimmten Person zum Zweck der Legitimierung für die Ausübung des Stimmrechts zugänglich gemacht ist. Ob der zu täuschende Prüfer Kenntnis nimmt, ist für den Tatbestand gleichgültig. Es genügt die Möglichkeit als solche. Es ist also nicht erforderlich, daß die beabsichtigte Täuschung gelingt und das Stimmrecht anerkannt wird. Es gelten hier die gleichen Auslegungsgrundsätze wie bei dem Tatbestandsmerkmal des Gebrauchmachens in § 267 StGB. Ebenso Baumbach-Hueck Rn. 5; von Godin-Wilhelmi Anm. 3; Schlegelberger-Quassowski Anm. 2; für die Rechtsprechung zu § 267 StGB vgl. insbesondere RGSt. 58, 212 und 72, 370. Kein Gebrauchmachen von einer falschen oder verfälschten Hinterlegungsbescheinigung zum Zweck der Stimmrechtsausübung liegt vor, wenn der berechtigte Inhaber einer wahren und echten Hinterlegungsbescheinigung diese einem Dritten übergibt, damit der Dritte das Stimmrecht ausüben kann. Ein solches Verhalten ist nicht strafbar, wenn dafür gesorgt wird, daß § 129 III bei der Anfertigung des Teilnehmerverzeichnisses eingehalten wird. Nach dieser Vorschrift muß derjenige, der das Stimmrecht für Aktien, die ihm nicht gehören, im eigenen Namen ausüben will, den Betrag und die Gattung dieser Aktien zur Aufnahme in das Teilnehmerverzeichnis gesondert angeben. Vgl. oben Anm. 3 zu § 129. Werden dagegen die Bestimmungen des § 129 nicht eingehalten, kommt ein Bußgeldbescheid nach § 405 II in Betracht. Es kann aber auch der Tatbestand des § 271 StGB erfüllt sein. Denn das Protokoll über die Hauptversammlung, dem gemäß § 130 Abs. III das Teilnehmerverzeichnis beigefügt wird, gehört zu den in § 271 StGB genannten Urkunden, und der Täter hat durch sein Verhalten bewirkt, daß Tatsachen, welche für Rechte oder Rechtsverhältnisse von Erheblichkeit sind, in einer öffentlichen Urkunde von dem protokollierenden (gutgläubigen) Notar der Wahrheit zuwider beurkundet werden. Ebenso Eb. Schmidt Anm. 8 der 1. Auflage. Entsprechendes gilt vor allem für die bei der Wahrnehmung des sog. *Bankenstimmrechts* benutzte *Legitimationsübertragung* § 129 II.

Anm. 5

4. Hinterlegungsbescheinigung

Über Form und Inhalt der *Hinterlegungsbescheinigung* sagt das Gesetz nichts Näheres. Vielfach enthalten die Gesellschaftssatzungen hierüber Bestimmungen. Ist nichts weiter vorgeschrieben, muß der Hinterlegungsschein jedenfalls ergeben, daß die Aktien oder die Zwischenscheine für die Zeit bis zum Schluß der Hauptversammlung hinterlegt sind. Die Nummern der Aktien oder der Zwischenscheine braucht der Hinterlegungsschein nicht anzugeben, sofern dies nicht in der Satzung vorgeschrieben ist. Vgl. KG in Recht 1927 Nr. 627. Die Hinterlegungsbescheinigung über Zwischenscheine wird ebenso wie diejenige über Aktien strafrechtlich geschützt, weil Zwischenscheine ebenfalls das volle Mitgliedsrecht, also auch das volle Stimmrecht, abgesehen vom Fall des § 139 (Vorzugsaktien ohne Stimmrecht), gewähren. Zum Begriff der *Aktie* vgl. Anm. 6 zu § 1 und zum Begriff des *Zwischenscheins* Anm. 17 zu § 8. — Nach § 123 II kann schon die Teilnahme an der Hauptversammlung davon abhängig gemacht werden, daß die Aktien bis zu einem bestimmten Zeitpunkt vor der Versammlung hinterlegt werden. Für die hierüber ausgestellten Hinterlegungsbescheinigungen äußert sich § 402 nicht. Beschränkungen der Teilnahme schließen jedoch die entsprechende Beschränkung des Stimmrechts ein (Anm. 15 zu § 123). Infolgedessen findet § 402 auch Anwendung auf Hinterlegungsscheine die satzungsgemäß für die Teilnahme an der Hauptversammlung erforderlich sind, es sei denn, es handle sich um die Hinterlegung stimmrechtsloser Aktien. Ebenso Baumbach-Hueck Rn. 4, Erbs-Kohlhaas Anm. 1 und von Godin-Wilhelmi Anm. 2. Vgl. zur Frage der Anwendungsmöglichkeit des § 402 in diesem Zusammenhang ferner hier oben Anm. 1.

Anm. 6

5. Täter

Täter der drei Begehungsformen des Tatbestands des § 402 kann jeder beliebige sein. Das gleiche gilt für Mittäter, Nebentäter und mittelbare Täter.

Anm. 7

6. Versuch

Der *Versuch* ist strafbar (§ 402 III).

Anm. 8

III. Rechtswidrigkeit

Für die Tatbestandsausschließung, die *Rechtswidrigkeit* und die Rechtfertigungsgründe gelten keine Besonderheiten. Vgl. Anm. 20 und 21 zu § 399. Die dort dargestellten allgemeinen Grundsätze gelten sinngemäß auch für § 402 in allen seinen Begehungsformen.

Anm. 9

IV. Schuld

Zur Schuldfähigkeit vgl. Anm. 23 zu § 399. § 402 verlangt als Schuldform den *Vorsatz*. Bedingter Vorsatz genügt. Darauf, daß die Satzung eine Bestimmung gemäß § 123 Abs. II enthält, braucht sich der Vorsatz nicht zu erstrecken, denn diese Voraussetzung für die Anwendung des § 402 ist lediglich objektive Strafbarkeitsbedingung. Ebenso Erbs in Kohlhaas Anm. 2; von Godin-Wilhelmi Anm. 1; Schlegelberger-Quassowski Anm. 3. Zu den Irrtumsfragen, dem Unrechtsbewußtsein und den Schuldausschließungsgründen, für die hier nichts Abweichendes gilt, vgl. Anm. 25—28 zu § 399.

Anm. 10

V. Teilnahme und Konkurrenzen

Teilnehmer kann jeder beliebige sein. — Bei den *Konkurrenzen* ergeben sich Folgerungen daraus, daß § 402 ein „kumulatives Mischgesetz" ist. Vgl. oben Anm. 1. Da die einzelnen in § 402 zusammengefaßten Tatbestände selbständige strafrechtliche Bedeutung haben, ist Realkonkurrenz anzunehmen, wenn der Täter falsch ausgestellt oder verfälscht und außerdem Gebrauch gemacht hat. Ebenso Schlegelberger-Quassowski Anm. 5; Eb. Schmidt Anm. 9 zu § 298 der 1. Auflage. — Schwierigkeiten bereitet das

Verhältnis zu den Urkundendelikten des StGB jetzt nicht mehr. § 402 ordnet im Abs. I *Subsidiarität* gegenüber den Urkundenstraftaten an, soweit sie eine schwerere Strafe androhen. Damit entfällt die Möglichkeit der Tateinheit (§ 52 StGB) mit § 267 StGB, denn diese Bestimmung droht Freiheitsstrafe bis zu fünf Jahren an. In besonders schweren Fällen ist die Urkundenfälschung nach § 267 Abs. III sogar mit Freiheitsstrafe nicht unter einem Jahr bedroht.

Anm. 11

VI. Strafe

Die angedrohte *Strafe* ist die gleiche wie in den §§ 399, 400, 401 und 403 I. Die Erläuterungen in Anm. 32 zu § 399 können daher auch hier sinngemäß angewendet werden. Da jedoch die Strafe nicht aus § 402 entnommen werden darf, wenn die Tat in anderen Vorschriften über Urkundenstraftaten mit schwererer Strafe bedroht (*Subsidiarität*) ist, hat § 402 praktisch nur noch Bedeutung für die von § 267 StGB nicht erfaßten Fälle des Ausstellens einer inhaltlich falschen Hinterlegungsbescheinigung, also für den Fall der „schriftlichen Lüge" (vgl. oben Anm. 2) und des Gebrauchmachens von ihr (vgl. oben Anm. 4). Ebenso Baumbach-Hueck Rn. 5, Erbs-Kohlhaas Anm. 5 und Meyer in AG 1966, 112. — Zur *Untersagung der Berufsausübung* vgl. Anm. 32 zu § 399. Das gleiche gilt hier.

Anm. 12

VII. Verjährung

Für die *Verjährung* gilt ebenfalls nichts besonderes. Näheres vgl. Anm. 33 zu § 399.

§ 403 Verletzung der Berichtspflicht

(1) Mit Freiheitsstrafe bis zu drei Jahren oder mit Geldstrafe wird bestraft, wer als Prüfer oder als Gehilfe eines Prüfers über das Ergebnis der Prüfung falsch berichtet oder erhebliche Umstände im Bericht verschweigt.

(2) Handelt der Täter gegen Entgelt oder in der Absicht, sich oder einen anderen zu schädigen, so ist die Strafe Freiheitsstrafe bis zu fünf Jahren oder Geldstrafe.

Übersicht

Anm. 1

I. Allgemeines

1. Echtes Sonderdelikt und echtes Unterlassungsdelikt

§ 403 regelt zwei Tatbestände: Die falsche Berichterstattung über das Prüfungsergebnis und das Verschweigen erheblicher Umstände im Bericht. Da als Täter beider Delikte nur ein beschränkter, genau definierter Personenkreis (vgl. unten Anm. 4) in Betracht kommt, sind beides *echte Sonderdelikte*. Dies hat wichtige Folgen für die Teilnahme (vgl. unten Anm. 12). — Der zweite der beiden Tatbestände kann nur durch Unterlassen verwirklicht werden. Er ist daher zugleich ein *echtes Unterlassungsdelikt*. § 13 StGB greift demnach nicht ein.

Anm. 2

2. Geschütztes Rechtsgut und Schutzgesetz (§ 823 II BGB)

Geschütztes Rechtsgut ist bei beiden Tatbeständen das Interesse der Gesellschaft, ihrer Aktionäre und ihrer Gläubiger sowie sonstiger Dritter, die in Rechtsbeziehungen zur AG stehen oder treten wollen. Das ist für die Gesellschaft als solche und für die Aktionäre ohne weiteres klar. Für Gesellschaftsgläubiger und sonstige Dritte folgt das Gesagte daraus, daß die Prüfungen auch im öffentlichen Interesse vorgenommen werden, und daß durch sie die Kreditwürdigkeit des Unternehmens, der Kurswert der Aktien usw. erheblich beeinflußt werden können. Der Bereich der geschützten Interessen ist also in dem oben genannten weiten Sinne anzusetzen. In diesem Umfang ist § 403 mit seinen Tatbeständen ein *Schutzgesetz nach § 823 Abs. II BGB*. Ebenso Baumbach-Hueck Rn. 1, Gessler zu § 403 und von Godin-Wilhelmi Anm. I.

Anm. 3

II. Tatbestände

1. Täter

Täter der beiden Tatbestände des § 303 können nur *Prüfer* oder *Gehilfen eines Prüfers* sein. Als Prüfer im Sinne dieser Bestimmung kennt das Aktiengesetz den *Abschlußprüfer* sowie den *Konzernabschlußprüfer* nach §§ 162 und 336, den *Sonderprüfer* nach § 142 und den *Gründungsprüfer* nach § 33. Die Bestellung des Abschlußprüfers regelt § 163. Er wird grundsätzlich von der Hauptversammlung bestellt (§ 163 Abs. I), kann aber unter bestimmten Voraussetzungen durch das Gericht bestellt werden (§ 163 Abs. III und IV). Der Sonderprüfer wird ebenfalls in der Regel von der Hauptversammlung bestellt (§ 142 Abs. I). Ausnahmsweise sieht indessen § 142 Abs. II eine Bestellung durch das Gericht vor. Die Bestellung der Gründungsprüfer obliegt gemäß § 33 Abs. III ausschließlich dem Gericht. Dieses muß vor der Bestellung die amtliche Vertretung des Handelsstands, d. h. also die zuständige Industrie- und Handelskammer, anhören. Wegen weiterer Einzelheiten vgl. die Erläuterungen zu den genannten Bestimmungen. Daß die Gehilfen eines Prüfers der gleichen strafrechtlichen Haftung unterliegen, entspricht auch dem übrigen System des Aktienrechts. Für die Abschlußprüfer hat § 168 Abs. I ausdrücklich angeordnet, daß deren Gehilfen in der gleichen Weise wie die Abschlußprüfer selbst zur gewissenhaften und unparteiischen Prüfung sowie zur Verschwiegenheit verpflichtet sind. Die entsprechende Gleichstellung der Gehilfen bei den Sonder- und bei den Gründungsprüfern versteht sich daher von selbst. *Prüfungsgesellschaften* können keine Täter des Straftatbestands des § 403 sein. Dies folgt aus dem das Strafrecht beherrschenden Schuldprinzip. Einer juristischen Person kann kein strafrechtlicher Vorwurf gemacht werden. Wird also die Prüfung durch eine Prüfungsgesellschaft vorgenommen — eine Möglichkeit, die in § 168 Abs. I für die Abschlußprüfung ausdrücklich erwähnt ist, die aber für die übrigen Prüfungen ebenfalls gilt —, dann haften strafrechtlich die gesetzlichen Vertreter dieser Prüfungsgesellschaft. Sie sind dann als Prüfer im Sinne des

§ 403 anzusehen. Ebenso Baumbach-Hueck Rn. 5, von Godin-Wilhelmi Anm. II 2 und Schlegelberger-Quassowski Anm. 2. Indessen haftet in einem derartigen Falle nicht jeder gesetzliche Vertreter der betreffenden Prüfungsgesellschaft, sondern nur derjenige, der mit der betreffenden Prüfung persönlich zu tun hat. Die Schuldvoraussetzungen bedürfen also bei der strafrechtlichen Inanspruchnahme von gesetzlichen Vertretern einer besonders sorgfältigen Untersuchung. — Aus § 408 folgt, daß zu den Tätern des § 403 auch die Prüfer und Prüfergehilfen zählen, die bei einer Kommanditgesellschaft auf Aktien tätig geworden sind. Vgl. unten die Erläuterungen zu § 408. — Weil die §§ 33 Abs. IV und V, 143 und 164 bestimmte Anforderungen hinsichtlich der Befähigung zum Prüfer stellen, entsteht die Frage, wie sich die fehlende Geeignetheit des betreffenden Prüfers oder seines Gehilfen auf die strafrechtliche Haftung auswirkt. Der von Eb. Schmidt Anm. 4 der 1. Auflage vertretenen Auffassung, daß sich jemand, der entgegen diesen Bestimmungen zum Prüfer gewählt oder bestellt wird, durch Berufung auf den Fehlgriff nicht von seiner strafrechtlichen Haftung befreien kann, wenn sein Verhalten im übrigen einen der Tatbestände des § 403 erfüllt, kann zugestimmt werden. Ebenso Baumbach-Hueck Rn. 5, von Godin-Wilhelmi Anm. II 2. Eine nähere Begründung dieser bisher, soweit ersichtlich, nicht bestrittenen Ansicht wurde bisher nicht vorgetragen, sie läßt sich jedoch ohne weiteres unter Bezugnahme auf die bei den Beamtendelikten zum Beamtenbegriff entwickelten Grundsätze gewinnen. Schon in RGSt. 2, 83 und in JW 22, 1027 wurde anerkannt, daß eine zu Unrecht angestellte Person gleichwohl noch Beamter im strafrechtlichen Sinne (§ 11 StGB) sein kann. Dies gilt selbst für den Fall, daß etwa der angestellten Person die Fähigkeit zur Bekleidung öffentlicher Ämter aberkannt ist (RGSt. 50, 18). In der zuletzt genannten Entscheidung handelte es sich darum, daß der als Beamter angestellte Täter einige Zeit zuvor infolge strafgerichtlichen Urteils die Fähigkeit zur Bekleidung öffentlicher Ämter verloren hatte. Dies war sogar einem Teil der Mitglieder des ihn anstellenden städtischen Kollegiums bekannt. Gleichwohl hat das RG diese Tatsache als unbeachtlich für die Beamteneigenschaft im strafrechtlichen Sinne angesehen. Vgl. Werner in LK Anm. VII 4 zu § 359 StGB. Ausgehend von dieser seit langem herrschenden Rechtsprechung ergibt sich für die Anwendung des § 403, daß ein Prüfer im Sinne dieses Strafrechtstatbestands auch derjenige ist, dessen Bestellung rechtsunwirksam war. — Wer, ohne gesetzlicher Vertreter zu sein, für eine Prüfungsgesellschaft handelt, haftet strafrechtlich aus § 403 als Gehilfe eines Prüfers. Ebenso Baumbach-Hueck Rn. 5.

Anm. 4

2. Das falsche Berichten über das Ergebnis der Prüfung

a) Prüfung und Prüfungsbericht

Ebenso wie sich der Täterkreis bei § 403 nach dem Prüferbegriff des Aktienrechts richtet, sind unter *Prüfungen* nur diejenigen Untersuchungen zu verstehen, die das Aktiengesetz als Prüfungen bezeichnet und im einzelnen näher regelt. Nach § 34 Abs. I soll sich die Prüfung durch die Gründungsprüfer — d. h. die *Gründungsprüfung* — namentlich darauf erstrecken, ob die Angaben der Gründer über die Übernahme der Aktien, über die Einlagen auf das Grundkapital und über die in den §§ 26 und 27 vorgesehenen Festsetzungen richtig und vollständig sind; außerdem sollen die Gründungsprüfer untersuchen, ob die für eingelegte oder übernommene Sachen gewährten Leistungen angemessen sind. Über jede Prüfung ist unter Darlegung dieser Umstände schriftlich zu berichten (§ 34 Abs. II). Empfänger dieser Berichte der Gründungsprüfer sind nach § 34 Abs. III das Gericht, der Vorstand und die zuständige Industrie- und Handelskammer. — Für die *Sonderprüfung* sind die §§ 142 ff. maßgebend. Der Inhalt der Sonderprüfungsberichte bestimmt sich im wesentlichen nach dem bei der Bestellung der Prüfer bestimmten Prüfungsgegenstand. Als Gegenstände derartiger Sonderprüfungen kommen vor allem Vorgänge bei der Gründung oder der Geschäftsführung sowie bei Maßnahmen der Kapitalbeschaffung und Kapitalherabsetzung in Betracht (§ 142 Abs. I). Auch hier ist über das Ergebnis der Prüfung schriftlich zu berichten. Adressaten dieses Berichts sind der Vorstand und das Handelsregistergericht des Sitzes der Gesellschaft (§ 145 Abs. IV). — Auch die Abschlußprüfer haben nach § 166 Abs. I über das Ergebnis der Prüfung schriftlich zu berichten. Zum Inhalt des Berichts über die *Abschlußprüfung* vgl. ebenfalls § 166. Da sich die Abschlußprüfung zugleich auf die Beachtung der Vorschriften über den Jahresabschluß und den Geschäftsbericht zu erstrecken hat (§ 166 Abs. I), sind ferner die §§ 148ff. über den Jahresabschluß und § 160 über den Geschäftsbericht heranzuziehen. Empfänger des Abschlußprüfungsberichts ist gemäß § 166 Abs. III der Vorstand.

Anm. 5

b) Falscher Bericht über das Prüfungsergebnis

Da der Tatbestand erst dann verwirklicht ist, wenn der Prüfer oder sein Gehilfe *über das Ergebnis der Prüfung falsch berichtet*, ist auf keinen Fall nach dieser Bestimmung strafbar die Nichterstattung des Berichts. Nur ein dem jeweiligen Adressaten erstatteter Bericht kann falsch sein. Von entscheidender Bedeutung ist es, daß im Gesetz von einem Bericht über ein falsches Ergebnis der Prüfung nicht gesprochen wird, sondern von einem falschen Bericht über das Prüfungsergebnis. Hieraus folgt, daß die objektive Wahrheit oder Falschheit des Prüfungsergebnisses für die Strafbarkeit aus § 403 1. Alternative unbeachtlich ist. Es kommt mithin nicht darauf an, ob der Inhalt des Berichts sich mit dem Berichtsgegenstand objektiv deckt. Der Straftatbestand ist vielmehr erst dann und nur dann verwirklicht, wenn das Ergebnis der Prüfung mit dem Inhalt des Berichts über das Ergebnis der Prüfung nicht übereinstimmt. Ausschlaggebend ist also jeweils das Wissen des Täters von den Verhältnissen bei der Gesellschaft, den Gründungshergängen usw., selbst wenn dieses Wissen fehlerhaft ist. Infolgedessen ist der Bericht *falsch*, wenn er nicht das zum Ausdruck bringt, was der Täter tatsächlich weiß. Sind die in dem Bericht über das Prüfungsergebnis enthaltenen Aussagen über die Verhältnisse der Gesellschaft usw. objektiv wahr, so ändert dies dann nichts daran, daß der Bericht als solcher falsch ist, wenn jene Aussagen nicht das Prüfungsergebnis, über das berichtet wird, darstellen. Ebenso Eb. Schmidt, Anm. 7 der 1. Auflage sowie Baumbach-Hueck Rn. 6, Erbs in Kohlhaas Anm. 2, von Godin-Wilhelmi Anm. II 3 und Schlegelberger-Quassowski Anm. 2. Zum Beispiel ist ein Bericht über das Prüfungsergebnis falsch, wenn sich bei der Prüfung ein Mangel ergab, obwohl dieser Mangel nicht bestand, und nunmehr der Täter berichtete, es habe sich bei der Prüfung kein Mangel ergeben. Andererseits ist der Bericht nicht falsch, wenn bei der Prüfung ein Mangel übersehen wurde und der Prüfer nun berichtet, es sei kein Mangel festgestellt worden. Strafrechtlich geschützt werden soll hier also nicht die Wahrheit des Prüfungsergebnisses, sondern die Richtigkeit des Berichts über das Ergebnis der Prüfung, gleichgültig, ob dieses wahr oder falsch gewesen ist. Dies unterscheidet den hiesigen Tatbestand von den in § 400 geregelten Tatbeständen. Vgl. oben Anm. 7 zu § 400 und Anm. 11 zu § 399.

Anm. 6

c) Vollendung (und Versuch)

Vollendet ist der Tatbestand, wenn der Täter *berichtet* hat. Berichtet hat er, wenn der Bericht dem zuständigen Empfänger eingereicht worden ist. Der Zeitpunkt des Zugehens des Berichts ist also identisch mit dem Zeitpunkt der Vollendung des Delikts. Der Empfänger braucht von dem Bericht keine Kenntnis genommen zu haben. Erst recht ist es nicht erforderlich, daß er durch den falschen Bericht getäuscht wurde. Es genügt die bloße Möglichkeit der Kenntnisnahme. Vorher könnte allenfalls ein *Versuch* vorliegen. Dieser ist aber nach §§ 23, 12 StGB nicht strafbar.

Anm. 7

3. Das Verschweigen erheblicher Umstände im Bericht

a) Verschweigen

Dieser Tatbestand ist ein echtes Unterlassungsdelikt, denn *Verschweigen* eines Umstands ist identisch mit dem Nichterwähnen des betreffenden Umstands. Es genügt also das bloße Unterlassen einer Mitteilung entsprechenden Inhalts. Daraus folgt, daß irgendein auf Verdeckung oder Verschleierung gerichtetes aktives Tun für die Tatbestandsmäßigkeit des Verhaltens nicht erforderlich ist. Hat der Täter in seinem Bericht einen erheblichen Umstand nicht erwähnt, so können mündliche oder außerhalb des Berichts erfolgende schriftliche Mitteilungen ihn von der strafrechtlichen Verantwortung nicht befreien, weil solche Mitteilungen die Tatbestandsmäßigkeit des Verschweigens nicht aufheben. Ebenso Eb. Schmidt Anm. 9 der 1. Auflage. Anders liegt es, wenn die betreffenden Mitteilungen als Ergänzungen und damit als Bestandteile des Berichts anzusehen sind.

Anm. 8

b) Erhebliche Umstände

Es versteht sich von selbst, daß eine Strafbarkeit aus diesem Tatbestand nicht schon bei einem Verschweigen von irgendwelchen Umständen in Frage kommt. Es müssen vielmehr *erhebliche Umstände* vom Täter verschwiegen worden sein. Es handelt sich hierbei um ein normatives, nicht ein deskriptives Tatbestandsmerkmal. Dies hat zur Folge, daß im konkreten Einzelfall eine richterliche Bewertung vorzunehmen ist. Eine derartige weitreichende Abhängigkeit der Frage der Strafbarkeit vom richterlichen Ermessen ist im Hinblick auf den verfassungsrechtlichen Grundsatz der gesetzlichen Bestimmtheit der Straftatbestände (Art. 103 Abs. II GG) nicht unbedenklich. Gleichwohl kann der Gesetzgeber nicht ganz ohne derartige ausfüllungsbedürftige normative Tatbestandsmerkmale auskommen. Vgl. etwa den allenthalben im geltenden Strafrecht benutzten Begriff des sogenannten schweren Falles. Im übrigen enthält das Aktienrecht zahlreiche Bestimmungen, aus denen sich entnehmen läßt, was der Gesetzgeber jeweils als einen erheblichen Umstand ansieht. Beim *Gründungsprüfer* kann in diesem Zusammenhang auf § 34 verwiesen werden. Aber auch § 33 ist von Bedeutung, denn wenn eine bestimmte Tatsache, wie sie etwa in § 33 Abs. II erwähnt ist, dazu führt, daß eine Gründungsprüfung durch besondere Gründungsprüfer erforderlich ist, dann kann davon ausgegangen werden, daß die betreffenden Umstände auf jeden Fall erheblich sind. — Für den *Abschlußprüfer* ergeben sich wichtige Hinweise über die Erheblichkeit der zu erwähnenden Umstände aus den Vorschriften der §§ 162 Abs. II und 149ff. Mit Recht hat Eb. Schmidt Anm. 10 der 1. Auflage auf folgendes hingewiesen: Da der Bericht der Abschlußprüfer nur dem Vorstand vorzulegen ist (§ 166 Abs. III), also den für alle Angelegenheiten der Gesellschaft voll verantwortlichen Verwaltungsträgern, über diesen Kreis aber nicht hinausgelangt, so ist ein Verschweigen auch hinsichtlich solcher Umstände nicht statthaft, deren allgemeines Bekanntwerden überwiegende Belange der Gesellschaft oder eines beteiligten Unternehmens usw. verletzen könnte. — Für den Bericht der *Sonderprüfer* sind diejenigen Umstände erheblich, die im Hinblick auf die bei der Bestellung der Prüfer nach § 142 festgelegte Prüfungsaufgabe von Bedeutung sind. Maßgeblich ist hier also nicht eine allgemeine Erheblichkeit, sondern eine Erheblichkeit in bezug auf das spezielle Prüfungsthema.

Anm. 9

c) Vollendung (und Versuch)

Vollendet ist der Tatbestand des Verschweigens erheblicher Umstände im Bericht über das Prüfungsergebnis, wenn dieser Bericht dem gesetzlichen Adressaten (vgl. oben Anm. 4), d. h. also dem Vorstand oder — falls dies im Gesetz vorgesehen ist, und das Zugehen dort früher erfolgt — dem Gericht zugegangen ist. Die Kenntnisnahme durch den Empfänger oder gar seine Täuschung sind für die Vollendung des Delikts nicht erforderlich. Eine später folgende Ergänzung des Berichts befreit nicht mehr von der Strafbarkeit. — Das vor dem Zugang beim Empfänger liegende Verhalten ist strafrechtlich im Hinblick auf § 340 bedeutungslos, da der *Versuch* auf jeden Fall gemäß § 23 i. V. m. § 12 StGB *straflos* ist.

Anm. 10

III. Tatbestandsausschließung und Rechtswidrigkeit

Für eine, wohl kaum je in Betracht kommende *Tatbestandsausschließung* und für die *Rechtswidrigkeit*, einschließlich etwaiger Rechtfertigungsgründe gelten die allgemeinen Grundsätze. Das in den Anm. 20 und 21 zu § 399 Ausgeführte kann daher sinngemäß auf beide Tatbestände des § 403 angewandt werden.

Anm. 11

IV. Schuld

Schuldform ist bei beiden Tatbeständen der *Vorsatz*, wobei *bedingter Vorsatz* stets genügt. Für *Schuldfähigkeit*, *Unrechtsbewußtsein* und *Schuldausschließungsgründe* gelten keine Besonderheiten. Vgl. die grundsätzlichen Ausführungen Anm. 22—29 zu § 399. — Die allgemeinen strafrechtlichen Grundsätze über die Auswirkungen des *Irrtums* können bei sämtlichen Tatbeständen des § 403 erhebliche Bedeutung erlangen, zumal bei den normativen Tatbestandsmerkmalen. Als Beispiele seien erwähnt: Zu den Tatbestandsmerkmalen der Deliktsform des § 403 2. Alternative zählt u. a. die Erheblichkeit der verschwiegenen Umstände. Irrt sich der Täter über die Bedeutung der nicht erwähnten Umstände und hält er sie fälschlicherweise für unerheblich, dann ist dieser Irrtum ein den Vorsatz ausschließender Tatbestandsirrtum und nicht etwa ein nur das Unrechtsbewußtsein beseitigender Verbotsirrtum. Zur Irrtumslehre vgl. im übrigen Anm. 25 und 27 zu § 399.

Anm. 12

V. Teilnahme

Hinsichtlich der Teilnahme ist stets zu beachten, daß beide Delikte des § 403 echte Sonderdelikte sind. Personen, die nicht zum gesetzlich bestimmten Täterkreis zählen, können daher weder als Mittäter noch als mittelbare Täter strafbar werden. Dagegen können Außenstehende ohne weiteres Anstifter oder Gehilfen sein. §§ 25, 26 und 27 StGB.

Anm. 13

VI. Konkurrenzen

Da § 403 ein sogenanntes kumulatives Mischgesetz ist, die einzelnen Deliktsformen also selbständige Strafgesetze i. S. des § 265 StPO sind, ist Tateinheit (§ 52 StGB) zwischen der 1. und der 2. Tatbestandsalternative des § 403 grundsätzlich denkbar, falls in einem Prüfungsbericht falsch berichtet und außerdem in dem gleichen Bericht ein erheblicher Umstand verschwiegen wird. Ebenso Baumbach-Hueck Rn. 7.

Anm. 14

VII. Strafe

Als *Strafen* kommen für § 403 entweder eine *Freiheitsstrafe* bis zu drei Jahren oder eine *Geldstrafe* in Betracht. Zu beiden Strafarten vgl. Anm. 32 zu § 399. Das dort Gesagte findet hier entsprechende Anwendung. Wie bei den §§ 399, 400, 401, 402 und 404 erlaubt das Gesetz auch hier nicht mehr die gleichzeitige Verhängung von Freiheits- und Geldstrafe, es sei denn, die Voraussetzungen des § 41 sind erfüllt. Die *Untersagung der Berufsausübung* kann als zusätzliche Maßregel der Besserung und Sicherung verhängt werden, sofern die Voraussetzungen des § 70 StGB erfüllt sind. — Eine *erhöhte Strafdrohung* sieht § 403 Abs. II für den qualifizierten Fall vor, daß der Täter gegen Entgelt oder mit der Absicht gehandelt hat, sich oder einen anderen zu bereichern oder einen anderen zu schädigen. Für die Auslegung dieser Bestimmung können die zu § 300 Abs. III StGB a. F. entwickelten Grundsätze herangezogen werden. Wie die Begründung zu § 392 RegEntw. AktG erkennen läßt, lehnt sich § 403 Abs. II weitgehend an § 300 Abs. III StGB a. F. an. An die Stelle der letztgenannten Bestimmung ist ab 1. 1. 1975 § 203 Abs. V StGB getreten. Dieser Paragraph stimmt mit § 403 Abs. II nahezu wörtlich überein. Unter den Voraussetzungen dieser Qualifikation kann auf Freiheitsstrafe bis zu fünf Jahren oder Geldstrafe erkannt werden.

Anm. 15

VIII. Qualifizierte Tatbestände (Abs. II)

1. Handeln gegen Entgelt

§ 403 Abs. II erfaßt drei besondere Formen der Verletzung der Berichtspflicht: Die Verletzung gegen Entgelt oder mit Bereicherungsabsicht oder mit Schädigungsabsicht. Die Qualifikationsmerkmale — ein objektives, zwei subjektive — können auch kombiniert verwirklicht sein. In Betracht kommen die drei Qualifikationsfälle für beide Tatbestandsalternativen des § 403 Abs. I. Im einzelnen gilt:

Unter *Entgelt* ist eine geldwerte Gegenleistung zu verstehen. Mösl in LK Rn. 23 zu § 300 StGB a. F. Geld selbst braucht die Gegenleistung nicht zu sein. Neben Bargeld kommen also z. B. in Betracht: Wechsel, Schecks, Schuldenerlaß, Forderungsabtretungen, Schmuck usw. Immaterielle Vorteile genügen nicht. A. M. Mösl a. a. O., der jeden Vorteil genügen läßt. Gegen eine solche Ausdehnung spricht jedenfalls bei § 403 Abs. II der wirtschaftsrechtliche Zusammenhang, in dem die Bestimmung steht. Ein *Handeln gegen Entgelt* liegt schon vor, wenn das Entgelt vor dem Handeln vereinbart wurde, und diese Tatsache, also die Entgelterwartung, das Handeln motivierte. Zugeflossen sein muß das Entgelt nicht. Ebenso Baumbach-Hueck Rn. 8 und Schönke-Schröder Rn. 27 zu § 300 StGB a. F. A. M. Dreher Anm. 6 zu § 300 StGB a. F. und Mösl LK Anm. 23. Das Entgelt kann vor oder nach dem Handeln gewährt worden sein, sofern es zugeflossen ist.

Anm. 16

2. Handeln mit Bereicherungsabsicht

Die *Absicht*, sich oder einen anderen zu *bereichern* liegt vor, wenn es dem Täter darauf ankommt, *sich oder einem anderen* einen Vermögensvorteil, d. h. eine günstigere Gestaltung der Vermögenslage, eine Steigerung des wirtschaftlichen Werts des Vermögens, zu verschaffen. Der angestrebte Vermögensvorteil, der ein rechtswidriger sein muß, braucht durch das Handeln nicht erreicht zu sein. Es genügt die sog. „überschießende Innentendenz". Mösl LK Rn. 24.

Anm. 17

3. Handeln mit Schädigungsabsicht

Schädigungsabsicht ist gegeben, wenn der Täter von der durch sein Handeln herbeigeführten Nachteilszufügung bei einem anderen weiß und diese Schädigung will. Absicht und direkter Vorsatz sind hier identisch. Die Nachteilszufügung braucht nicht das Endziel des Täters zu sein. Mösl LK Rn. 25. Der angestrebte Nachteil muß ein materieller Nachteil sein. Der Nachteilsbegriff korrespondiert mit dem Vorteilsbegriff bei der Bereicherungsabsicht. Nach Mösl LK Rn. 25 braucht kein *Vermögens*nachteil gewollt zu sein. Diese Auslegung ist zumindest für § 403 aus den oben beim Entgeltsbegriff dargelegten Gründen zu weit. Der beabsichtigte Vermögensschaden braucht nicht eingetreten zu sein. Es genügt, daß er beim Handeln angestrebt wurde. Baumbach-Hueck Rn. 8 und Mösl LK Rn. 25.

Anm. 18

IX. Verjährung

Für die *Verjährung* gelten die allgemeinen Regeln. Das Anm. 33 zu § 399 Ausgeführte kann auf § 403 entsprechend angewandt werden.

§ 404 Verletzung der Geheimhaltungspflicht

(1) Mit Freiheitsstrafe bis zu einem Jahr oder mit Geldstrafe wird bestraft, wer ein Geheimnis der Gesellschaft, namentlich ein Betriebs- oder Geschäftsgeheimnis, das ihm in seiner Eigenschaft als

1. Mitglied des Vorstands oder des Aufsichtsrats oder Abwickler,

2. Prüfer oder Gehilfe eines Prüfers

bekanntgeworden ist, unbefugt offenbart.

(2) Handelt der Täter gegen Entgelt oder in der Absicht, sich oder einen anderen zu schädigen, so ist die Strafe Freiheitsstrafe bis zu zwei Jahren oder Geldstrafe. Ebenso wird bestraft, wer ein Geheimnis der in Absatz 1 bezeichneten Art, namentlich ein Betriebs- oder Geschäftsgeheimnis, das ihm unter den Voraussetzungen des Absatzes 1 bekanntgeworden ist, unbefugt verwertet.

(3) Die Tat wird nur auf Antrag der Gesellschaft verfolgt. Hat ein Mitglied des Vorstands oder ein Abwickler die Tat begangen, so ist der Aufsichtsrat, hat ein Mitglied des Aufsichtsrats die Tat begangen, so sind der Vorstand oder die Abwickler antragsberechtigt.

Übersicht

Anm. 1

I. Allgemeines

1. Sonderdeliktscharakter

§ 404 enthält in Abs. I den Grundtatbestand der unbefugten Geheimnis*offenbarung*. Dieser wird dann im Abs. II Satz 1 qualifiziert. Im Abs. II Satz 2 ist ferner der weitere

Tatbestand der unbefugten Geheimnis*verwertung* geregelt. Im Abs. III ist festgelegt, daß es sich in allen Fällen um *Antragsdelikte* handelt. — Da der Täterkreis abgeschlossen ist, handelt es sich bei allen Tatbestandsformen um *echte Sonderdelikte*. Das hat Konsequenzen für die Teilnahme. Vgl. unten Anm. 14.

Anm. 2

Geschütztes Rechtsgut, Schutzgesetz (§ 823 II BGB)

An dem Schutz der Geheimnisse der Gesellschaft, insbesondere der Betriebs- und Geschäftsgeheimnisse, vor unbefugter Offenbarung sowohl als auch vor unbefugter Verwertung sind die Gesellschaft, ihre Aktionäre und die Gesellschaftsgläubiger unmittelbar interessiert. Damit ist der Umkreis des *Rechtsgutschutzes* gegeben. Gleichzeitig folgt daraus, daß § 404 für die Aktionäre, für die Gesellschaft als solche und für die Gesellschaftsgläubiger *Schutzgesetz i. S. des § 823 Abs. II BGB* ist. Ebenso Gessler zu § 404 (ohne allerdings die Gesellschaft als solche ausdrücklich zu nennen). Nach Baumbach-Hueck Rn. 2 ist § 404 Schutzgesetz nur für die Gesellschaft und ihre Aktionäre, nicht aber für die Gesellschaftsgläubiger.

Anm. 3

II. Tatbestände

1. Täter

Täter können bei allen Deliktsformen des § 404 nur Mitglieder des Vorstands, Aufsichtsratsmitglieder, Abwickler, Prüfer und Prüfergehilfen sein. Zur entsprechenden Anwendung können die Erläuterungen in folgenden Anmerkungen herangezogen werden: Anm. 5 (Vorstandsmitglieder), 6 (stellvertretende Vorstandsmitglieder), 7 (Aufsichtsratsmitglieder), 8 (persönlich haftende Gesellschafter einer KGaA), 9 (Aufsichtsratsmitglieder einer KGaA), 10 (Auswirkung der Nichtigkeit der AG auf die Täterqualifikation) und 29 (Sonderfragen bei Überstimmung des Täters innerhalb eines Vorstands oder eines Aufsichtsrats) sämtlich zu § 399. Für die Abwickler vgl. Anm. 57—60 zu § 399, und für die Prüfer, sowie für die Prüfergehilfen ist zur entsprechenden Anwendung Anm. 3 zu § 403 heranzuziehen.

Anm. 4

2. Die unbefugte Offenbarung von Gesellschaftsgeheimnissen, insbesondere von Betriebs- und Geschäftsgeheimnissen (Abs. I)

a) Gesellschaftsgeheimnisse

Gesellschaftsgeheimnisse sind vor allem Angelegenheiten, die zum Schutz der Gesellschaft im Interesse ihrer Wettbewerbsfähigkeit und ihres Ansehens Außenstehenden nicht bekannt werden dürfen. Hierher zählen insbesondere geschäftliche Vorhaben sowie geschäftspolitische Ziele der Gesellschaft, aber beispielsweise auch Gegenstand, Verlauf und Ergebnisse der Beratungen des Vorstands und des Aufsichtsrats, ferner Guthaben, Umsätze und Kredite bei Banken, Kundenkarteien, Computer-Programme, stille Beteiligungen, Personalakten und anderes mehr. Im allgemeinen werden die Angelegenheiten, die als Gesellschaftsgeheimnisse in Betracht kommen, als vertraulich bezeichnet sein. Eine Deklarierung als „Geheimnis", „vertrauliche Angelegenheit" oder ähnliches ist jedoch nicht erforderlich. Der Geheimnisbegriff ist hier nicht formal, sondern inhaltlich-materiell bestimmt. Vgl. auch die folgende Anm. In § 93 Abs. I wird angeordnet, daß über „vertrauliche Angaben und Geheimnisse der Gesellschaft" Stillschweigen zu bewahren ist. In § 404 werden die vertraulichen Angaben nicht genannt. Da sie unter den Begriff der Gesellschaftsgeheimnisse fallen und in § 93 Abs. I offensichtlich nur zur Verdeutlichung erwähnt werden, erstreckt sich der Tatbestand des § 404 und damit der strafrechtliche Schutz auch auf sie. Ebenso Baumbach-Hueck-Rn. 5; a. M. Meyer AG 1966, S. 115. Andererseits reicht bloßes Nicht-Offenkundig-Sein nicht. Das Geheimhaltungsinteresse muß hinzukommen.

Anm. 5

b) Betriebs- und Geschäftsgeheimnisse

Betriebs- und Geschäftsgeheimnisse fallen unter den Oberbegriff des Gesellschaftsgeheimnisses. Die beiden Begriffe sind in dieser Zusammenstellung dem Sprachgebrauch der Wirtschaft entnommen. Es besteht kein Unterschied in der Bedeutung der beiden Ausdrücke, es sei denn, man ordnet die zur kaufmännischen Seite des Unternehmens gehörigen Geheimnisse den Geschäfts- und die zur technischen Seite gehörigen den Betriebsgeheimnissen zu. Vgl. RGSt. 29, 426 (430); 31, 90; 33, 62; 48, 12. Für die Auslegung können die Kommentare und das sonstige Schrifttum zu § 17 UWG herangezogen werden. Im einzelnen gehen die Meinungen über die Definition dieses Tatbestandsmerkmals auseinander. In wesentlicher Übereinstimmung mit den genannten Entscheidungen des RG ist davon auszugehen, daß ein Geschäfts- und Betriebsgeheimnis hinsichtlich solcher geheimen Tatsachen besteht, auf deren Geheimhaltung sich der Wille der verantwortlichen Mitarbeiter des Unternehmens richtet und deren Geheimhaltung überdies im Hinblick auf die Eigenart des Betriebs im wettbewerblichen Interesse liegt. Vgl. über die Entwicklung dieser Begriffsbestimmung eingehend Eb. Schmidt in: Verhandlungen des 36. Deutschen Juristentages 1930, Bd. I S. 140. Abgesehen von der Tatsache des Geheimseins kommt es insbesondere nach der Rechtsprechung des RG vor allem auf den zuletzt erwähnten Interessengesichtspunkt entscheidend an. *Geheim* ist eine Tatsache, „die im Zusammenhang mit einem Gewerbebetrieb steht, nur einem eng begrenzten Personenkreis bekannt, also nicht offenkundig ist und nach dem bekundeten Willen des Betriebsinhabers geheim gehalten werden soll" (RG GRUR 1939, 311). Die dem Geheimsein entgegenstehende Offenkundigkeit der Tatsachen ist nicht schon mit der bloßen Möglichkeit einer Kenntnisnahme durch eine unbegrenzte Vielheit von Menschen, sondern erst dann gegeben, aber auch immer dann anzunehmen, „wenn vom Standpunkt praktischer Erfahrung aus" (Wertung des Richters!) „nicht mehr damit gerechnet werden kann, daß das Wissen um die Tatsachen noch auf einen geschlossenen Kreis gleichmäßig am Geheimbleiben Interessierter beschränkt sei"; so Eb. Schmidt a. a. O. (dort weitere Literatur). Vgl. ferner RGSt. 40, 406 und 31, 91 sowie RG 65, 335. Obwohl es kaum denkbar ist, daß es Gesellschaftsgeheimnisse gibt, die keine Betriebs- oder Geschäftsgeheimnisse sind, hat der Gesetzgeber das Tatbestandsmerkmal der Gesellschaftsgeheimnisse eingefügt, um alle denkbaren und schutzwürdigen Fälle zu erfassen. Umgekehrt sind aber alle Betriebs- und Geschäftsgeheimnisse Geheimnisse der Gesellschaft.

Anm. 6

c) Kenntniserlangung

Strafbarkeitsvoraussetzung ist es ferner, daß dem Täter das Gesellschaftsgeheimnis *in seiner Eigenschaft* als Vorstandsmitglied, Aufsichtsrat, Abwickler, Prüfer oder Gehilfe eines Prüfers *bekanntgeworden ist*. Kenntniserlangung auf anderem Wege, etwa im privaten Bereich als persönlicher Kunde einer außenstehenden Firma, der von den betreffenden Eigenschaften nichts bekannt ist, und der gegenüber der Täter nicht in jener Eigenschaft tätig wird, genügt für die Anwendung des § 404 nicht.

Anm. 7

d) Unbefugte Offenbarung

Offenbart ist ein Gesellschaftsgeheimnis, wenn es dem Zugriff außenstehender Dritter preisgegeben ist. Unter Umständen kann auch die Offenbarung gegenüber einem Unternehmensangehörigen schon tatbestandsmäßig sein, falls der Täter damit rechnen muß, daß der Empfänger der Information seine Kenntnisse nach außen gelangen läßt. — *Unbefugt* ist eine Offenbarung von Geheimnissen der Gesellschaft, wenn sie nicht rechtmäßig, also nicht durch die Erlaubnis einer zuständigen Stelle oder durch ein sonstiges Recht gedeckt ist. Eine Offenbarung, die in Erfüllung einer Rechtspflicht erfolgt, ist naturgemäß keine unbefugte Offenbarung. Hier ist beispielsweise an die Aussagepflicht von Zeugen vor Gericht zu denken. Einschränkend wirken aber Zeugnisverweigerungsrechte. Eine — allerdings begrenzte — Befugnis zur Offenbarung regeln die §§ 394 und 395. Vgl. hierzu die Erläuterungen zu den genannten Bestimmungen. — Verfolgt ein Prüfer eigene Interessen gegenüber der Gesellschaft, dann ist die Offenbarung grundsätzlich befugt, soweit sie zur sachgerechten Interessenwahrnehmung erforderlich ist. Ebenso Baumbach-Hueck Rn. 6. Das gleiche gilt für die übrigen Tätergruppen (oben Anm. 3). Allerdings muß eine Interessen- und Güterabwägung erfolgen. Die Gefahr etwaiger Schädigungen der Gesellschaftsinteressen, soweit sie unverhältnismäßig groß wären, kann einschränkend wirken, wenn die an sich berechtigten Interessen des Täters demgegenüber nicht ins Gewicht fallen.

Anm. 8

3. Handeln gegen Entgelt oder mit Bereicherungs- oder Schädigungsabsicht (Abs. II 1)

Im Abs. II des § 404 wird der Tatbestand der unbefugten Offenbarung von Gesellschaftsgeheimnissen, insbesondere Betriebs- und Geschäftsgeheimnissen (Abs. I) qualifiziert durch drei zusätzliche Tatbestandsmerkmale, die einzeln oder kombiniert verwirklicht sein können, und bei denen es sich um ein objektives (Handeln gegen Entgelt) und zwei subjektive (Bereicherungs- und Schädigungsabsicht) handelt. Die systematische und inhaltliche Konstruktion ist die gleiche wie die des § 403 Abs. II. Es kann deshalb auf die dortigen Erläuterungen Bezug genommen werden.

a) Zum *Handeln gegen Entgelt* vgl. Anm. 15 zu § 403.

b) Zur *Bereicherungsabsicht* vgl. ebenda Anm. 16.

c) Zur *Schädigungsabsicht* vgl. ebenda Anm. 17.

Bei Verwirklichung der Qualifikationsmerkmale kann der Täter schwerer bestraft werden. Vgl. unten Anm. 15.

Anm. 9

4. Die unbefugte Verwertung von Gesellschafts-, insbesondere von Betriebs- und Geschäftsgeheimnissen (Abs. II 2)

a) Die Tatbestandsmerkmale, die mit denen des Abs. I identisch sind

Die Merkmale dieses Tatbestands decken sich mit denjenigen des Abs. I und unterscheiden sich nur insoweit, als hier an die Stelle des Merkmals der unbefugten Offenbarung das Merkmal der unbefugten Verwertung tritt. Abgesehen von dem zuletztgenannten Merkmal gilt das, was in den Erläuterungen zu § 404 Abs. I gesagt wurde hier ebenfalls. Es wird deshalb Bezug genommen:

aa) zum *Täter*kreis auf Anm. 3,

bb) zu den *Gesellschaftsgeheimnissen* auf Anm. 4,

cc) zu den *Betriebs- und Geschäftsgeheimnissen* auf Anm. 5 und

dd) zu dem Tatbestandsmerkmal der *Kenntniserlangung* auf Anm. 6.

Anm. 10

b) Unbefugte Verwertung

Bei der *Verwertung* der Geheimnisse geht es darum, daß der Täter ein ihm in seiner Eigenschaft als Vorstandsmitglied, Aufsichtsratsmitglied, Abwickler, Prüfer oder Gehilfe eines Prüfers bekanntgewordenes Gesellschaftsgeheimnis, namentlich ein Betriebs- oder Geschäftsgeheimnis, für eigene oder fremde Zwecke ausnutzt. Das RG verstand in seiner Rechtsprechung zu § 302 Nr. 2, 2. Halbsatz AktG a. F. nur die „praktische Verwendung zu gewerblichen Zwecken". RGSt. 39, 85; 40, 406 (408); 63, 2/5/6; RG MuW 10, 96. Indessen zwingen weder der Wortlaut noch der Zweck des Gesetzes zu einer derartigen einschränkenden Auslegung. Unter unbefugter Verwertung muß vielmehr jede Verwertung, gleichgültig zu welchem Zweck, verstanden werden. Ebenso Baumbach-Hueck Rn. 8, Erbs-Kohlhaas Anm. 3, von Godin-Wilhelmi Anm. 8 und Eb. Schmidt Anm. 20 der 1. Auflage. Ob der Täter den Verwertungszweck erreicht, ist für die strafrechtliche Würdigung unbeachtlich. Im übrigen kann die Verwertung naturgemäß auch ohne Offenbarung der Geheimnisse erfolgen. Es kann aber auch beides vorliegen. Jedenfalls ist die unbefugte Verwertung kein Spezialfall der unbefugten Offenbarung oder umgekehrt. Die Anwendungsbereiche von Abs. I und Abs. II überschneiden sich nur.

Unbefugt ist die Verwertung der Geheimnisse, wenn sie nicht rechtmäßig ist. Es gilt hier das gleiche wie bei der unbefugten Offenbarung. Vgl. daher oben Anm. 7. Zur erhöhten Strafdrohung für diesen Tatbestand, in der zum Ausdruck kommt, daß der Gesetzgeber die unbefugte Verwertung für gefährlicher hält als die unbefugte Offenbarung vgl. unten Anm. 15.

Anm. 11

5. Vollendung und Versuch

a) Vollendung der *unbefugten Offenbarung* (Abs. I) liegt vor, wenn das betreffende Geheimnis durch das Verhalten des Täters (Kausalität!) zur Kenntnis mindestens eines Außenstehenden oder mindestens eines nicht befugten Unternehmensangehörigen gelangt ist. Grundsätzlich ist davon auszugehen, daß die Schweigepflicht enge Grenzen zieht. So darf z. B. über die Beratungen im Vorstand und Aufsichtsrat ohne besondere Genehmigung dieser Gremien nichts an Dritte, selbst wenn sie im Unternehmen tätig sind, bekanntgegeben werden. Vgl. Anm. 11 zu § 93. Daraus folgt, daß der Tatbestand schon durch innerbetriebliche unbefugte Offenbarung verwirklicht und demgemäß vollendet sein kann.

b) Für die unbefugte Offenbarung gegen Entgelt oder mit Bereicherungs- oder Schädigungsabsicht (Abs. II 1) gilt zusätzlich zu dem zu a) Gesagten:

aa) Der Empfang des *Entgelts* ist für den Zeitpunkt der Vollendung ohne Bedeutung. Das Entgelt kann vor, bei oder nach der Tat geleistet werden. Erforderlich ist nur, daß sich der Vorsatz auf die Entgeltlichkeit erstreckt. Vgl. Anm. 15 zu § 403.

bb) Auch die *Bereicherungs- oder die Schädigungsabsicht* wirken sich nicht auf den Eintritt der Vollendung des Delikts aus. Lediglich für den Strafrahmen ist es von Belang, ob die betreffende Absicht bei Begehung der Tat, also bei der Vollendung des Tatbestands, vorlag.

c) Der Tatbestand der *unbefugten Verwertung* ist je nach den Umständen des Einzelfalles zu unterschiedlichen Zeitpunkten vollendet. Entscheidend ist die Art der Verwertung. Benutzt der Täter beispielsweise seine Kenntnisse für Börsenspekulationen, dann kann bereits die Auftragserteilung an eine Bank oder an einen Makler die Vollendung des Delikts sein. Das Verwertungsziel — etwa der Börsengewinn — braucht nicht erreicht zu sein. — Ähnliches gilt für den heimlichen Verkauf eines technischen Produktionsplans. Spätestens mit der Übergabe des Kaufobjekts ist die Tat vollendet. Auf die spätere Benutzung des Plans durch den Käufer kommt es nicht an. Andererseits würde das bloße Anbieten des Plans zum Kauf noch nicht genügen. — Will z. B. ein Aufsichtsratsmitglied seine Kenntnisse im eigenen Unternehmen, dessen Vorstandsmitglied er ist, verwerten, wird Vollendung erst anzunehmen sein, wenn wesentliche, praktische Realisierungsmaßnahmen, die der Ausnutzung der Geheimniskenntnis dienen, mindestens konkret eingeleitet sind. Ganz allgemein gilt auch hier, daß die Erreichung des Nutzeffekts der Verwertung für die Vollendung nicht erforderlich ist, zumal es Verwertungen ohne gewerbliche Zwecksetzungen geben kann. Vgl. Anm. 10.

d) Der *Versuch* des § 404 ist in allen seinen Begehungsformen, auch im Qualifikationsfall des Abs. II 1, nicht strafbar. Das folgt aus § 23 i. V. m. § 12 StGB.

Anm. 12

III. Tatbestandsausschließung und Rechtswidrigkeit

Für eine *Tatbestandsausschließung*, namentlich unter dem Gesichtspunkt der *Sozialkongruenz* gelten die allgemeinen Regeln. Das in Anm. 20 zu § 399 Gesagte kann hier sinngemäß angewandt werden. Sachverhalte, bei denen die Ausschließung des Tatbestands erwogen werden kann, weil das Verhalten des Täters möglicherweise als sozialkongruent angesehen werden mag, sind vorstellbar. Man denke etwa an Geheimnisoffenbarungen im Rahmen der Öffentlichkeits- und Pressearbeit eines Unternehmens. — Für die *Rechtswidrigkeits*fragen kann auf Anm. 21 zu § 399 verwiesen werden. Eine Anwendung des rechtfertigenden Prinzips der *Sozialadäquanz* kann in Betracht kommen. Das gleiche gilt für sonstige allgemeine Rechtfertigungsgründe, insbesondere bei entsprechenden Notsituationen für den *rechtfertigenden Notstand* (§ 34 StGB).

Anm. 13

IV. Schuld

Bei beiden Tatbeständen (Abs. I und Abs. II 2) und ebenso bei der Qualifikation (Abs. II 1) ist *Vorsatz* erforderlich. *Bedingter Vorsatz* genügt. Für den Vorsatz, einschließlich des bedingten Vorsatzes, gelten ebenso wie für die *Schuldfähigkeit*, das *Unrechtsbewußtsein* und die *Schuldausschließungsgründe* die allgemeinen Regeln. Vgl. das Nähere oben Anm. 22—29 zu § 399.

Anm. 14

V. Teilnahme und Konkurrenzen

1. Bei der *Teilnahme* wirkt es sich aus, daß § 404 in allen seinen Begehungsformen ein echtes Sonderdelikt ist. Nicht nur als unmittelbare, sondern auch als mittelbare Täter kommen nur Vorstandsmitglieder, Aufsichtsratsmitglieder, Abwickler, Prüfer und Prüfergehilfen in Betracht. Anstifter und Gehilfen können jedoch auch andere Personen sein. Vgl. §§ 25, 26 und 27 StGB.

2. Ebenso wie § 403, so ist auch § 404 ein sog. kumulatives Mischdelikt. Die unbefugte Offenbarung (Abs. I) und die unbefugte Verwertung (Abs. II 2) sind selbständige Delikte. Zwischen ihnen ist somit *Tateinheit* (§ 52 StGB) möglich. Die Absatz II Satz 1 geregelte qualifizierte Form der unbefugten Offenbarung steht dagegen zur Grundform der unbefugten Offenbarung im Abs. I im Verhältnis der Gesetzeskonkurrenz. § 404 II 1 ist lex specialis gegenüber § 404 I. Tateinheit ist daher nicht denkbar. In Betracht kommt sie aber zwischen § 404 II 1 (i. V. m. § 404 I) und § 404 II 2, denn ein und dasselbe Verhalten kann beispielsweise zugleich eine entgeltliche unbefugte Offenbarung einerseits und eine unbefugte Verwertung andererseits sein.

Anm. 15

VI. Strafe und Verjährung

1. Als *Strafen* kommen bei allen Alternativen des § 404 entweder *Freiheitsstrafe* oder *Geldstrafe*, aber nicht beides zusammen, in Frage, es sei denn die Voraussetzungen des § 41 StGB sind erfüllt. Für die unbefugte Offenbarung (Abs. I) kann eine Freiheitsstrafe bis zu einem Jahr, dagegen für die qualifizierte unbefugte Offenbarung (Abs. II 1) und für die unbefugte Verwertung (Abs. II 2) eine Freiheitsstrafe bis zu zwei Jahren

verhängt werden. Für die Einzelheiten vgl. Anm. 32 zu § 399. Zusätzlich kann unter den Voraussetzungen des § 70 StGB die Maßregel der *Untersagung der Berufsausübung* angeordnet werden.

2. Für die *Verjährung* gelten keine Besonderheiten. Die Strafverfolgung verjährt gemäß § 78 III Nr. 5 StGB bei § 404 Abs. I in drei Jahren und bei den übrigen Alternativen gemäß § 78 III Nr. 4 StGB in fünf Jahren. Zur Strafvollstreckungsverjährung vgl. § 79 StGB.

Anm. 16

VII. Strafantrag

Alle Tatbestandsalternativen des § 404 sind *Antragsdelikte*. Antragsberechtigt ist die Gesellschaft. Die Vertretung der Gesellschaft bei der Antragstellung regelt § 404 Abs. III. Hat ein Vorstandsmitglied oder ein Abwickler die Tat begangen, so ist der Aufsichtsrat als Ganzes, also nicht ein einzelnes Aufsichtsratsmitglied, antragsberechtigt. Wenn jedoch ein Aufsichtsratsmitglied die Tat begangen hat, wird die Gesellschaft bei der Antragsstellung durch den Vorstand als Ganzes oder durch *die* Abwickler, also durch das Abwicklergremium, nicht durch einen einzelnen Abwickler vertreten. — Hat die Gesellschaft nur ein Vorstandsmitglied oder nur einen Abwickler, dann vertreten diese allein die Gesellschaft. (Daß der Aufsichtsrat nur aus einem Mitglied besteht, ist nach § 95 unzulässig.)

Ist der Täter ein Prüfer oder ein Prüfergehilfe, dann sind die gesetzlichen Vertreter der Gesellschaft für diese antragsberechtigt. Für diesen Fall war eine Sonderregelung in § 404 Abs. III nicht erforderlich.

Der Antrag muß innerhalb einer Frist von drei Monaten gestellt werden (§ 77b Abs. I StGB). Die Frist beginnt mit dem Ablauf des Tages, an dem der Berechtigte von der Tat und der Person des Täters Kenntnis erlangt hat (§ 77b Abs. II StGB). Der Antrag kann bis zum Abschluß des Strafverfahrens erklärt werden; ein zurückgenommener Antrag kann nicht nochmals gestellt werden (§ 77d Abs. I StGB).

§ 405 Ordnungswidrigkeiten

(1) Ordnungswidrig handelt, wer als Mitglied des Vorstands oder des Aufsichtsrats oder als Abwickler

1. **Namensaktien ausgibt, in denen der Betrag der Teilleistung nicht angegeben ist, oder Inhaberaktien ausgibt, bevor auf sie der Nennbetrag oder der höhere Ausgabebetrag voll geleistet ist,**
2. **Aktien oder Zwischenscheine ausgibt, bevor die Gesellschaft oder im Fall einer Kapitalerhöhung die Durchführung der Erhöhung des Grundkapitals oder im Fall einer bedingten Kapitalerhöhung oder einer Kapitalerhöhung aus Gesellschaftsmitteln der Beschluß über die bedingte Kapitalerhöhung oder die Kapitalerhöhung aus Gesellschaftsmitteln eingetragen ist,**
3. **Aktien oder Zwischenscheine ausgibt, die auf einen geringeren als den nach § 8 zulässigen Mindestnennbetrag lauten oder**
4. **vorsätzlich oder leichtfertig nicht für die Einhaltung der §§ 178, 330 Abs. 1 Satz 2, § 338 Abs. 4 über Form und Inhalt der Bekanntmachung des Jahresabschlusses und des Geschäftsberichts, des Konzernabschlusses und des Konzerngeschäftsberichts sowie des Teilkonzernabschlusses und des Teilkonzerngeschäftsberichts sorgt.**

(2) Ordnungswidrig handelt auch, wer als Aktionär oder als Vertreter eines Aktionärs die nach § 129 in das Verzeichnis aufzunehmenden Angaben nicht oder nicht richtig macht.

(3) Ordnungswidrig handelt ferner, wer

1. **Aktien eines anderen, zu dessen Vertretung er nicht befugt ist, ohne dessen Einwilligung zur Ausübung von Rechten in der Hauptversammlung oder in einer gesonderten Versammlung benutzt,**
2. **zur Ausübung von Rechten in der Hauptversammlung oder in einer gesonderten Versammlung Aktien eines anderen benutzt, die er sich zu diesem Zweck durch Gewähren oder Versprechen besonderer Vorteile verschafft hat,**
3. **Aktien zu dem in Nummer 2 bezeichneten Zweck gegen Gewähren oder Versprechen besonderer Vorteile einem anderen überläßt,**
4. **Aktien eines anderen, für die er oder der von ihm Vertretene das Stimmrecht nach § 135 nicht ausüben darf, zur Ausübung des Stimmrechts benutzt,**
5. **Aktien, für die er oder der von ihm Vertrenene das Stimmrecht nach § 20 Abs. 7, § 21 Abs. 4, § 134 Abs. 1, §§ 135, 136, 142 Abs. 1 Satz 2, § 285 Abs. 1 nicht ausüben darf, einem anderen zum Zweck der Ausübung des Stimmrechts überläßt oder solche ihm überlassene Aktien zur Ausübung des Stimmrechts benutzt,**
6. **besondere Vorteile als Gegenleistung dafür fordert, sich versprechen läßt oder annimmt, daß er bei einer Abstimmung in der Hauptversammlung oder in einer gesonderten Versammlung nicht oder in einem bestimmten Sinne stimme oder**
7. **besondere Vorteile als Gegenleistung dafür anbietet, verspricht oder gewährt, daß jemand bei einer Abstimmung in der Hauptversammlung oder in einer gesonderten Versammlung nicht oder in einem bestimmten Sinne stimme.**

(4) Die Ordnungswidrigkeit kann mit einer Geldbuße bis zu fünfzigtausend Deutsche Mark geahndet werden.

Übersicht

Anm. 1

I. Allgemeines

1. Grundsätze des Ordnungswidrigkeitsrechts (u. a. Versuch, Vorsatz, Teilnahme)

Der § 405 enthält Tatbestände, deren Verwirklichung nach der dem Rechtsausschuß des Bundestages folgenden Auffassung des Gesetzgebers kein kriminelles Unrecht, sondern lediglich einen Verstoß gegen Ordnungsvorschriften darstellt. Es handelt sich hier daher um *Ordnungswidrigkeiten* und nicht um Straftaten. Die durch Ordnungswidrigkeitsvorschriften geschützten Rechtsgüter sind entweder das Rechtsgut der Ordnung selbst oder sonstige Rechtsgüter der unteren Stufen der Wertskala. Die Grenze ist fließend. Der Gesetzgeber ist berechtigt und — wegen des Bestimmtheitsgebots — verpflichtet, die Grenzen zu ziehen. Das ist in § 405 hinreichend geschehen. — Die angedrohte *Geldbuße* ist demgemäß nicht als Strafe, sondern „lediglich als eine nachdrückliche Pflichtenmahnung" anzusehen (BVerfGE 27, 18, 33). Sie wird daher auch nicht im Zentralregister eingetragen, selbst wenn gleichzeitig auf Strafe erkannt worden ist (§ 4 BZRG). Vgl. Kleinknecht, StPO, Anhang A 5, Vorbem. 3 vor § 1 OWig. — Der dogmatische Aufbau der Ordnungswidrigkeiten entspricht dem der Straftaten. Das Dreiteilungsprinzip — *Tatbestand, Rechtswidrigkeit* und *Schuld* — gilt daher auch hier. — Der *Versuch* wird bei keinem der Tatbestände des § 405 geahndet, da dies nach § 13 Abs. II OWiG nur möglich wäre, wenn die Ahndung des Versuchs im Gesetz ausdrücklich angeordnet wäre. Das ist aber nicht der Fall. — Geahndet werden kann als Ordnungswidrigkeit gemäß § 10 OWiG nur *vorsätzliches* Handeln, außer wenn das Gesetz *fahrlässiges* Handeln ausdrücklich mit Geldbuße bedroht. Dieser Grundsatz entspricht ebenfalls der Regelung im Strafrecht. Vgl. § 15 StGB. In § 405 ist ausschließlich im Absatz I in Nr. 4 neben der vorsätzlichen Begehung auch die fahrlässige Begehung, und zwar in der besonderen Fahrlässigkeitsform der Leichtfertigkeit mit Geldbuße bedroht. Im übrigen genügt in allen Fällen des § 405 *bedingter Vorsatz*. — Anders als im Strafrecht wird im Ordnungswidrigkeitsrecht nicht zwischen Tätern und Teilnehmern unterschieden. Der Gesetzgeber hat stattdessen den Begriff des *Einheitstäters* (§ 14 Abs. I Satz 1 OWiG (enbutzt. Anstifter, Mittäter und Gehilfen werden danach unter den Begriffen „Beteiligter" oder „Täter" zusammengefaßt. So ist dann beispielsweise auch der Gehilfe „Täter" im Sinne des Ordnungswidrigkeitsrechts, und zwar selbst dann, „wenn besondere persönliche Eigenschaften, Verhältnisse oder Umstände (besondere persönliche Merkmale), welche die Möglichkeit der Ahndung begründen, nur bei einem Beteiligten vorliegen (§ 14 Abs. I Satz 2 OWiG).

Anm. 2

2. Übernahme von Tatbeständen des bisherigen Aktienstrafrechts

Bis auf den neuen § 405 Abs. III Nr. 4 waren alle jetzt in § 405 als Ordnungswidrigkeiten zusammengefaßten Tatbestände *im bisherigen Aktienrecht Straftaten*, wurden also als kriminelles Unrecht angesehen. Insofern hat der Gesetzgeber entpönalisiert. Damit ist einer allgemeinen Strafrechtsreformforderung entsprochen worden. — Von kleineren Änderungen abgesehen, entsprechen aus dem § 405 die Tatbestände Abs. I Nr. 1—3 dem bisherigen § 296 Abs. I Nr. 3—5, § 405 Abs. I Nr. 4 dem bisherigen § 301, § 405 Abs. II dem bisherigen § 300 Nr. 4, § 405 Abs. III Nr. 1, 2, 3 und 5 dem bisherigen § 300 Nr. 1—3, sowie § 405 Abs. III Nr. 6 und 7 dem bisherigen § 299. Das Schrifttum zum bisherigen Aktienstrafrecht kann somit weitgehend herangezogen werden.

Anm. 3

3. Geschütztes Rechtsgut und Schutzgesetzcharakter i. S. des § 823 Abs. II BGB

Nach dem *geschützten Rechtsgut* kann für § 405 nicht allgemein gefragt werden. Bei den einzelnen Tatbeständen ergeben sich Unterschiede, auf die unten eingegangen wird. Das gleiche gilt auch für die Beantwortung der Frage, inwieweit die verschiedenen Tatbestände als *Schutzgesetze i. S. von § 823 Abs. II BGB* anzusehen sind.

Anm. 4

4. Verjährung

Da alle Tatbestände des § 405 mit einer Geldbuße bis zu fünfzigtausend Deutsche Mark bedroht sind (§ 405 Abs. IV), greift für die *Verfolgungsverjährung* § 31 Abs. II Nr. 1 OWiG ein. Die Verfolgung verjährt danach in drei Jahren. Sie beginnt mit dem Tag, an welchem die Handlung beendet ist. Tritt ein zum Tatbestand gehörender Erfolg erst später ein, so beginnt die Verjährung mit diesem Zeitpunkt (§ 31 Abs. III OWiG). Für weitere Einzelheiten der Verfolgungsverjährung vgl. §§ 31—33 OWiG. — Zur *Vollstreckungsverjährung* vgl. Näheres in § 34 OWiG.

Anm. 5

5. Verfahren

Das *Verfahren* — der Gesetzgeber spricht in Analogie zum „Strafverfahren" hier vom „Bußgeldverfahren" (Überschrift des 2. Teils des OWiG). — regeln die §§ 35—110 OWiG. Soweit das OWiG jedoch nichts anderes bestimmt, gelten auch für das Bußgeldverfahren sinngemäß die Vorschriften der allgemeinen Gesetze über das Strafverfahren, namentlich der StPO, des GVG und des JGG. Vgl. § 46 Abs. I OWiG. Es gilt das *Opportunitätsprinzip* (§ 47 OWiG). — Zuständig für den Erlaß des Bußgeldbescheides (Inhalt: § 66 OWiG) ist grundsätzlich die fachlich zuständige oberste Landesbehörde (§ 36 Abs. I Nr. 2a OWiG). Der Betroffene kann gegen den Bescheid innerhalb einer Woche nach Zustellung bei der erlassenden Behörde Einspruch einlegen (§ 67 OWiG). Es entscheidet dann das Amtsgericht, in dessen Bezirk die Verwaltungsbehörde ihren Sitz hat (§ 68 OWiG). Gegen die Entscheidung des Amtsgerichts ist in der Regel die Rechtsbeschwerde zulässig (§ 79 OWiG). Rechtsbeschwerdegericht ist grundsätzlich gemäß § 79 Abs. III OWiG i. V. m. § 121 Abs. I Nr. 1a GVG das Oberlandesgericht. Die Rechtsbeschwerde muß nach § 341 StPO i. V. m. § 79 Abs. III OWiG bei dem Gericht, dessen Entscheidung angefochten wird, binnen einer Woche nach Verkündung zu Protokoll oder schriftlich eingelegt werden. Hat die Verkündung nicht in Anwesenheit des Betroffenen stattgefunden, so beginnt für diesen die Frist mit der Zustellung.

Anm. 6

6. Täterkreis

Gegen die *Gesellschaft* (AG oder KGaA) als solche kann kein Bußgeldbescheid ergehen. Wie im Strafrecht, so gilt auch hier der Schuldgrundsatz „nulla poena sine culpa", denn in § 1 Abs. I OWiG heißt es ausdrücklich, daß nur eine „vorwerfbare Handlung" eine Ordnungswidrigkeit sein kann. Geahndet werden kann also lediglich das Verhalten *natürlicher Personen.* Bei § 405 Abs. I kommen als *Täter* nur Vorstands- und Aufsichtsratsmitglieder, sowie Abwickler, bei Abs. II nur Aktionäre oder Aktionärsvertreter und bei Abs. III jede natürliche Person in Betracht. Im einzelnen vgl. die Erläuterungen oben zu § 399 in Anm. 5 und 6 (für die *Vorstandsmitglieder*), Anm. 7 (für die *Aufsichtsratsmitglieder*), Anm. 8 und 9 (für die persönlich haftenden Gesellschafter und die Aufsichtsratsmitglieder bei der *KGaA*), sowie für Sonderfragen bei der Täterschaft Anm. 10 und 29. Vgl. ferner für die *Abwickler* Anm. 57—60 zu § 399. Bei der Tatbestandsvariante des Abs. II können nur *Aktionäre* oder *Vertreter eines Aktionärs* Täter sein — sofern sie natürliche Personen sind —, also in der Regel Inhaber des in der Aktie verbrieften Mitgliedschaftsrechts oder solche natürliche Personen, die zur Vertretung der Genannten ermächtigt sind. Maßgebend für die Erlangung der geforderten Rechtsstellung ist beim Aktionär in der Regel der nach den sachenrechtlichen Normen des BGB rechtswirksame Erwerb der Aktie, der sofern es sich nicht um Inhaber-, sondern um Namensaktien handelt, der wertpapierrechtlichen Modifizierung (durch Indossament usw.) bedarf. Zur Rechtsstellung der Aktionäre vgl. Anm. 34ff. zu § 1 und Anm. 3 zu § 118, sowie für Namensaktien Anm. 2ff. zu § 68. — Für die Rechtsstellung des Vertreters vgl. §§ 164ff BGB und für den Sonderfall der Rechtsgemeinschaft an einer Aktie hier oben § 69 mit den Erläuterungen dazu. — Zu beachten ist, daß man Aktionär sein kann, ohne daß Aktien ausgegeben wurden (Anm. 2 zu § 10). — Im übrigen aber ist für die Frage der Täterschaft im Ordnungswidrigkeitsrecht der Begriff des *Einheitstäters* (oben Anm. 1) zu beachten.

Anm. 7

II. Tatbestände

1. Verbotene Aktienausgabe (Abs. I Nr. 1—3)

a) Ausgabe

Bei den drei Tatbestandsformen Nr. 1—3 handelt es sich um Ordnungswidrigkeiten bei Emissionen. Das einheitliche Tatbestandsmerkmal ist die *Ausgabe* von Aktien (Nr. 1—3) oder Zwischenscheinen (Nr. 2 u. 3). Die Tatbestände stimmen mit den Tatbeständen Nr. 3, 4 und 5 des bisherigen § 296 überein. Die Ausgabe einer Aktie oder eines Zwischenscheins liegt vor, wenn die Aktie oder der Zwischenschein in den Rechtsverkehr gebracht wird. Die Versendung an eine Bank oder eine sonstige Stelle „zum Zweck der Ausgabe", „für die Emission" ist noch nicht die Ausgabe selbst, sondern nur Vorbereitungshandlung oder Versuch, wird also noch nicht geahndet (§ 13 OWiG; vgl. hier oben Anm. 1).

Anm. 8

b) Aktien, Zwischenscheine

Bei Abs. I Nr. 1 sind Tatobjekte *Namens-* oder *Inhaberaktien* (vgl. zu beiden die Erläuterungen zu §§ 8—13 u. 24, insbes. §§ 10 u. 24, und zum Aktienbegriff allgemein Anm. 6 zu § 1). — Tatobjekte der Tatbestandsformen Abs. I Nr. 2 und 3 sind *Aktien*

(§§ 8—13 u. 24) oder *Zwischenscheine* (§§ 8, 10). Hier wird die Unterscheidung von Namens- und Inhaberaktien nicht relevant. Zu den Zwischenscheinen vgl. Anm. 17 zu § 8 und 12 zu § 10.

Anm. 9

c) Nichtige Aktien

Wenn es auch im Gesetz bei den drei Tatbestandsvarianten Abs. I Nr. 1—3 jeweils heißt, daß Aktien — Namens- oder Inhaberaktien — oder Zwischenscheine vom Täter ausgegeben sein müssen, so besagt dies doch nicht, daß die Tatbestände jeweils nur dann verwirklicht sind, wenn es sich um rechtlich existente *Aktien* oder *Zwischenscheine* handelt. Das wäre gar nicht möglich, denn z. B. schon § 41 Abs. IV erklärt die im Sinne von § 405 Abs. I Nr. 2 ausgegebenen Aktien oder Zwischenscheine ausdrücklich für nichtig. Die drei Tatbestände setzen also als Merkmal *nur tatsächlich* existente Wertpapiere der in Rede stehenden Art voraus. Demgemäß hatte das RG schon für das alte Aktienrecht in Bezug auf den hier vor allem in Betracht kommenden Fall der Ausgabe von Aktien aus einer Kapitalerhöhung erklärt, daß die Strafbarkeit nicht ausgeschlossen wird, wenn der Hauptversammlungsbeschluß auf Ausgabe von Aktien ungültig war. RGSt 30, 355. Damals ging es noch um Strafbarkeit. Für die Rechtslage bei der entsprechenden Ordnungswidrigkeit gilt naturgemäß das gleiche.

Anm. 10

d) Abs. I Nr. 1

Der Tatbestand *Abs. I Nr. 1* schützt hinsichtlich der Namensaktien § 10 Abs. II Satz 2 und bezüglich der Inhaberaktien § 10 Abs. II Satz 1. — Zum Tatbestandsmerkmal „*geleistet*" vgl. RGSt 53, 153. — Für die *Vollendung* genügt jeweils die Begebung eines einzigen der im Gesetz genannten Wertpapiere. — Hinsichtlich der *Tatbestandsausschließung* der *Rechtswidrigkeit* und der *Schuld* gelten die allgemeinen strafrechtlichen Grundsätze, die auch bei Ordnungswidrigkeiten entsprechende Anwendung finden. Vgl. Anm. 20—29 zu § 399, sowie hier oben Anm. 1 zu § 405. *Bedingter Vorsatz* genügt. — § 10 Abs. II Satz 1 und 2 dient den Interessen der Aktionäre und der Gesellschaft, sowie den Interessen derjenigen Dritten, die Aktien, die verbotswidrig ausgefertigt sind, erworben haben. § 405 Abs. I Nr. 1 ist daher *Schutzgesetz gemäß § 823 Abs. II BGB* zugunsten der Aktionäre und der Gesellschaft. Ebenso Baumbach-Hueck Rn. 5. Die weitergehende Auffassung der Vorauflage zu § 296 AktG a. F. in Anm. 4 wird aufgegeben, allerdings mit der Modifikation, daß die Schutzgesetzwirkung zwar nicht für jeden Dritten, wohl aber für solche eintritt, die Urkunden erworben haben, die in Verletzung der Bestimmungen des § 10 Abs. II als Aktien ausgefertigt wurden, ohne daß es darauf ankommt, ob die Erwerber rechtsgültig Aktionäre geworden sind oder ob das nicht der Fall ist. — Zur *Teilnahme* vgl. Anm. 1.

Anm. 11

e) Abs. I Nr. 2

Abs. I Nr. 2 gibt die Möglichkeit zur Ahndung der Verletzung von § 41 Abs. IV (Verbot der Ausgabe von Aktien oder Zwischenscheinen vor der Eintragung der Gesellschaft), § 191 (Verbot der Ausgabe von Aktien oder Zwischenscheinen aus einer Kapitalerhöhung vor der Eintragung der Durchführung der Erhöhung des Grundkapitals), §§ 203 Abs. I und 197 (Verbot der Ausgabe von Aktien oder Zwischenscheinen aus einer bedingten Kapitalerhöhung vor der Eintragung des Beschlusses über die bedingte Kapitalerhöhung) und § 219 (Verbot der Ausgabe von Aktien oder Zwischenscheinen auf Grund einer Kapitalerhöhung aus Gesellschaftsmitteln vor der Eintragung des Beschlusses über die Erhöhung des Grundkapitals). Auf die Rechtsgültigkeit des Hauptversammlungsbeschlusses über die Kapitalerhöhung kommt es, wie schon oben unter Anm. 9 bemerkt wurde, nicht an. Vgl. für das frühere Recht RGSt. 30, 355. Ebenso für das geltende Recht Baumbach-Hueck Rn. 6. — Die Bedeutung der Eintragung hängt naturgemäß damit zusammen, daß die Aktiengesellschaft als solche vor der Eintragung in das Handelsregister nicht besteht (§ 41 Abs. I). — In § 41 Abs. IV und § 191 ist neben dem Verbot der Ausgabe (neuer) Aktien oder Zwischenscheine außerdem festgesetzt, daß (neue) Anteilsrechte vor der Eintragung der Gesellschaft bzw. der Durchführung der Erhöhung des Grundkapitals nicht übertragen werden können. Hieraus folgt: Werden gleichwohl entsprechende Verträge über die Übertragung von Anteilsrechten abgeschlossen, so sind sie nicht rechtswirksam. Der Abschluß solcher Verträge wird jedoch von § 405 Abs. I Nr. 2 nicht erfaßt, er kann mithin nicht als Ordnungswidrigkeit geahndet werden. Diese unterschiedliche Behandlung von verbotener Aktien- und Zwischenscheinausgabe einerseits und dem Abschluß von rechtsunwirksamen Anteilübertragungsverträgen andererseits gab es schon im bisherigen Aktienrecht, dort allerdings auf die Strafbarkeit, nicht auf die Ordnungswidrigkeit bezogen. — Zur *Tatbestandsausschließung*, *Rechtswidrigkeit* und *Schuld* vgl. die grundsätzlichen Ausführungen Anm. 20—29 zu § 399 und hier oben Anm. 1 zu § 405. *Bedingter Vorsatz* genügt für die Ahndung aus Abs. I Nr. 2. Zur *Teilnahme* vgl. hier oben Anm. 1. — Geschützt werden die Interessen der Erwerber der Aktien. Die Gesellschaft selbst und die übrigen Aktionäre, sowie die Gläubiger der Gesellschaft und sonstige Dritte haben kein unmittelbares Interesse an dem Unterbleiben der verbotenen Aktien- und Zwischenscheinausgabe. § 405 Abs. I Nr. 2 ist daher *Schutzgesetz im Sinne des § 823 Abs. II BGB* nur zugunsten der ersten und weiterer Erwerber der Aktien oder Zwischenscheine. Ebenso Baumbach-Hueck Rn. 6.

Anm. 12

f) Abs. I Nr. 3

Abs. I Nr. 3 bezieht sich auf § 8, in dem Klein-Aktien und Zwischenscheine, deren Nennbetrag geringer ist als fünfzig Deutsche Mark, verboten werden. Für die *Tatbestandsausschließung*, *Rechtswidrigkeit* und *Schuld* vgl. Anm. 20—29 zu § 399 sowie hier oben Anm. 1 zu § 405. Wie bei den übrigen Tatbestandsvarianten des § 405 genügt *bedingter Vorsatz* auch hier zur Ahndung. Zur *Teilnahme* s. hier oben Anm. 1. — Im Hinblick auf die Interessenlage ist Abs. I Nr. 3 *Schutzgesetz im Sinne von § 823 Abs. II BGB* zugunsten der Aktionäre, der Zwischenerwerber und der Gesellschaft, einschließlich derjenigen Dritten, die Urkunden erworben haben, die in Verletzung des § 8 Abs. I Satz 1 oder § 8 Abs. IV ausgefertigt wurden. Ebenso wohl auch Baumbach-Hueck Rn. 7.

Anm. 13

2. Unrichtige Bekanntmachung des Jahresabschlusses und des Geschäftsberichts (Abs. I Nr. 4)

a) Allgemeines, insbesondere Schutzgesetz gemäß § 823 Abs. II BGB

In der Vorauflage war schon bei § 301 AktG a. F. (Anm. 1), dem der § 405 Abs. I Nr. 4 entspricht, ausgeführt worden, daß es sich hier nicht um kriminelles Unrecht, sondern um eine Ordnungswidrigkeit handelt. Dem ist nunmehr der Gesetzgeber gefolgt. — § 405 Abs. I Nr. 4 enthält vier Tatbestände, die einzeln oder in verschiedener Kombination gleichzeitig begangen werden können, ist also ein *kumulatives Mischgesetz*. Jede der vier Begehungsvarianten ist in Bezug auf die jeweils andere Variante eine andere Ordnungswidrigkeit analog der Regelung für Straftatbestände im Sinne des § 265 StPO i. V. m. § 46 OWiG. — Da der Tatbestand sowohl durch Unvollständigkeit als auch durch Unrichtigkeit des Jahresabschlusses (vgl. § 178 Abs. I Nr. 1) oder des Geschäftsberichts (§ 178 Abs. III), also sowohl durch Unterlassung als auch durch positives Tun verwirklicht werden kann, handelt es sich hier um eine *unechte Unterlassungsordnungswidrigkeit*. Vgl. § 13 StGB, der entsprechend anzuwenden ist. Der Sinn des § 405 Abs. I Nr. 4 ist die Gewährleistung der Einhaltung bestimmter Publizitätsvorschriften. *Geschütztes Rechtsgut* ist somit das Vertrauen der am Wirtschaftsleben beteiligten Allgemeinheit in die Erfüllung von Publizitätsverpflichtungen und in die Zuverlässigkeit einiger wichtiger Erklärungen und Angaben, die für die Öffentlichkeit bestimmt sind. Dies gilt naturgemäß erst recht gegenüber Gläubigern und Aktionären der Gesellschaft, denn sie sind hier besonders interessiert. Aus dem Gesagten folgt, daß § 405 Abs. I Nr. 4 ein *Schutzgesetz im Sinne des § 823 Abs. II BGB* ist, und zwar zugunsten der Gesellschaft, der Aktionäre und Dritter, die auf die Richtigkeit und Vollständigkeit der Bekanntmachung vertraut oder sonst ein berechtigtes Interesse an der Richtigkeit und Vollständigkeit haben, insbesondere also zugunsten der Gesellschaftsgläubiger. Ebenso Baumbach-Hueck Rn. 9.

Anm. 14

b) Täter und Tatobjekte

Täter können nur Vorstandsmitglieder, Mitglieder des Aufsichtsrats oder Abwickler sein; Aufsichtsratsmitglieder allerdings nur im Rahmen ihres in Aufsichtsratsbeschlüssen manifestierten Weisungsrechts gegenüber dem Vorstand oder den Abwicklern. Ebenso Baumbach-Hueck Rn. 9 und von Godin-Wilhelmi Anm. 7. Näheres oben Anm. 6. Prokuristen, Bevollmächtigte usw. kommen nur als Tatbeteiligte unter den Voraussetzungen des § 14 OWiG in Betracht. Vgl. oben Anm. 1. — *Tatobjekte* sind die Jahresabschlüsse und Geschäftsberichte i. S. der §§ 148ff., die Konzernabschlüsse und Konzerngeschäftsberichte (§ 329), sowie die Teilkonzernabschlüsse und Teilkonzerngeschäftsberichte (§ 330).

Anm. 15

c) Tatbestandsmerkmale

Das ordnungswidrige *tatbestandsmäßige* Verhalten besteht darin, daß der Täter nicht für die Einhaltung der §§ 178, 330 Abs. I Satz 2 und 338 Abs. IV über Form und Inhalt der Bekanntmachung der genannten Abschlüsse und Berichte sorgt, und zwar der Bekanntmachung, nicht also des Jahresabschlusses und des Geschäftsberichts selbst.

aa) § 178

§ 178 enthält ins einzelne gehende Vorschriften für die Bekanntmachung, die bei allen Veröffentlichungen und Vervielfältigungen des *Abschlusses* (Abs. I und II) und des *Berichts* (Abs. III) eingehalten werden müssen. Die Bestimmung unterscheidet zwischen Veröffentlichungen und Vervielfältigungen, die *durch das Gesetz oder die Satzung vorgeschrieben* sind (Abs. I), einerseits und andererseits solchen, für die das nicht gilt, die also insofern *freiwillig* sind (Abs. II). Für die Zuletztgenannten (z. B. Geschäftsberichte für Werbungszwecke, Börseneinführungsprospekte, Anleiheprospekte usw.) sind in § 178 Erleichterungen vorgesehen, so daß insoweit die Tatbestandsmäßigkeit eingeschränkt, aber nicht aufgehoben ist. Die Einhaltung der Vorschriften für freiwillige Veröffentlichungen oder Vervielfältigungen — z. B. die Vorschrift, daß bei nicht vollständiger Wiedergabe des Jahresabschlusses in der Überschrift auf die Unvollständigkeit ausdrücklich hinzuweisen ist (Abs. II des § 178) — ist naturgemäß ebenfalls für Aktionäre, Gesellschaftsgläubiger usw. wichtig. — Ordnungswidrig ist auch die Einhaltung der in § 178 genannten Formalien, wie beispielsweise die Zeilen-Regelung (§ 178 Abs. I Nr. 2) und die Angabe der Namen der Vorstands-, sowie der Aufsichtsratsmitglieder (§ 178 Abs. I Nr. 4). Insofern gibt es keine „Rangordnung" des Vorgeschriebenen. — *Veröffentlichung* ist die Bekanntgabe an einen mindestens potentiell unbegrenzten Personenkreis. *Vervielfältigung* ist demgegenüber die Verbreitung an bestimmte Personen, wie z. B. Angestellte und Arbeiter des Unternehmens, Aktionäre, Verwaltungsträger, Banken usw. — Eine Tatbestandsverwirklichung im Sinne des § 405 Abs. I Nr. 4 liegt nur dann vor, wenn der Jahresabschluß tatsächlich veröffentlicht oder vervielfältigt wird. — Der zum Tatbestand gehörige Mangel kann sich auf die Unvollständigkeit oder Unrichtigkeit der Wiedergabe des Jahresabschlusses beziehen, er kann aber auch darin bestehen, daß die übrigen Erfordernisse des § 178 nicht erfüllt sind. Eine Ahndung würde also auch dann in Frage kommen, wenn die Wiedergabe des Jahresabschlusses den Vorschriften entspricht, die Namensangaben aber im Sinne des § 178 Abs. I Nr. 4

fehlerhaft sind. — Nach § 178 Abs. III gilt das für die Abschlüsse Gesagte sinngemäß auch für die Veröffentlichungen und Vervielfältigungen des *Geschäftsberichts*, allerdings mit einigen Einschränkungen: Nach Abs. III finden vom Abs. I die Nr. 2, 3 und 4 auf Geschäftsberichte keine Anwendung. Das Gleiche gilt für Satz 4 des Abs. II (Hinweis auf den Bundesanzeiger). Daraus folgt u. a., daß es zu keiner Ahndung als Ordnungswidrigkeit führt, wenn die Namen der Vorstands- und der Aufsichtsratsmitglieder, ebenso wie bei der Nichtnennung dieser Namen auf Geschäftsbriefen (§ 80), im Geschäftsbericht nicht angegeben werden, obwohl § 160 Abs. V, sowie gegebenenfalls der Abwickler, dies vorschreibt. Hier kommt — für Abwickler i. V. m. § 270 Abs. II —nur ein Zwangsgeld nach Maßgabe des § 407 in Betracht. Werden Namen angegeben, jedoch falsche, dann kommt Strafbarkeit nach § 400 Nr. 1 in Frage, sofern die übrigen Voraussetzungen des § 400 Nr. 1 erfüllt sind. Ebenso Baumbach-Hueck Rn. 8.

Anm. 16

bb) §§ 330 Abs. I² und 338 Abs. IV

Für Form und Inhalt der Bekanntmachung des *Konzernabschlusses* und des *Konzerngeschäftsberichts* gelten nach § 338 Abs. IV und für Form und Inhalt der Bekanntmachung von *Teilkonzernabschlüssen* und *Teilkonzerngeschäftsberichten* nach § 330 Abs. I Satz 2 in Verb. mit § 338 Abs. IV die Bestimmungen des § 178 Abs. I Nr. 1 und 2, sowie des Abs. II und III sinngemäß. Das in der vorangehenden Anmerkung über die normalen Abschlüsse und Berichte Ausgeführte findet somit auch auf Konzern- und Teilkonzernabschlüsse und auf Konzern- und Teilkonzerngeschäftsberichte Anwendung.

Anm. 17

cc) Vollendung, Versuch, Tatbestandsausschließung

Vollendet ist der Tatbestand nicht schon mit der Herstellung oder Vervielfältigung des Jahresabschlusses, sondern erst dann, wenn das erste Exemplar der Kenntnisnahme durch eine Person der Öffentlichkeit oder, falls die Vervielfältigung nur für einen begrenzten Kreis gedacht ist, mindestens einer Person aus dem genannten Kreis zugänglich gemacht ist. Nicht erforderlich ist es dagegen, daß jemand Kenntnis genommen hat, und erst recht nicht, daß jemand durch die vorschriftswidrige Wiedergabe des Jahresabschlusses in irgendeiner Weise getäuscht und auf Grund dieser Täuschung zu irgendwelchen Dispositionen veranlaßt wurde. — Für die Einhaltung der in § 178 aufgestellten Erfordernisse ist der Vorstand als ganzer verantwortlich. Dies geht aus § 177 hervor, wo von dem Vorstand und nicht von den einzelnen Vorstandsmitgliedern die Rede ist. Die Bußgelddrohung trifft daher alle Vorstandsmitglieder, wobei sich aus einer etwaigen Geschäftsverteilung unter den Vorstandsmitgliedern und aus sonstigen Gründen Unterschiede hinsichtlich des Vorsatzes oder der Fahrlässigkeit ergeben können. Eine Verantwortung der Aufsichtsratsmitglieder wird sich nur selten ergeben, denn auf die Einhaltung der Vorschriften des § 178 hat der Aufsichtsrat keinen unmittelbaren Einfluß. Immerhin verpflichtet ihn seine Überwachungsaufgabe, wie sie sich aus den §§ 111, 171 u. 90 ergibt, die Wiedergabe des Jahresabschlusses in den Veröffentlichungen und Vervielfältigungen zu kontrollieren und im Rahmen seiner Möglichkeiten auf die Einhaltung der Vorschriften des § 178 hinzuwirken. Eb. Schmidt Anm. 4 der 1. Auflage. — Der *Versuch* ist, da das Gesetz über seine Ahndung nichts ausdrücklich anordnet, nicht mit Bußgeld bedroht. Vgl. § 13 Abs. II OWiG. — Hinsichtlich der *Tatbestandsausschließung* gilt nichts Besonderes. Vgl. die grundsätzlichen Ausführungen in Anm. 20 zu § 399, sowie hier oben Anm. 1 zu § 405 bezüglich der Geltung der allgemeinen Strafrechtsgrundsätze bei Ordnungswidrigkeiten.

Anm. 18

d) Rechtswidrigkeit und Schuld, insbesondere Vorsatz und Leichtfertigkeit

Auch für die *Rechtswidrigkeit* gelten die allgemeinen Grundsätze. Vgl. Anm. 21 zu § 399 und hier oben Anm. 1 zu § 405. Werden im Aktienrecht, wie z. B. bei § 160

Abs. IV Satz 2 und 3, Befreiungen von den Vorschriften über den Inhalt des Geschäftsberichts gewährt, dann wirken diese nicht als Rechtfertigungsgründe und schließen die Rechtswidrigkeit aus, sondern beseitigen bereits die Tatbestandsmäßigkeit des Verhaltens. — Besonderes gilt bei dieser Tatbestandsvariante für die *Schuld*, denn § 405 Abs. I Nr. 4 ist die einzige Ordnungswidrigkeit im Aktiengesetz, bei der nicht nur *direkter* und *bedingter Vorsatz*, sondern auch *Fahrlässigkeit*, allerdings in der qualifizierten Form der *Leichtfertigkeit* für die Ahndung hinreicht. Zur *Schuldfähigkeit*, zum *Vorsatz* und zu den weiteren allgemeinen Schuldproblemen (Irrtum, Unrechtsbewußtsein, Schuldausschließungsgründe) vgl. Anm. 22—29 zu § 399 und hier oben Anm. 1 zu § 405. — Da es sich bei der Schuldform der Leichtfertigkeit um eine besondere Form der Fahrlässigkeit handelt, setzt die Ahndung bei § 405 Abs. I Nr. 4 voraus, daß im konkreten Fall zunächst einmal die allgemeinen Elemente der Fahrlässigkeit gegeben sind. Der Begriff der Fahrlässigkeit wird weder im StGB (vgl. § 15) noch im OWiG (vgl. § 10) definiert. Er ist jedoch seit langem gewohnheitsrechtlich festgelegt. (Begriffsbestimmungen enthalten § 18 Abs. I E 1962 und § 18 AE.) Fahrlässig handelt, wer die Sorgfalt, zu der er nach den Umständen und nach seinen persönlichen Fähigkeiten und Kenntnissen verpflichtet und imstande ist, außer acht läßt und deshalb die Tatbestandsverwirklichung nicht voraussieht (unbewußte Fahrlässigkeit; so schon RGSt. 58, 134; 61, 320; und BGHSt. 10, 369) oder die Tatbestandsverwirklichung zwar als Möglichkeit voraussieht, jedoch pflichtwidrig und vorwerfbar darauf vertraut, daß sie nicht eintreten werde (§ 18 Abs. II E 1962). — *Leichtfertigkeit* ist ein erhöhter Grad von Fahrlässigkeit, der in etwa der groben Fahrlässigkeit des § 277 BGB entspricht, allerdings müssen neben den objektiven auch die subjektiven Umstände berücksichtigt werden (BGHSt. 14, 255). Leichtfertigkeit kann sowohl bei unbewußter, als auch bei bewußter Fahrlässigkeit vorliegen. Ein Fall der ersten Art liegt vor, wenn der Täter wegen „grober Achtlosigkeit" nicht erkennt, daß sein Verhalten einen (hier: ordnungswidrigen) Tatbestand verwirklicht. Und ein Fall der zweiten Art ist gegeben, wenn der Täter sich in „frivoler Rücksichtslosigkeit" über die klar erkannte Möglichkeit der Tatbestandsverwirklichung hinwegsetzt (Dreher Anm. 3 H zu § 15 StGB). Schließlich kommt Leichtfertigkeit auch dann in Betracht, wenn der Täter eine besonders ernst zu nehmende Pflicht verletzt (BGHSt. 20, 323; Dreher a. a. O.). — Zur *Teilnahme* vgl. hier oben Anm. 1.

Anm. 19

3. Unterlassene oder unrichtige Angaben zum Teilnehmerverzeichnis (Abs. II)

a) Allgemeines, insbesondere geschütztes Rechtsgut und Schutzgesetz gem. § 823 Abs. II BGB

Allgemeines: Abs. II enthält einen gegenüber den in Abs. I und II geregelten Tatbeständen eigenen *selbständigen Tatbestand*. Er ist gegenüber jenen ein „anderes Strafrecht" im Sinne des § 265 StPO, der nach § 46 Abs. I OWiG auf Ordnungswidrigkeiten sinngemäß anzuwenden ist. — *Geschütztes Rechtsgut* ist die Echtheit der aktienrechtlichen Meinungsbildung in der Hauptversammlung der Gesellschaft. Ein berechtigtes Interesse hieran haben die Aktionäre und die Gesellschaft als solche. § 405 Abs. II ist daher *Schutzgesetz im Sinne des § 823 Abs. II BGB* zugunsten der Gesellschaft und ihrer Aktionäre. Für die Letztgenannten vgl. die zum alten § 300 ergangene Entscheidung des OLG Kiel HESt. 2, 88 (89).

Anm. 20

b) Täter

Täter dieses Tatbestandes können nur Aktionäre oder Vertreter eines Aktionärs sein, wie das Gesetz nunmehr ausdrücklich bestimmt. Infolgedessen gehört der das Teilnehmerverzeichnis aufstellende Notar nicht zum Täterkreis dieser Ordnungswidrigkeit.

Näheres zum Aktionärs- und zum Aktionärsvertreterbegriff vgl. hier oben Anm. 6. — Ein *Notar* kann sich unter Umständen in diesem Zusammenhang nach § 348 StGB i. V. m. § 11 StGB strafbar machen.

Anm. 21

c) Tatbestandsmerkmale

Grundlegend für die beiden Begehungsformen — „nicht oder nicht richtig" — ist das Merkmal der *nach § 129 in das Teilnehmer-Verzeichnis aufzunehmenden Angaben.* Nach dieser Bestimmung ist das Verzeichnis in der Hauptversammlung aufzustellen. Es soll die erschienenen oder vertretenen Aktionäre und die Vertreter von Aktionären mit Angabe ihres Namens und Wohnorts sowie des Betrags der von jedem vertretenen Aktien unter Angabe ihrer Gattung verzeichnen. Will jemand in eigenem Namen das Stimmrecht für Aktien ausüben, die ihm nicht gehören (Legitimationsübertragung), so hat er den Betrag und die Gattung dieser Aktien zur Aufnahme in das Verzeichnis gesondert anzugeben. Das vom Vorsitzer zu unterzeichnende Verzeichnis ist vor der ersten Abstimmung zur Einsicht auszulegen. Näheres vgl. oben in den Erläuterungen zu § 129. Unbeachtlich ist es für die Ahndung, ob das Verzeichnis den gesetzlichen Anforderungen genügt. Ebenso Baumbach-Hueck Rn. 10. Es muß nur überhaupt ein Teilnehmerverzeichnis vorliegen, in bezug auf welches der Täter Angaben nicht oder nicht richtig macht. Für die Tatbestandsverwirklichung ist es ferner erforderlich, daß der Täter die nach § 129 erforderlichen Angaben *entweder nicht oder nicht richtig macht.* Welche Angaben nicht richtig, d. h. unwahr sind, ergibt § 129. Vgl. OLG Kiel HESt. 2, 88 (90). Bei der Begehungsform durch Unterlassen der Angaben ergibt sich die Rechtspflicht zum Handeln ebenfalls aus den Bestimmungen des § 129. *Vollendet* ist die Ordnungswidrigkeit in dem Augenblick, in dem der Täter gegenüber dem beurkundenden Notar die erste falsche Angabe macht. Bei der Tatbestandsverwirklichung durch Unterlassen ist das Delikt in dem Augenblick vollendet, in dem die erste Angabe spätestens hätte erfolgen müssen. Hinsichtlich einer etwaigen *Tatbestandsausschließung*, die praktisch wohl kaum jemals in Betracht kommen wird, gelten keine Besonderheiten. Vgl. hierzu die grundsätzlichen Ausführungen in Anm. 20 zu § 399 in Verbindung mit Anm. 1 zu § 405 hier oben.

Anm. 22

d) Rechtswidrigkeit und Schuld

Die Rechtfertigungsgründe des allgemeinen Strafrechts und die sonstigen allgemeinen Grundsätze für die *Rechtswidrigkeit* gelten auch hier beim Ordnungswidrigkeitstatbestand des Abs. II. Vgl. Anm. 21 zu § 399 und hier oben Anm. 1 zu § 405. — Zur *Schuld* ist darauf hinzuweisen, daß bei dieser Tatbestandsvariante nur *vorsätzliches* Tun oder Unterlassen geahndet wird. Allerdings genügt *bedingter Vorsatz.* Vorsätzlich handelt der Täter, wenn er weiß, daß seine Angaben unrichtig und für das Teilnehmerverzeichnis bestimmt sind, oder — beim bedingten Vorsatz — wenn er zumindest die Unrichtigkeit seiner für das Teilnehmerverzeichnis bestimmten Angaben für möglich hält und die Unrichtigkeit gleichwohl billigend in Kauf nimmt. Beim Unterlassen der Angaben, zu denen der Täter nach § 129 verpflichtet ist, braucht sich der Vorsatz nicht auf die Verpflichtung aus § 129 zu erstrecken. Weiß der Täter nicht, daß er etwas Unerlaubtes tut, namentlich weil er das Bestehen oder die Anwendbarkeit einer Rechtsvorschrift, insbesondere des § 129, nicht kennt, und ist ihm dies nicht vorzuwerfen, so handelt er nicht ordnungswidrig (§ 11 Abs. III OWiG). Es liegt ein Verbots- bzw. Gebotsirrtum vor. Ebenso Baumbach-Hueck Rn. 10; a. M. noch Klug, Anm. 26 zu § 300 in der Vorauflage. Nicht vorwerfbar ist dieser Irrtum, wenn er unvermeidbar war (entsprech. Anwendung des § 17 Satz 1 StGB). War er vermeidbar, so kann die Geldbuße gemildert werden. Der Rechtsgedanke des § 17 Satz 2 StGB gilt entsprechend auch im Ordnungswidrigkeitsrecht. — Zu den sonstigen Schuldproblemen vgl. Anm. 22—29 zu § 399, in Verb. mit dem hier oben Anm. 1 zu § 405 Gesagten. — Zur *Teilnahme* vgl. ebenfalls Anm. 1.

Anm. 23

4. Aktienmißbrauch (Abs. III Nr. 1—3)

a) Allgemeines, insbesondere geschütztes Rechtsgut, Schutzgesetz gemäß § 823 Abs. II BGB und Tatobjekte (Aktien usw.)

Geschütztes Rechtsgut ist hier ebenfalls die Echtheit der aktienrechtlichen Meinungsbildung in der Gesellschaft. Demgemäß sind die Tatbestände des Abs. III Nr. 1—3 *Schutzgesetze i. S. des § 823 Abs. II BGB* zugunsten der Gesellschaft als solcher und ihrer Aktionäre. Für die Letztgenannten vgl. OLG Kiel HESt. 2, 88 (89). Ebenso Baumbach-Hueck Rn. 11. — Die einzelnen Tatbestände des Abs. III Nr. 1—3 sprechen jeweils nur von *Aktien*. Weil aber diese Bestimmungen die Echtheit der aktienrechtlichen Meinungsbildung schützen sollen, sind den Aktien die *Zwischenscheine* gleichzustellen. Brodmann Anm. 1 zu § 318 HGB; Stenglein Anm. 2 zu § 318; Schlegelberger-Quassowski Anm. 2; Baumbach-Hueck Rn. 11; Erbs in Kohlhaas Anm. 1. Da jedoch kein öffentlicher Zwang zur Ausgabe von Aktienurkunden besteht (RGSt. 8, 34) und sowohl der Bestand der Aktiengesellschaft (RGSt. 31, 403) als auch der Bestand des Anteilsrechts selbst nicht von der Ausgabe einer Aktienurkunde abhängig ist (RGZ 31, 22; 34, 115; 41, 13; 49, 25; 52, 423), müssen die Tatbestände des Abs. III Nr. 1—3 auch dann Anwendung finden, wenn weder Aktienurkunden noch Zwischenscheine existieren. In diesem Falle treten an die Stelle der in Abs. III Nr. 1—3 genannten Aktien die *Stimmrechte* als solche. Zu den Einzelheiten vgl. oben Anm. 17 zu § 8 und Anm. 2 zu § 10. — Das Gesetz verlangt in Nr. 1, daß der Täter *Aktien eines anderen benutzt*. Für die Beantwortung der Frage, wann jemand die Aktien eines anderen benutzt, ist die Rechtslage nach dem bürgerlichen Recht maßgebend. Auf die Eintragung in ein Aktienbuch (§ 67), sofern ein solches existiert, kommt es nicht an. Die bei den Börsen-Prolongationsverträgen im Rahmen eines Report- oder Deportgeschäftes erworbenen Aktien sind eigene Aktien des Erwerbers.

Anm. 24

b) Täter

Täter der Tatbestandsformen des Abs. III Nr. 1—3 kann jede schuldfähige Person sein. Keine der genannten Tatbestandsvarianten ist ein Sonderdelikt. Zum Begriff des sog. Einheitstäters im Ordnungswidrigkeitsrecht (§ 14 OWiG) vgl. hier oben Anm. 1 zu § 405.

Anm. 25

c) Tatbestandsmerkmale

aa) Abs. III Nr. 1

Zum Merkmal der *Benutzung der Aktien eines anderen* vgl. hier Anm. 23. Das bloße Hinterlegen von Aktien (§§ 123 Abs. II u. III) und das Anmelden nach § 123 Abs. IV stellen noch kein tatbestandsmäßiges Benutzen der Aktien dar. Ebenso Baumbach-Hueck Rn. 12. — Tatbestandsmerkmal ist ferner die *fehlende Vertretungsbefugnis*. Die Vertretungsbefugnis kann auf allgemeiner Vollmacht, Sondervollmacht, Prokura, Handlungsvollmacht oder auf einem gesetzlichen Vertreterverhältnis, z. B. als Vormund, Konkursverwalter, Testamentsvollstrecker usw., beruhen. Dagegen gewähren Verwahrung, Pfandrecht und Pfändungsrecht an sich kein solches Vertretungsrecht, die Hinterlegung und das Pfandrecht jedoch dann, wenn der Verwahrer oder Pfandnehmer das Recht hat, andere Stücke statt der hinterlegten oder verpfändeten wiederzugeben, und die Aktien bereits in das Eigentum des Verwahrers oder Gläubigers übergegangen sind. Eb. Schmidt Anm. 5 der 1. Auflage. Vgl. § 700 Abs. II BGB und §§ 13 und 15 DepGes. vom 4. 2. 37. Banken müssen sich nach § 135 Abs. I zur Wahrnehmung der Stimmrechte ihrer Kunden eine schriftliche ausdrückliche Ermächtigung erteilen lassen. Da diese Ermächtigung nach § 135 Abs. II einer *bestimmten* Bank erteilt sein muß, ergeben sich bei einer Weiterübertragung der auf der Ermächtigung beruhenden Rechte Zweifelsfragen. Zur Unterermächtigung ist die Bank nur berechtigt, wenn sie sich diese Befugnis zur Erteilung der Ermächtigung ausdrücklich von ihrem Kunden einräumen ließ. Vgl. § 135 Abs. III. Ist jedoch der von der Bank Unterermächtigte wiederum eine Bank, so muß auch diese in der von dem Aktionär erteilten Ermächtigungsurkunde bestimmt bezeichnet werden. — Weiteres Tatbestandsmerkmal ist die *fehlende Einwilligung*. Wenn nach Abs. III Nr. 1 die Benutzung der Aktien, Zwischenscheine oder Stimmrechte eines anderen nur dann geahndet wird, falls dies ohne dessen Einwilligung geschieht, so folgt daraus, daß sich der Benutzer die *vorherige* Zustimmung des anderen verschaffen muß, um nicht ordnungswidrig zu handeln. Rechtlich wirksam ist diese nicht nur dann, wenn sie schriftlich oder mündlich ausdrücklich erklärt wird, sondern auch dann, wenn es sich um eine *stillschweigende* vorherige Zustimmung handelt. Unter Umständen kommt bei interessewahrendem Verhalten sogar eine *mutmaßliche* Einwilligung in Frage. Vgl. hierzu Welzel § 14 V. In der Regel kommt bei derartigen Fällen in erster Linie die Rechtsfigur der Geschäftsführung ohne Auftrag als Rechtsgrundlage in Betracht. Durch einen unentgeltlichen Aktien-Leihvertrag kann die Einwilligung ebenfalls erteilt werden. Schlegelberger-Quassowski Anm. 4; Eb. Schmidt Anm. 6 der 1. Auflage; Stenglein Anm. 4 zu § 318. Darf der Einwilligende selbst das Stimmrecht nicht ausüben, dann hat er sich bei der Übertragung unter Umständen nach Abs. III Nr. 4 ordnungswidrig verhalten. Eine die Ordnungswidrigkeit aus Abs. III Nr. 1 beseitigende Einwilligung kann unter Umständen auch in einer Verpfändung von Aktien gesehen werden. Hier wird man davon ausgehen können, daß dem Gläubiger und Pfandnehmer das Stimmrecht eingeräumt ist, sofern sich aus den besonderen Umständen nichts Gegenteiliges ergibt. Andererseits darf es sich dabei nicht um einen Versuch zur Umgehung der gesetzlichen Bestimmungen über das Stimmrecht handeln. Vgl. Hachenburg in BankArch. 2, 135. Ein solches Verhalten wäre unter Umständen als Verstoß gegen Abs. III Nr. 2 ordnungswidrig. RGSt. 38, 259. Fehlt die vorherige Zustimmung, genehmigt der Berechtigte aber nachträglich, so ist dies für die Ordnungswidrigkeit als solche unbeachtlich. Ebenso Baumbach-Hueck Rn. 12. Allenfalls bei der Bemessung der Geldbuße mag sich eine solche nachträgliche Genehmigung auswirken.

Abgesehen von den Fällen des § 135 Abs. VII kann die Ermächtigung zum Handeln im eigenen Namen formlos erteilt werden. Vgl. für das AktG a. F. RG 118, 333.

Anm. 26

bb) Abs. III Nr. 1 (Forts.)

Tatbestandsmäßig ist die Benutzung der Aktien eines anderen, zu dessen Vertretung der Täter nicht befugt ist, ohne dessen Einwilligung ferner nur dann, wenn sie *zur Ausübung von Rechten in der Hauptversammlung oder in einer gesonderten Versammlung* erfolgt. Rechte der hier gemeinten Art sind vor allem: das Stimmrecht (§§ 135ff.), das Auskunftsrecht (§ 131), sowie die in der Hauptversammlung (§§ 118ff.) oder in einer gesonderten Versammlung (§ 138) geltend zu machenden Minderheitenrechte (§§ 50, 93 Abs. IV, 116, 117 Abs. IV, 302 Abs. III und 309 Abs. III). Unter Abs. III Nr. 1 soll dagegen die Ausübung des Teilnahmerechts und des Rederechts nicht fallen, obwohl das Gesetz nur ganz allgemein von „Rechten in der Hauptversammlung oder in einer gesonderten Versammlung" spricht. Zur Begründung dieser Meinung wird darauf hingewiesen, daß eine solche Ausdehnung gegenüber dem alten § 300 Nr. 1 nicht beabsichtigt gewesen sei, und dies auch dem Sinn des Gesetzes widerspräche. Vgl. Begr. zu § 390 RegEntw. und Baumbach-Hueck Rn. 12. Zwingend ist diese Auslegung jedoch nicht. Insbesondere beim Rederecht wird man zweifeln können, wenn man seine Bedeutung vor wichtigen Abstimmungen bedenkt. — *Vollendet* ist die Ordnungswidrigkeit erst dann, wenn die Benutzung der Aktien erfolgt ist. Alles, was vor diesem Zeitpunkt liegt, wie z. B. die Hinterlegung der Anmeldung der Aktien (oben Anm. 25), ist lediglich *Versuch*, der nicht geahndet wird (§ 13 OWiG). — Zum *Tatbestandsausschluß*, zur *Rechtswidrigkeit* und zur *Schuld* vgl. in Verbindung mit Anm. 1 hier oben zu § 405 die grundsätzlichen Ausführungen in Anm. 20—29 zu § 399. — Die Tat muß *vorsätzlich* begangen werden, wobei *bedingter Vorsatz* ausreicht. — Zur *Teilnahme* vgl. hier oben Anm. 1.

Anm. 27

cc) Abs. III Nr. 2

Hier handelt es sich um Aktienmißbrauch durch sog. *entgeltliches (Aus)leihen* zum Zwecke der Ausübung von Rechten in der Hauptversammlung oder in einer gesonderten Versammlung (oben Anm. 26). Der sog. Verleiher der Aktien braucht nicht der Aktionär zu sein. Der Täter kann sich die Aktien von einem Dritten — etwa einem Verwahrer — beschafft haben. — Unentgeltliches Entleihen ist nicht tatbestandsmäßig. Der Täter muß sich die Aktien durch Gewähren oder Versprechen von *besonderen Vorteilen* verschafft haben. Der entscheidende die Ordnungswidrigkeit konstituierende Gesichtspunkt ist bei diesem Tatbestand die Entgeltlichkeit der Aktienleihe. Bei Unentgeltlichkeit der Entleihung der Aktien handelt der Täter nicht ordnungswidrig, sofern nicht eine andere Bestimmung eingreift. Das unentgeltliche Ausleihen von Aktien zum Zweck der Stimmrechtsausübung spielt in der Wirtschaftspraxis eine erhebliche Rolle. Vor allem die Banken bemühen sich auf diese Art und Weise um eine Steigerung ihres Stimmrechtseinflusses in der Hauptversammlung. Die Unentgeltlichkeit ist ihnen dabei eine Selbstverständlichkeit, die im Interesse ihres Einflusses bei der betreffenden Aktiengesellschaft gern in Kauf genommen wird. Das wird oft kritisiert. Man sollte indessen bedenken, daß die Banken ihren Einfluß schon im eigenen, erst recht aber im Interesse ihrer Kunden nur für volkswirtschaftlich vernünftige Ziele einzusetzen pflegen. Mindestens aber scheint es sinnvoller zu sein, den Banken, die über große wirtschaftliche Erfahrung verfügen, diese Möglichkeiten zu lassen, als sie anderen undurchsichtigen und schwer kontrollierbaren Gruppen und Interessenten zuzuspielen. — Als besondere Vorteile kommen nur diejenigen Vorteile in Frage, die sich nicht aus der betreffenden Rechtsausübung, insbesondere etwa der Stimmrechtsausübung in der Abstimmung während der Hauptversammlung, selbst ergeben. Sie müssen vielmehr außerhalb liegen. Vgl. Eb. Schmidt Anm. 14 der 1. Auflage; Schlegelberger-Quassowski Anm. 2 zu § 299 AktG 1937. Kommt der gleiche Vorteil allen Aktionären zugute, so ist er kein besonderer Vorteil. Ebenso Baumbach-Hueck Rn. 13. RG 132, 33; 133, 94; 137, 37. Eine allen Aktionären gegebene Dividendengarantie ist demnach kein besonderer Vorteil. RG JW 1929, 642. Anders ist es, wenn der Entleiher als einziger Aktionär für das Zur-Verfügung-Stellen seiner Aktien eine Dividendengarantie erhält. OLG Stuttgart HRR 1931 Nr. 526. Ebenso ist es ein besonderer Vorteil, wenn als Gegenleistung ein gut dotiertes Aufsichtsratsmandat zugespielt wird. A. M. jedoch Baumbach-Hueck Rn. 13. Stets ist die Charakterisierung der in Betracht kommenden Vorteile als besondere in *qualitativem* Sinne und nicht in quantitativer Bedeutung auszulegen. Es kommt also nicht etwa darauf an, ob die betreffenden Vorteile mehr oder weniger geringfügig sind, ob es sich um hohe oder niedrige Geldbeträge usw. handelt. Entscheidend ist vielmehr die Andersartigkeit der Vorteile in dem geschilderten Sinne. Es kann also sein, daß besondere Vorteile nach Maßgabe des Abs. III Nr. 2 vorliegen, obwohl sie quantitativ geringfügig sind. Daß der Entleiher „billig eingekauft" hat, schließt also die Ordnungswidrigkeit nicht aus. Andererseits sind besondere Vorteile i. S. des Abs. III Nr. 2 nicht nur *materielle*, sondern auch *ideelle* Besserstellungen. Vgl. Schönke-Schröder zu § 243 KO Anm. III 1; Böhle-Stamschräder, Konkursordnung, 9. Aufl. 1969, Anm. 2 zu § 243. Bei der zuletzt genannten Art von besonderen Vorteilen ist etwa an zugesagte Protektion, Herstellung von gesellschaftlichen, wirtschaftlichen oder politischen Kontakten usw. zu denken. Vgl. RGSt. 4, 48 und 9, 166; Jordan S. 50; Stenglein Anm. 4 zu § 243 KO; Schlegelberger-Quassowski Anm. 2; Eb. Schmidt Anm. 14 der 1. Auflage; a. M. Olshausen, Kommentar zum Strafgesetzbuch für das Deutsche Reich, 11. Aufl., Berlin 1927, Anm. 6 zu § 243 KO (nur materielle Vorteile); Frank, Strafgesetzbuch für das Deutsche Reich, 18. Aufl., Tübingen 1931, Anm. II zu § 243 KO (nur vermögensrechtliche Vorteile). Als Beispiele für *materielle* besondere Vorteile kommen neben Geldzahlungen u. a. in Betracht: Verkauf von Aktien zu einem überhöhten Kurs (KG OLGR 24, 142), Vereinbarung, gekaufte Aktien unter allen Umständen zum Einkaufspreise abzunehmen (OLG Bamberg LZ 1919, 611[8]). Auch die zugesagte Bewirtung dürfte ein vorwiegend materieller Vorteil sein. Im übrigen kommen als besondere Vorteile i. S. des § 299 nicht nur *unmittelbare*, sondern auch *mittelbare* Besserstellungen in Betracht. So können etwa die

Einräumung von *Chancen, Anwartschaften* usw. besondere Vorteile i. S. dieses Tatbestands sein. *Keinen besonderen Vorteil* hat die Rechtsprechung mit Recht *in der bloßen Überlassung der Aktien,* deren Stimmrecht in bestimmter Weise auszuüben, gesehen. RG 119, 67. — In U. Klug, Konkurs-Strafrecht, Berlin, New York 1973, wird in Rn. 3 zu § 243 KO die Auffassung vertreten, unter das dort erläuterte Tatbestandsmerkmal der besonderen Vorteile fielen diejenigen Vorteile nicht, die lediglich immaterielle seien. Der Unterschied zu der hier oben in Bezug auf § 405 Abs. III Nr. 2 vertretenen Interpretation des Begriffs der besonderen Vorteile hängt mit der besonderen Situation im Konkurs zusammen, die durch die härtere Interessenkonfrontation beim Vermögensverfall charakterisiert ist. Hinzu kommt, daß § 243 KO eine Strafrechtsnorm und § 405 AktG nur eine Ordnungswidrigkeitsbestimmung ist. Strafrechtsnormen sind restriktiv auszulegen, weil sie nur das sog. „ethische Minimum" mit Sanktionen belegen. Im Konkurs braucht man nicht so „sensibel" zu sein, schon Vorteile, die nur immaterielle sind, als tatbestandsmäßig anzusehen.

Gewähren der Vorteile ist die Hingabe oder das sonstige unmittelbare Zur-Verfügung-Stellen der Vorteile. Ein *Versprechen* von Vorteilen liegt vor, wenn die Vorteilsgewährung für die Zukunft in Aussicht gestellt wird. In beiden Fällen braucht das ordnungswidrige Geschäft des Gewährens oder Versprechens besonderer Vorteile nicht ausdrücklich auf das Verschaffen der Aktien bezogen zu sein. Es genügt die Existenz dieser Beziehung. Ebenso Baumbach-Hueck Rn. 13. Hinzu kommen muß ein finales Element. Der Täter muß sich die Aktien *zum Zweck der Ausübung von Rechten* in der Hauptversammlung oder in einer gesonderten Versammlung verschafft haben. Die bloße Beschaffung der Aktien mit Hilfe des Gewährens oder Versprechens von Vorteilen genügt nicht. *Vollendet* ist die Ordnungswidrigkeit nach dem Wortlaut des Abs. III Nr. 2 erst mit dem Beginn der Benutzung, d. h. mit der erstmaligen Ausübung der Rechte in der Hauptversammlung oder in der gesonderten Versammlung. Der Versuch wird nicht geahndet. — Für die *Tatbestandsausschließung, Rechtswidrigkeit* und *Schuld* vgl. in Verbindung mit Anm. 1 hier oben zu § 405 die grundsätzlichen Ausführungen in Anm. 20—29 zu § 399. Wie bei den übrigen Tatbestandsformen des § 405, so genügt für die erforderliche Vorsätzlichkeit, daß der Täter mit *bedingtem Vorsatz* handelte. — Zur *Teilnahme* vgl. hier oben Anm. 1.

Anm. 28

dd) Abs. III Nr. 3

Ordnungswidrig handelt nicht nur derjenige, der sich i. S. des Abs. III Nr. 2 Aktien verschafft, sondern auch sein Partner, d. h. derjenige, der die Aktien zu den oben genannten Zwecken *überläßt.* Dieser Tatbestand korrespondiert mit demjenigen in Abs. III Nr. 2. Es decken sich also die Tatbestandsmerkmale sämtlich, bis auf das Merkmal des Überlassens und bis auf die Richtung des Gewährens oder Versprechens von besonderen Vorteilen. Hier läßt sich der Täter gewähren oder versprechen und gibt als Gegenleistung die Aktien hin. Vgl. daher hier oben Anm. 27. Das Überlassen der Aktien ist — ebenso wie bei Abs. III Nr. 2 das Verschaffen — nicht als sachenrechtlicher Begriff zu verstehen, sondern bedeutet der Herbeiführung einer tatsächlichen Verfügungsgewalt. — Ein wesentlicher Unterschied besteht aber insofern, als die Ordnungswidrigkeit im Gegensatz zu Nr. 2 hier bei Nr. 3 bereits mit der Überlassung der Aktien *vollendet* ist. Die Benutzung der Aktien durch den sog. Entleiher zur Ausübung von Rechten in der Hauptversammlung (§§ 118ff.) oder in einer gesonderten Versammlung (§ 138) braucht nicht hinzu zu kommen. Ebenso Baumbach-Hueck Rn. 14; v. Godin-Wilhelmi Anm. 12. Der *Versuch* wird nicht geahndet (§ 13 OWiG). — Zum *Tatbestandsausschluß,* zur *Rechtswidrigkeit* und zur *Schuld* vgl. den Hinweis in der vorigen Anmerkung am Ende. — Die Ordnungswidrigkeit muß *vorsätzlich* begangen sein; *bedingter Vorsatz* reicht aus. — Zur *Teilnahme* vgl. hier oben Anm. 1.

Anm. 29

5. Stimmrechtserschleichung (Abs. III Nr. 4 und 5)

a) Allgemeines (insbesondere § 823 II BGB)

Im alten Aktienrecht fehlte eine der Nr. 4 entsprechende Bestimmung, und in Nr. 5 ist die frühere Regelung des § 300 Nr. 3 erweitert. Die Tatbestandsform der Nr. 4 soll die ordnungswidrige Verletzung der in § 135 geregelten besonderen Vorschriften für die Ausübung des Stimmrechts durch *Kreditinstitute* und *geschäftsmäßig Handelnde* (z. B. geschäftsmäßige Vertreter von Kleinaktionären, Aktionären in Opposition u. ä. vgl. § 135 Abs. IX) ahnden. Gesichert werden sollen hierdurch die Interessen der Gesellschaft und der Aktionäre. *Geschütztes Rechtsgut* ist wiederum die Echtheit der aktienrechtlichen Meinungsbildung. Das gleiche gilt für Abs. III Nr. 5. Beide Varianten, Nr. 4 und Nr. 5, sind daher *Schutzgesetze i. S. des § 823 Abs. II BGB* zugunsten der Gesellschaft und der Aktionäre. Ebenso Baumbach-Hueck Rn. 15 u. 16. Schutzgesetzcharakter auch zugunsten der Gläubiger nimmt dagegen Dirk Schmidt in ZfdgesK 66, 1047 an.

Anm. 30

b) Täter (Abs. III Nr. 4 u. 5)

Wer als *Täter* für *Abs. III Nr. 4* in Frage kommt, ergibt sich aus § 135. Soweit § 135 von Kreditinstituten spricht, kommen diese selbst nicht, sondern nur die für sie handelnden natürlichen Personen in Betracht (Schuldprinzip!). Jedoch braucht der für eine Bank, Sparkasse usw. Handelnde im Institut keine leitenden Funktionen auszuüben. Es ist also nicht erforderlich, daß er Vorstandsmitglied oder Geschäftsführer ist. Täter kann auch ein Prokurist, ein Handlungsbevollmächtigter, sonstiger Angestellter jeden Ranges, oder auch ein ad hoc bestellter Vertreter, z. B. ein Rechtsanwalt, kurz: jedermann sein. Voraussetzung ist nur, daß er für das Kreditinstitut handelt. — Eine weitere Tätergruppe ergibt sich aus § 135 Abs. IX. Danach können Täter auch solche natürliche Personen sein, die Vereinigungen von Aktionären vertreten, ferner Geschäftsleiter und Angestellte eines Kreditinstituts, wenn die ihnen nicht gehörenden Aktien dem Kreditinstitut zur Verwahrung anvertraut sind, und schließlich Personen, die sich geschäftsmäßig gegenüber Aktionären zur Ausübung des Stimmrechts in der Hauptversammlung oder in einer gesonderten Versammlung (§ 138 Satz 2) erbieten. — *In Abs. III Nr. 5* ist der Täterkreis weiter. Jede natürliche Person kann Täter sein. Beschränkungen ergeben sich nur aus den Tatbestandsmerkmalen, insofern sie die in Abs. III Nr. 5 genannten Funktionsmöglichkeiten voraussetzen.

Anm. 31

c) Tatbestandsmerkmale

aa) Abs. III Nr. 4

Stets muß es sich bei den benutzten Aktien um *Aktien eines anderen* handeln. Diese müssen — im Widerspruch zu § 135 — *zur Ausübung des Stimmrechts benutzt* sein. Das oben zu Abs. III Nr. 1—3 in Anm. 23 und 25 Gesagte gilt hier entsprechend. Im Gegensatz zu der in Abs. III Nr. 1 geregelten Ordnungswidrigkeit, wo der Täter ohne Vertretungsbefugnis Rechte in der Hauptversammlung wahrgenommen hat, geht hier das Gesetz davon aus, daß der Täter an sich bevollmächtigt ist, aber von seinen Rechten gemäß § 135 keinen Gebrauch machen darf. Zu den Einzelheiten vgl. oben die Erläuterungen zu § 135. Zu beachten ist, daß als Ordnungswidrigkeit hier nur die Benutzung zur Ausübung des Stimmrechts geahndet wird, dagegen nicht die Benutzung zur Ausübung anderer Rechte, wie z. B. des Auskunftsrechts, des Teilnahmerechts usw. *Vollendet* ist die Tat mit der ersten Stimmabgabe. Alles, was davor liegt, ist *strafloser Versuch* (§ 13 Abs. II OWiG) oder bloße Vorbereitungshandlung. — Zum *Tatbestandsausschluß*, zur *Rechtswidrigkeit* und zur *Schuld* vgl. den Hinweis hier oben Anm. 27 am Ende. — Die Tat muß *vorsätzlich* begangen sein. *Bedingter Vorsatz* genügt. — Zur *Teilnahme* vgl. hier oben Anm. 1.

Anm. 32

bb) Abs. III Nr. 5

Nach *Abs. III Nr. 5* wird die Umgehung von Stimmrechtsverboten geahndet. Im einzelnen handelt es sich hier um folgende Verbote:

§ 20 Abs. VII: Sobald einem Unternehmen mehr als der vierte Teil der Aktien einer Gesellschaft mit Inlandssitz gehört, hat das betreffende Unternehmen dies der Gesellschaft unverzüglich schriftlich mitzuteilen (§ 20 Abs. I). Das gleiche gilt, wenn dem Unternehmen eine Mehrheitsbeteiligung (§ 16 Abs. I) gehört. Auch in diesem Falle entsteht eine Mitteilungspflicht. Rechte aus Aktien, die einem Unternehmen gehören, das eine der beiden Mitteilungspflichten nicht erfüllt hat, dürfen für die Zeit für die das Unternehmen die Mitteilung nicht gemacht hat, nicht ausgeübt werden.

§ 21 Abs. IV: Sobald einer Gesellschaft mehr als der vierte Teil der Anteile einer anderen Kapitalgesellschaft oder bergrechtlichen Gewerkschaft mit Sitz im Inland gehört, hat sie dies dem Unternehmen, an dem die Beteiligung besteht, unverzüglich schriftlich mitzuteilen (§ 21 Abs. I). Sobald der Gesellschaft eine Mehrheitsbeteiligung gemäß § 16 Abs. I an einem anderen Unternehmen gehört, hat sie dies dem Unternehmen ebenfalls unverzüglich schriftlich mitzuteilen (§ 21 Abs. II). Rechte aus Anteilen, die einer nach § 21 Abs. I oder II mitteilungspflichtigen Gesellschaft gehören, können für die Zeit, für die sie die Mitteilung nicht gemacht hat, nicht ausgeübt werden.

§ 134 Abs. I: Für den Fall, daß einem Aktionär mehrere Aktien (sc. derselben Gesellschaft) gehören, kann die Satzung dieser Gesellschaft das Stimmrecht durch Festsetzung eines Höchstbetrags oder von Abstufungen beschränken. Das Stimmrecht der über den Höchstbetrag oder die bei der Abstufung festgelegten Grenzen (Beispiele vgl. Anm. 14 zu § 135) hinausgehenden Aktien darf nicht ausgeübt werden.

§ 135: Diese Bestimmung schränkt die Ausübung des Stimmrechts aus fremden Aktien ein. Danach dürfen Kreditinstitute, Vereinigungen von Aktionären, Geschäftsleiter und Angestellte eines Kreditinstituts, wenn die ihnen nicht gehörenden Aktien dem Kreditinstitut zur Verwahrung anvertraut sind, und Personen, die sich geschäftsmäßig gegenüber Aktionären zur Ausübung des Stimmrechts in der Hauptversammlung erbieten, das Stimmrecht nur ausüben oder ausüben lassen, wenn die in § 135 genannten Voraussetzungen (schriftliche Vollmacht, ausdrückliche Weisung zu den einzelnen Gegenständen der Tagesordnung, Vollmachterteilung nur für längstens fünfzehn Monate usw.) erfüllt sind.

§ 136: Diese Bestimmung enthält das Verbot, daß niemand für sich oder für einen anderen das Stimmrecht ausüben darf, wenn darüber Beschluß gefaßt wird, ob er zu entlasten oder von einer Verbindlichkeit zu befreien ist, oder ob die Gesellschaft gegen ihn einen Anspruch geltend machen soll. Für Aktien, aus denen der Aktionär in diesen Fällen das Stimmrecht nicht ausüben kann, kann das Stimmrecht auch nicht durch einen anderen ausgeübt werden (Abs. I). Ferner kann nach dieser Bestimmung das Stimmrecht nicht ausgeübt werden für Aktien, die der Gesellschaft oder einem abhängigen Unternehmen (§ 17) oder einem anderen für Rechnung der Gesellschaft oder eines abhängigen Unternehmens gehören (Abs. II).

§ 142 Abs. I Satz 2: Hier verbietet das Gesetz den Vorstands- oder Aufsichtsratsmitgliedern, weder für sich noch für einen anderen mitzustimmen bei der Beschlußfassung der Hauptversammlung über die Bestellung von Sonderprüfern, wenn sich die Prüfung auf Vorgänge erstrecken soll, die mit der Entlastung eines Mitglieds des Vorstandes oder des Aufsichtsrats oder mit der Einleitung eines Rechtsstreits zwischen der Gesellschaft und einem Mitglied des Vorstands oder des Aufsichtsrats zusammenhängen.

§ 285 Abs. I: Die persönlich haftenden Gesellschafter einer Kommanditgesellschaft auf Aktien (§§ 278ff.) haben in der Hauptversammlung nur ein Stimmrecht für ihre Aktien, also beispielsweise nicht für ihre Beteiligung mit Einlagen, die nicht auf das Grundkapital gemacht sind (§ 281 Abs. II). Vgl. Anm. 4 zu § 285. Daraus folgt jedoch nicht, daß sie nicht als gesetzliche oder erwählte Vertreter (Bevollmächtigte) anderer Kommanditaktionäre das Stimmrecht in der Hauptversammlung ausüben dürfen,

soweit sie nicht nach § 285 Abs. I Satz 2 von der Abstimmung ausgeschlossen sind. Vgl. Anm. 4 zu § 258. A. M. Baumbach-Hueck Rn. 16 zu § 405, wo ein allgemeines Verbot für die persönlich haftenden Gesellschafter einer KGaA, das Stimmrecht für fremde Aktien auszuüben, angenommen wird. Die besondere Regelung in § 285 Abs. I Satz 2 läßt jedoch einen Umkehrschluß auf das hier angenommene Recht, das Stimmrecht für fremde Aktien auszuüben, zu. Das Verbot, dessen Verletzung durch Umgehung nach § 405 Abs. III Nr. 5 als Ordnungswidrigkeit geahndet wird, enthält § 285 Abs. I Satz 2. Hiernach können persönlich haftende Gesellschafter einer KGaA das Stimmrecht weder für sich noch für einen anderen ausüben bei Beschlußfassungen über die Wahl und Abberufung des Aufsichtsrats, über die Entlastung der persönlich haftenden Gesellschafter und der Aufsichtsratsmitglieder, über die Bestellung von Sonderprüfern, über die Geltendmachung von Ersatzansprüchen, über den Verzicht auf Ersatzansprüche und über die Wahl von Abschlußprüfern.

Anm. 33

cc) Abs. III Nr. 5 (Forts.)

Während es sich beim Ordnungswidrigkeitstatbestand des Abs. III Nr. 4 darum handelte, daß der Täter unmittelbar gegen die Verbotsnorm verstieß, ahndet Abs. III Nr. 5 die *Umgehung der Stimmrechtsausübungsverbote*, die in den vom Gesetz in Bezug genommenen Bestimmungen enthalten sind. Tatbestandsmäßig ist die Umgehung, die darin besteht, daß der Täter seine Aktien, für die ihm oder dem von ihm Vertretenen die Stimmrechtsausübung versagt ist, *einem anderen* zum Zweck der Ausübung des Stimmrechts *überläßt*, — das ist die eine Fallgruppe. Bei der anderen Tatbestandsvariante des Abs. III Nr. 5 wird auch das Verhalten desjenigen geahndet, der *ihm überlassene* Aktien, für die der Überlassende oder derjenige, den der Überlassende vertritt, das Stimmrecht nach den genannten Bestimmungen nicht ausüben darf, zur Ausübung des Stimmrechts *benutzt*. In Abs. III Nr. 5 bringt somit der Gesetzgeber zum Ausdruck, daß sich *beide* Partner bei der Umgehung der Verbote ordnungswidrig verhalten. — *Vollendet* ist die Tat beim Überlassenden mit der Überlassung mindestens einer Aktie zum Zweck der Stimmrechtsausübung und beim Entgegennehmenden mit der ersten Stimmrechtsausübung. Bei der ersten Tatbestandsform kommt es nicht darauf an, daß der Entgegennehmende die Aktien tatsächlich zur Stimmrechtsausübung benutzt. Es genügt die Überlassung *zum Zweck der Ausübung des Stimmrechts* (subjektives Tatbestandsmerkmal). Diese Variante ist also eine koupierte Erfolgsordnungswidrigkeit oder, was bekanntlich das gleiche besagt, eine Ordnungswidrigkeit mit überschießender Innentendenz. — Der *Versuch* wird nicht geahndet (§ 13 Abs. II OWiG). — Zum *Tatbestandsausschluß*, zur *Rechtswidrigkeit* und zur *Schuld* vgl. hier oben Anm. 27 am Ende. — Die Ordnungswidrigkeit muß *vorsätzlich* begangen sein, wobei *bedingter Vorsatz* hinreicht. — *Tateinheit* für den Überlassenden ist, wenn er sich für die Überlassung besondere Vorteile gewähren oder versprechen läßt, mit § 405 Abs. III Nr. 3 möglich. Beim Entgegennehmenden kommt dagegen, falls er für die Überlassung besondere Vorteile gewährt oder verspricht, Tateinheit mit § 405 Abs. III Nr. 2 in Betracht. Ebenso Baumbach-Hueck Rn. 16. — Zur *Teilnahme* vgl. hier oben Anm. 1.

Anm. 34

6. Stimmenkauf (Abs. III Nr. 6 und 7)

a) Allgemeines

Vorgänger dieser beiden Ordnungswidrigkeitstatbestände sind die Straftatbestände des § 317 HGB a. F. und des § 299 AktG a. F.; ähnliche Bestimmungen kennt das Neben-Strafrecht auch sonst, so § 152 GenG (jetzt auch Ordnungswidrigkeit), § 243 KO (nur Stimmenverkauf) und § 123 VerglO (nur Stimmenverkauf). Die zu diesen Bestimmungen von der Rechtsprechung und der Wissenschaft entwickelten Auslegungsgrundsätze können daher zur entsprechenden Anwendung herangezogen werden. Das gleiche gilt für die Straftatbestände der passiven und der aktiven Beamtenbestechung (§§ 331, 332 — passiv — und 333, 334 — aktiv — StGB), an die Abs. III Nr. 6 und 7 dadurch angeglichen wurden, daß jetzt auch das Fordern (Abs. III Nr. 6) und das Anbieten (Abs. III Nr. 7) besonderer Vorteile Tatbestandsmerkmale sind. Der Anwendungsbereich ist damit gegenüber § 299 AktG a. F. nicht unerheblich erweitert. — Abgesichert werden sollen vor allem die Interessen der Gesellschaft als solcher und der Aktionäre. Der Gesetzessinn ist die Verhinderung einer Fälschung des Mehrheitswillens der Hauptversammlung. Die Abstimmungen sollen, soweit dies überhaupt möglich ist, frei sein und die wirkliche Meinung der Stimmrechtsausübenden zum Ausdruck bringen. Demgemäß muß als *geschütztes Rechtsgut* die Echtheit der Willensbildung der Hauptversammlung angesehen werden. Hieraus folgt, daß Abs. III Nr. 6 (*Stimmenverkauf*) und Nr. 7 (*Stimmeneinkauf*) *Schutzgesetze gemäß § 823 Abs. II BGB* zugunsten sowohl der Aktionäre als auch der Gesellschaft selbst sind. Ebenso Baumbach-Hueck Rn. 17.

Anm. 35

b) Allgemeines (Forts.)

Nr. 6 und Nr. 7 des Abs. III sind sog. *alternative Mischgesetze.* Das besagt, daß die verschiedenen Begehungsformen (in Nr. 6: fordern, sich versprechen lassen und annehmen; in Nr. 7: anbieten, versprechen, gewähren) jeweils innerhalb der Tatbestandsformen vertauschbare Varianten ein und derselben Ordnungswidrigkeit sind. Beim Stimmenverkauf (Nr. 6) kommt es also auf eine genaue Unterscheidung zwischen fordern und sich versprechen lassen nicht an. Das Entsprechende gilt für den Stimmeneinkauf (Nr. 7) hinsichtlich der dortigen Merkmale. Innerhalb des Tatbestandes Nr. 6 und innerhalb des Tatbestands Nr. 7 ist eine sog. „alternative" Feststellung im Urteil unbedenklich zulässig. Dies bedeutet keine Wahlfeststellung im rechtstechnischen Sinn, denn im Verhältnis zueinander sind die verschiedenen Begehungsformen des Stimmenverkaufs (Nr. 6) und die verschiedenen Begehungsformen innerhalb des Stimmeneinkaufs (Nr. 7) keine anderen Strafgesetze i. S. des § 265 StPO. Wer beim Stimmenverkauf die besonderen Vorteile erst fordert, sich anschließend versprechen und dann gewähren läßt, begeht nur *eine* strafbare Handlung. Das gleiche gilt für den Stimmeneinkäufer, der die besonderen Vorteile erst anbietet, dann verspricht und schließlich gewährt. Konkurrenzfragen können also innerhalb der jeweils in Betracht kommenden Nummer nicht entstehen. Ebenso Eb. Schmidt Anm. 8 der 1. Auflage. Zum Begriff des „anderen Strafgesetzes" vgl. Eb. Schmidt, Lehrkommentar zur StPO, Anm. 8 bis 11 zu § 265. — Der Stimmenverkauf (Nr. 6) erweckt den Anschein, als wäre er ein echtes Sonderdelikt, das zudem nur eigenhändig begangen werden könnte. Der Eindruck des echten Sonderdelikts entsteht, weil nur Stimmrechtsausübende Täter sein können und weil es keinen allgemeinen Grundtatbestand gibt, dessen besondere Begehungsform der Stimmenverkauf wäre. Ein eigenhändiges Delikt scheint der Stimmenverkauf zu sein, weil nur der Abstimmende selbst sich in der Hauptversammlung in der gewünschten Weise verhalten kann. Beide Argumente gehen jedoch fehl. Da der stimmberechtigte Aktionär sich für die Stimmrechtsausübung eines Bevollmächtigten bedienen darf (§ 134 Abs. III) und dieser dann nach dem Wortlaut des Gesetzes Täter der Nr. 6 sein kann, ist der Täterkreis dieses Delikts nicht auf einen bestimmten Personenkreis beschränkt. Der Stimmenverkauf ist ferner kein eigenhändiges Delikt. Das tatbestandsmäßige Verhalten besteht nicht in der Stimmrechtsausübung, die im übrigen, wie § 134 Abs. III zeigt, durch Vertreter erfolgen kann, sondern darin, daß der Täter etwas fordert, sich versprechen läßt oder annimmt. Das aber braucht nicht eigenhändig zu geschehen. Hierfür kann sich der Täter einer Mittelsperson bedienen. Der Stimmenverkauf (Nr. 6) ist also ebenso wie der Stimmeneinkauf (Nr. 7) weder ein Sonderdelikt noch eine eigenhändige Straftat. — Abreden, die den Abs. III Nr. 6 oder Nr. 7 verletzen, sind zivilrechtlich nach den §§ 134 und 138 BGB nichtig. RG 132, 33; OLG Kolmar in OLG Rspr. 6, 503; KG HRR 1936 Nr. 747. Die Rückforderung des Geleisteten ist demgemäß ausgeschlossen. § 817 BGB, Schlegelberger-Quassowski Anm. 4; Eb. Schmidt Anm. 16 der 1. Auflage. Andererseits sind *Stimmrechtsverträge*, soweit sie die Voraussetzungen des Abs. III Nr. 6 oder Nr. 7 nicht erfüllen, selbstverständlich grundsätzlich zulässig. RG HRR 1936 Nr. 747.

Anm. 36

c) Stimmenverkauf (Abs. III Nr. 6)

aa) Täter

Allgemeines: Täter, d. h. also Stimmenverkäufer, kann nur derjenige sein, der in der in Betracht kommenden Hauptversammlung *Stimmrechtsausübender* ist. Als solcher kommt nicht nur der stimmberechtigte *Aktionär* in Frage, sondern auch der für die Ausübung des Stimmrechts *Bevollmächtigte*. Der Letztgenannte macht sich allerdings nur dann strafbar, wenn er die von ihm vertretenen Stimmen an einen Dritten verkauft. Auf das Verhältnis zu seinem Auftraggeber findet Abs. III Nr. 6 selbstverständlich keine Anwendung. Die Tatbestände dieser Bestimmung wollen ja, wie bereits ausgeführt wurde, die Echtheit der Mehrheitswillensbildung in der Hauptversammlung schützen. Wenn der Beauftragte selbst dort, wo er entgeltlich tätig wird, im Sinne seines Auftraggebers stimmt, so wird durch die zwischen diesem und jenem bestehenden vertraglichen Absprachen der Mehrheitswille in keiner Weise verfälscht. Wäre der Auftraggeber selbst in der Hauptversammlung erschienen, hätte sich bei dieser Fallsituation an dem Ergebnis der Abstimmung nichts geändert. Dies ist ja gerade der wirtschaftlich sinnvolle und häufig vorkommende Fall der Stimmrechtsausübung der Banken für ihre Depotkunden. Die Rechtslage ist insoweit unbestritten; vgl. Brodmann Anm. 1a zu § 317 HGB; von Godin-Wilhelmi Anm. 3; Schlegelberger Anm. 2; Eb. Schmidt Anm. 5 der 1. Auflage. Läßt sich aber der Bevollmächtigte von einem Dritten durch die Gewährung oder durch das Versprechen besonderer Vorteile dafür gewinnen, daß er bei einer Abstimmung der Hauptversammlung nicht oder in einem bestimmten Sinne stimmt, dann findet Abs. III Nr. 6 auf sein Verhalten Anwendung. — Täuscht dagegen jemand einen anderen darüber, daß er angeblich über ein Stimmrecht verfügt, und stellt er dieses vermeintliche Stimmrecht für einen Stimmenverkauf zur Verfügung, so kann ein solches Verhalten den Tatbestand des Abs. III Nr. 6 nicht verwirklichen. Möglich wäre hier allerdings eine Strafbarkeit wegen Betrugs gemäß § 263 StGB. Bei dem Getäuschten könnte begrifflich versuchter Stimmenkauf im Sinne des Abs. III Nr. 7 in Frage kommen. Im Rahmen des § 405 wird jedoch der Versuch nicht geahndet. — Glaubt der Täter, ihm stünde ein Stimmrecht für den Verkauf zur Verfügung, obwohl dies in Wirklichkeit nicht der Fall ist, dann läge ein Versuch durch ein untaugliches Subjekt vor. Dieser wäre aus den gleichen Gründen nicht strafbar. — Ebenso wie Bevollmächtigte kommen *gesetzliche Vertreter* als Täter nur dann in Frage, wenn sie sich von dritter Seite nach Maßgabe des Tatbestands beeinflussen lassen. Schon in den Motiven zum Aktiengesetz 1884 (Bd. II 256) wurde mit Recht darauf hingewiesen, daß Bevollmächtigte und gesetzliche Vertreter grundsätzlich als Täter ebenso wie Aktionäre in Frage kommen. — Das für Bevollmächtigte und gesetzliche Vertreter Gesagte gilt grundsätzlich auch für *Strohmänner*. Unter Strohmännern sind in diesem Zusammenhang Personen zu verstehen, die auf Grund einer Scheinübertragung von Aktien nach außen hin in der Lage sind, als freie Stimmrechtsausübende aufzutreten. Auch hier wird die Abstimmung als solche nicht verfälscht, so daß für ein Eingreifen des Abs. III Nr. 6 kein Raum ist. Daß der Strohmann von einem in Wirklichkeit berechtigten Hintermann gelenkt wird und so abstimmt, wie dieser es wünscht, ändert hieran nichts. Wäre der Hintermann selbst in die Hauptversammlung gekommen und hätte dort sein Stimmrecht ausgeübt, würde sich dasselbe Abstimmungsergebnis herausgestellt haben. Also selbst dann, wenn die Einschaltung eines Strohmannes aus irgendwelchen anderen Gründen in hohem Maße bedenklich ist, kommt jedenfalls eine Strafbarkeit aus Abs. III Nr. 6 nicht in Betracht. Ebenso Stenglein Anm. 2 zu § 317 HGB; Schlegelberger-Quassowski Anm. 2; Eb. Schmidt Anm. 4 und 6 der 1. Auflage. — Für die bei der Wahrnehmung der Stimmrechte in der Hauptversammlung besonders wichtige *Legitimationsübertragung* gilt für die Anwendung des Abs. III Nr. 6 keine Besonderheit. Die dargelegten Grundsätze für die Bevollmächtigten und die gesetzlichen Vertreter finden auf den Fall der Legitimationsübertragung Anwendung. Eine Strafbarkeit kommt also für diejenigen, die auf Grund einer Legitimationsübertragung das Stimmrecht ausüben, erst dann in Betracht, wenn sie sich von Dritten durch das Versprechen oder das Gewähren von besonderen Vorteilen in ihrer Stimmrechtsausübung beeinflussen lassen. Eine Einflußnahme derjenigen, die ihnen das Stimmrecht übertragen haben, führt zu keiner Verfälschung des Abstimmungsbildes in der Hauptversammlung und kann daher auch bei Entgeltlichkeit des zwischen dem Legitimierten und demjenigen, der ihm die Legitimation erteilte, keine Verwirklichung des Tatbestands nach Abs. III Nr. 6 sein. Zur Legitimationsübertragung vgl. das in Anm. 33 und 34 zu § 134 Ausgeführte.

Anm. 37

bb) Täter, insbes. Stimmrechtsverträge u. ä.

Da Verträge über die Stimmrechtsausübung grundsätzlich zulässig sind, findet der Ordnungswidrigkeitstatbestand Abs. III Nr. 6 (und das gleiche gilt für Nr. 7) keine Anwendung auf diejenigen Stimmrechtsausübenden, die in der Hauptversammlung nach Maßgabe von *Konsortial-*, *Pool-*, *Schutzgemeinschafts-* und sonstigen *Stimmrechtsverträgen* abstimmen. Für die Abgrenzung zwischen einem ordnungswidrigen Stimmenkaufvertrag einerseits und einer rechtlich zulässigen Stimmrechtsvereinbarung andererseits sind vor allem folgende Gesichtspunkte maßgebend: Eine Ahndung kommt jedenfalls dann schon nicht in Betracht, wenn bei der Stimmrechtsabsprache keine *besonderen* Vorteile für die Abstimmung gewährt oder versprochen werden. Auch eine Ahndung aus Abs. III Nr. 2 kommt unter diesen Umständen nicht in Frage, denn das Gewähren oder Versprechen besonderer Vorteile ist dort ebenfalls Tatbestandsmerkmal. Vgl. hierzu die Erläuterungen zu Abs. III Nr. 2. Ist die Stimmrechtsvereinbarung nicht ordnungswidrig, so bleibt im Einzelfall noch zu prüfen, ob sie vielleicht nichtig ist, weil sie gegen die guten Sitten verstößt. Vereinbarungen über Abstimmungen sind aber jedenfalls nicht ohne weiteres sittenwidrig, es müssen vielmehr besondere Umstände vorliegen, um einen Verstoß gegen die guten Sitten annehmen zu können. RG 107, 67. Konsortial-, Schutzgemeinschafts-, Pool- und sonstige Stimmrechtsverträge sind also grundsätzlich wirksam. Sie dienen häufig der Vermeidung von Machtkämpfen zwischen Aktionärsgruppen und damit der Bewahrung von Ruhe und Stetigkeit der Verwaltung. Nicht selten ist es der Zweck derartiger Absprachen, die Interessen des Unternehmens den Sonderinteressen einzelner Aktionäre oder Aktionärsgruppen voranzustellen. Außerdem können die Stimmrechtsvereinbarungen auch den Sinn haben, die Mitverantwortung von Aktionärsgruppen im Aufsichtsrat sicherzustellen. An der wirtschaftlichen und rechtlichen Bedeutung derartiger Verträge kann nicht gezweifelt werden. Seit langem ist daher ihre Zulässigkeit unbestritten. RG in HRR 1936, Nr. 747. Weitere Einzelheiten vgl. oben Anm. 41 zu § 134. Meistens wird es sich bei Stimmrechtsvereinbarungen um solche zwischen Aktionären oder Aktionärsgruppen der betreffenden Gesellschaft handeln. Erforderlich für die Zulässigkeit dieser Verträge ist das jedoch nicht. Denkbar und zulässig ist es auch, daß sich jemand einem Dritten Außenstehenden gegenüber zu einer bestimmten Ausübung des Stimmrechts verpflichtet. Es dürfen nur keine besonderen Vorteile gewährt oder versprochen werden, weil sonst die Ahndung aus Abs. III Nr. 2, 6 oder 7 wieder in den Bereich des Möglichen gerückt wird. Die grundsätzliche aktienrechtliche Zulässigkeit dieser und der vorangehend erwähnten Stimmrechtsbindungen ergibt sich daraus, daß es sich in jedem Falle um eine rein schuldrechtliche Bindung handelt, welche die Wirksamkeit einer ihr zuwiderlaufenden Ausübung des Stimmrechts selbst nicht berührt. Vgl. hierzu aus der höchstrichterlichen zivilrechtlichen Rechtsprechung: RG 107, 67; 119, 386; 133, 90; 156, 139; 160, 262; 165, 78; BGH 29, 385.

Anm. 38

cc) Besondere Vorteile

Geahndet wird der Stimmenverkauf als Ordnungswidrigkeit gemäß Abs. III Nr. 6 nur dann, wenn der Täter *besondere Vorteile* fordert, sich versprechen läßt oder annimmt. Als solche kommen auf jeden Fall nur solche Vorteile in Frage, die sich nicht aus der betreffenden Abstimmung selbst ergeben. Sie müssen vielmehr außerhalb liegen. Das ist unbestritten. Vgl. Eb. Schmidt Anm. 14 der 1. Auflage; Baumbach-Hueck

Rn. 13 u. 18; Schlegelberger-Quassowski Anm. 2. Kommt der gleiche Vorteil allen Aktionären zugute, so ist er kein besonderer Vorteil i. S. des Abs. III Nr. 6. Vgl. RG 132, 33 und 133, 94 für das frühere Recht. Eine allen Aktionären gegebene Dividendengarantie ist demnach kein besonderer Vorteil. RG JW 1929, 642. Dagegen ist es ein besonderer Vorteil, wenn der Stimmenverkäufer oder der Stimmeneinkäufer als einziger eine Dividendengarantie erhält. OLG Stuttgart HRR 1931 Nr. 526. Ebenso ist es ein besonderer Vorteil, wenn der Täter als Gegenleistung ein gut dotiertes Aufsichtsratsmandat erhält. Andererseits sind aber nicht alle Vorteile, die sich nicht aus der Abstimmung selbst ergeben, ohne weiteres besondere Vorteile. Auch bei solchen Vorteilen, die sich nicht aus der betreffenden Abstimmung selbst ergeben, kommt es entscheidend darauf an, ob der betreffende Vorteil der Gesamtheit zugute kommt oder nur dem betreffenden Stimmenverkäufer oder Stimmeneinkäufer allein. Nur unter der zuletzt genannten Voraussetzung ist das Tatbestandsmerkmal des besonderen Vorteils verwirklicht. Vgl. Eb. Schmidt Anm. 14 der 1. Auflage; Klug, Konkursstrafrecht 1973, Anm. 3 zu § 243. — Als *Vorteile* kommen in erster Linie *materielle* Vorteile in Betracht. Zur Streitfrage, ob auch *immaterielle* Vorteile für die Tatbestandsverwirklichung genügen vgl. hier oben Anm. 27.

Anm. 39

dd) Fordern

Fordern ist das ausdrückliche oder in sonstiger Weise „schlüssig" erkennbar gemachte einseitige Verlangen nach der Gegenleistung. Auf die Zustimmung des Aufgeforderten kommt es nicht an. Lackner Anm. 3 b zu § 331 StGB. Irrelevant ist es ferner, ob derjenige, an den sich die Forderung richtet, in sonstiger Weise auf die Forderung eingeht. Dreher Anm. 6 B a zu § 331 StGB. Nimmt sich der Fordernde den geforderten besonderen Vorteil mit Gewalt, so scheidet eine Anwendung von Abs. III Nr. 6 ebenso aus wie bei § 331 StGB. Vgl. Dreher Anm. 6 B a zu § 331 StGB und die dort zitierte Entscheidung des BGH vom 11. 12. 1962, 1 StR 466/62. Auch die Anwendung einer List ist kein Fordern.

Anm. 40

ee) Sich versprechen lassen

Das „*Sich-versprechen-lassen*" ist die zustimmende Entgegennahme der Inaussichtstellung des besonderen Vorteils. Da das Gesetz ausdrücklich von einem Versprechen spricht, kann das bloße Anbieten der künftigen Gewährung eines besonderen Vorteils den Tatbestand nicht erfüllen. Ob sich derjenige, der sich besondere Vorteile versprechen läßt, zum Stimmenverkauf *erboten* hat oder ob der Betreffende nur dem Drängen des anderen Teils nachgab, ist für die Anwendung des Abs. III Nr. 6 belanglos. RGSt. 12, 122. Eb. Schmidt Anm. 9 der 1. Auflage. Erforderlich aber ist, daß das Angebot der künftigen Leistung ausdrücklich oder schlüssig angenommen wurde, was auch bedingt möglich ist. Dreher Anm. 6 B b zu § 331 StGB Auf die Erfüllung des Versprechens kommt es nicht an.

Anm. 41

ff) Annehmen

Unter dem Tatbestandsmerkmal „*annehmen*" ist i. S. des Abs. III Nr. 6 zu verstehen das tatsächliche Entgegennehmen des geforderten oder angebotenen besonderen Vorteils. Nach der Rechtsprechung zur Beamtenbestechung, die hier entsprechende Anwendung finden kann, muß der Täter den Willen haben, den Vorteil zu genießen, zu behalten oder über ihn als eigenen zu verfügen. RGSt. 58, 266; 68, 256; BGH St. 14, 123. Dreher Anm. 6 B c zu § 331 StGB. Die Entgegennahme zur Beweissicherung bei einem Manipulationsversuch fällt nicht unter den Tatbestand.

Anm. 42

gg) Gegenleistung, Unrechtsvertrag

Zweck des Forderns, des Sich-Versprechen-Lassens oder Annehmens der besonderen Vorteile muß *als Gegenleistung* das *Nicht-Abstimmen* oder das *Stimmen in einem bestimmten Sinne* sein. Zwischen dem Stimmenverkäufer und dem Partner muß ein Gegenseitigkeitsverhältnis durch die korrespondierende Zusage des Stimmenverkäufers, sich in der Hauptversammlung oder in einer gesonderten Versammlung entsprechend zu verhalten, entstehen. Es muß also zu einer Art „*Unrechtsvertrag*" gekommen sein. Gegenstand dieses „Vertrags" muß die Freiheit der Entschließung des Abstimmenden in der betreffenden Hauptversammlung sein. OLG Bamberg LZ 1919, 611[8]; Rabben S. 69, 70. Es versteht sich von selbst, daß derjenige, der sich dafür bezahlen läßt, daß er nur überhaupt der Hauptversammlung beiwohnen und in ihr abstimmen werde, wobei die Art und Weise dieser Abstimmung offengelassen wird, nicht ordnungswidrig handelt. Das gleiche gilt für denjenigen, der sich Vorteile dafür gewähren läßt, daß er in bestimmtem Sinne in der Hauptversammlung reden werde. In beiden Fällen haben sich die Betreffenden die Freiheit ihrer Entschließung bei der Abstimmung nicht abkaufen lassen, so daß eine Anwendung des Abs. III Nr. 6 nicht in Betracht kommt. — Wenn sich der Stimmenverkäufer *insgeheim* die Freiheit seiner Entschließung bei der Abstimmung *vorbehält*, so ist der Tatbestand des Abs. III Nr. 6 nicht erfüllt, denn es kommt nicht zu der Verfälschung des Mehrheitswillens in der Hauptversammlung, vor der die Bestimmung die Aktiengesellschaft und die Aktionäre schützen will. Es fehlt in diesem Falle an dem erforderlichen „Unrechtsvertrag". Ein „Stimmenkaufvertrag" ist nicht zustande gekommen. Demgemäß entfällt zugleich auch die Tatbestandsmäßigkeit für Abs. III Nr. 6. Daß hier die reservatio mentalis im Gegensatz zum Zivilrecht durchgreift, hängt damit zusammen, daß das Ordnungswidrigkeitsrecht wie das Strafrecht in erster Linie den ordnungswidrigen Willen bekämpft, und an dem fehlt es gerade hier. Es treten an dieser Stelle die gleichen Probleme wie bei dem Tatbestand der schweren passiven Bestechung (§ 332 StGB) auf. Es können daher die überzeugenden Ausführungen von Eb. Schmidt, Die Bestechungstatbestände, München und Berlin 1960, Nr. 138—146 für die Auslegung herangezogen werden. Diese Ausführungen unterstützen die obige Auslegung um so mehr, als die Streitfrage, welches bei den §§ 331 ff. StGB das geschützte Rechtsgut sei — nämlich die Reinheit des Amtes oder die Verfälschung des Staatswillens — hier bei den Tatbeständen des Stimmenverkaufs und Stimmeneinkaufs keine Rolle spielt, denn keinesfalls geht es bei Abs. III Nr. 6 und 7 um irgendeine Art von „Reinheit der Ausübung der Stimmrechte", sondern eindeutig um die Verhinderung einer Verfälschung der Mehrheitswillensbildung in der Hauptversammlung. Eb. Schmidts Argumentation, die auf dem Gedanken aufbaut, daß es bei der schweren passiven Bestechung des § 332 StGB darum gehe, die Verfälschung des Staatswillens zu verhindern, kann daher unbedenklich zur Unterstützung der obigen Auslegung herangezogen werden. Daß der geheime Vorbehalt, sich bei der Abstimmung nicht beeinflussen zu lassen, eine Strafbarkeit verhindert, dürfte im übrigen für Abs. III Nr. 6 die herrschende Meinung sein. Vgl. abgesehen von Eb. Schmidt in Anm. 10 der 1. Auflage: von Godin-Wilhelmi Anm. 8; Olshausen Anm. 4 zu § 243 KO; Schlegelberger-Quassowski Anm. 2. — Andererseits kann die Zusage des Stimmens in einem bestimmten Sinne auch durch verschleierte Formulierungen deutlich genug zum Ausdruck kommen, so daß der sog. „Unrechtsvertrag" zustande gekommen ist. Es genügt daher, wenn sich der Stimmenverkäufer verpflichtet hat, „im Interesse einer bestimmten Person" oder „mit einer bestimmten Person" zu stimmen. Desgleichen genügt es, wenn sich jemand verpflichtet, mit einem anderen in der Hauptversammlung „durch dick und dünn zu gehen" (Jordan S. 41). Auch die Zusage, bedingungslos für alle Vorschläge des Vorstands oder des Aufsichtsrats zu stimmen, gehört hierher, denn bei ihr liegt ebenfalls die Zusage vor, gegebenenfalls bei der Abstimmung gegen die bessere Einsicht zu handeln. Vgl. hierzu RG Bauers Z 21, 227. Ganz allgemein ist zu sagen, daß der auf die Abstimmung bezogene Zweck nicht ausdrücklich ausgesprochen werden muß. Es genügt seine Erkennbarkeit aus konkludentem Verhalten, aus dem Sinn der getroffenen Abreden usw. Vgl. RGSt. 11, 222 (zu § 331 StGB) und RG bei Bauer 21, 54. — Die Zusage des Stimmenverkäufers, daß er bei einer Abstimmung in der Hauptversammlung nicht stimmen werde, kann auch in der Weise gegeben werden, daß sich jemand verpflichtet, von der Hauptversammlung überhaupt fernzubleiben. — *Nicht erfüllt ist der Tatbestand, wenn die Aktien verkauft werden,* und zwar selbst dann, wenn dies in der ausgesprochenen oder unausgesprochenen Absicht geschieht, den bisherigen Aktionär durch den Verkauf von Stimmen in der Hauptversammlung abzuhalten. Für den *Scheinverkauf* gilt dies allerdings nicht. RG 38, 259. Bei Report- und Deportgeschäften geht jeweils das Eigentum an den Aktien über, so daß zugleich die Stimmrechte als solche übertragen werden. Abs. III Nr. 6 kann daher in diesen Fällen keine Anwendung finden. Dies war schon früher selbst für den Fall anerkannt, daß die Report- bzw. Deportgeschäfte zum Zweck der Wahrnehmung der Stimmrechte in der Hauptversammlung abgeschlossen wurden. Vgl. etwa E. Heilfron, Geld-, Bank- und Börsenwesen, Berlin 1909, S. 326 Anm. 21 (zu § 318 HGB). Ferner Simon S. 297; Flechtheim JW 1925, 570. Auch hier darf es sich aber nicht um bloße Scheingeschäfte zur Umgehung der Stimmrechtsvorschriften handeln. LZ 1907, 139[6]. — Ist der Stimmenverkauf (und der Stimmeneinkauf) in einem umfassenderen Vertrag „eingepackt", so genügt dies jedenfalls dann, wenn der Vertrag besondere Vorteilseinräumungen vorsieht und ohne die Stimmbindung nicht abgeschlossen worden wäre (RG 132, 39). Baumbach-Hueck Rn. 18.

Anm. 43

hh) Abstimmung

Für die Ahndung nach Abs. III Nr. 6 kommen als der für die Tatbestandsmäßigkeit erforderliche Zweck des Forderns, Sich-Versprechen-Lassens oder Annehmens besonderer Vorteile nur *Abstimmungen in der Hauptversammlung* (§§ 133ff.) oder in einer *gesonderten Versammlung* (§ 138) in Frage. Kraft Wortlaut des Gesetzes also nicht die Abstimmungen im Vorstand oder Aufsichtsrat. Eine analoge Anwendung ist unzulässig. Eb. Schmidt Anm. 13 der 1. Auflage; Schlegelberger-Quassowski Anm. 2; Baumbach-Hueck Rn. 19. Zur Frage, inwieweit nur Abstimmungen in Hauptversammlungen oder gesonderten Versammlungen *deutscher* Gesellschaften, d. h. solcher Gesellschaften, auf die das Aktiengesetz der Bundesrepublik Deutschland Anwendung findet, in Betracht kommen, vgl. oben Anm. 6 vor § 399.

Anm. 44

ii) Vollendung, Rechtswidrigkeit, Schuld

Da der Versuch bei Abs. III Nr. 6 nach § 13 Abs. II OWiG nicht geahndet wird, kommt der Frage, wann dieser Ordnungswidrigkeitstatbestand *vollendet* ist, besondere Bedeutung zu. Nach den drei Tatbestandsvarianten in Nr. 6 ist zu unterscheiden: Hat der Täter die besonderen Vorteile *gefordert,* ist die Ordnungswidrigkeit mit dem Zugehen der Forderung bei demjenigen, der die Stimmbindung einkaufen soll, — also etwa durch Briefeingang oder Hören der mündlich geäußerten Forderung — vollendet. Hat sich der Täter die Vorteile *versprechen lassen,* ist die Tat mit dem Abschluß des Unrechtsvertrages vollendet. Hat der Täter die Vorteile *angenommen,* ohne daß eine Forderung oder ein Sich-Versprechen-Lassen voranging, ist die Tat erst mit der Entgegennahme der Vorteile vollendet, sofern gleichzeitig die Stimmbindung zugesagt wird; wird die Zusage erst später gegeben, ist die Tat erst in diesem Zeitpunkt vollendet. Zu beachten bleibt aber, daß der Stimmenverkauf ein kupiertes Erfolgsdelikt ist. Es ist folglich für die Ahndung belanglos, ob sich der Stimmenverkäufer später in der Hauptversammlung oder in der gesonderten Versammlung an die Absprache hält oder nicht. Vgl. Rabben S. 75. Baumbach-Hueck Rn. 19. Allerdings muß der Täter zum Zeitpunkt der Vollendung der Ordnungswidrigkeit den Willen gehabt haben, sich absprachegemäß zu verhalten. Bei entgegengesetzten geheimen Vorbehalten entfällt die Tatbestandsmäßigkeit. Vgl. hier oben Anm. 42. — Zum *Tatbestandsausschluß,* zur *Rechtswidrigkeit* und zur *Schuld* vgl. den Hinweis hier oben Anm. 27 am Ende. Die Tat muß *vorsätzlich* begangen sein. *Bedingter Vorsatz* genügt. — Zur *Teilnahme* vgl. hier oben Anm. 1.

Anm. 45

d) Stimmeneinkauf (Abs. III Nr. 7)

aa) Täter

Vgl. zunächst die für Nr. 6 und Nr. 7 gemeinsam geltenden allgemeinen Hinweise hier oben Anm. 34 und 35. — *Täter* der Ordnungswidrigkeit Nr. 7 kann jeder sein. Neben Aktionären, die ihren Stimmrechtseinfluß vergrößern wollen, und neben Vorstandsmitgliedern, Mitgliedern des Aufsichtsrats oder sonstigen zur Gesellschaft gehörenden Personen, die sich absichern wollen oder sonstige Absichten mit der Stimmenmanipulation verfolgen, können auch irgendwelche Außenstehende Täter sein.

Anm. 46

bb) Anbieten

Das *Anbieten* in Abs. III Nr. 7 ist der Gegenbegriff zum Fordern in Nr. 6 (oben Anm. 39). Das Verhalten des Täters entspricht einer Offerte zum Unrechtsvertrag. Vgl. hier oben Anm. 42. Das Anbieten kann durch ausdrückliche oder stillschweigende, konkludente Erklärung erfolgen. Auch durch verstecktes Fragen, Testen, Sondieren, „Abklopfen" u. ä. kann der Täter anbieten. Vgl. die Rechtsprechung und die Kommentierungen zu §§ 333, 334 StGB. Nicht erforderlich ist, daß der Stimmrechtsinhaber das Angebot des Stimmeneinkäufers richtig versteht. Es muß ihn nur erreicht haben, und der Täter muß die Absicht verfolgen, daß sein Angebot verstanden wird. Vgl. Baldus in LK Anm. 3 zu § 333 StGB a. F.; Lackner Anm. 3a) zu § 333 StGB.

Anm. 47

cc) Versprechen, Gewähren

Das *Versprechen* entspricht dem Sich-Versprechen-Lassen in Nr. 6 (oben Anm. 40). Es ist das Verhalten des Stimmeneinkäufers beim Abschluß des Unrechtsvertrages gemeint. Unter den Partnern muß Einigkeit erzielt sein, wenn dieses Tatbestandsmerkmal verwirklicht sein soll. Schlüssiges Verhalten genügt auch hier. — Das Merkmal *Gewähren* korrespondiert mit dem Annehmen bei Abs. III Nr. 6 (oben Anm. 41). Hier handelt es sich um das tatsächliche Zur-Verfügung-Stellen der besonderen Vorteile als Gegenleistung für die Stimmenbindung. Der Stimmrechtsinhaber muß als Entgegennehmender mitwirken. Während bei den Merkmalen Fordern (Nr. 6) und Anbieten (Nr. 7) Einseitigkeit hinreicht, ist für das Sich-Versprechen-Lassen (Nr. 6), das Versprechen (Nr. 7), das Annehmen (Nr. 6) und das Gewähren (Nr. 7) Gegenseitigkeit des Verhaltens vorausgesetzt.

Anm. 48

dd) Die übrigen Tatbestandsmerkmale; Vollendung; Rechtswidrigkeit und Schuld

Die übrigen Tatbestandsmerkmale — die *besonderen Vorteile* (oben Anm. 38), der verfolgte Zweck, das *Nichtstimmen oder das Stimmen in einem bestimmten Sinne* (Anm. 42) *in der Hauptversammlung oder in einer gesonderten Versammlung* (Anm. 43) sind mit den gleichlautenden Merkmalen Abs. III Nr. 6 identisch. Das dort Gesagte gilt hier daher ebenfalls. — *Vollendet* ist die Ordnungswidrigkeit des Stimmeneinkaufs beim Anbieten mit dem Zugehen des Angebots bei dem Stimmrechtsinhaber. Vgl. Anm. 44. Beim Versprechen ist die Tat vollendet, wenn es zum Abschluß des Unrechtsvertrags gekommen ist. Ist kein Anbieten oder Versprechen der besonderen Vorteile als Gegenleistung für die Stimmrechtsbindung vorausgegangen, tritt die Vollendung der Tat beim Gewähren der Vorteile erst mit der Hingabe oder Einräumung der Vorteile ein. Das spätere Verhalten des Stimmberechtigten in der Hauptversammlung oder in der gesonderten Versammlung ist belanglos. Baumbach-Hueck Rn. 19. Der Versuch des Stimmeneinkaufs wird nicht geahndet (§ 13 Abs. II OWiG). — Zum *Tatbestandsausschluß*, zur *Rechtswidrig-*

keit und zur *Schuld* vgl. den Hinweis hier oben Anm. 27 am Ende. Wie bei allen Tatbeständen des § 405 Abs. III muß die Ordnungswidrigkeit *vorsätzlich* begangen sein, wobei *bedingter Vorsatz* ausreicht. — Für die Rechtswidrigkeit ist daran zu erinnern, daß sich die rechtliche Zulässigkeit von Vereinbarungen über die Stimmrechtsausübung nicht erst bei der Rechtswidrigkeit auswirkt. Rechtswirksame Absprachen über die Stimmrechtsausübung beseitigen, wie schon oben Anm. 37 näher ausgeführt wurde, bereits die Tatbestandsmäßigkeit, so wie schon beim Stimmenverkauf (Nr. 6), so auch hier beim Stimmeneinkauf (Nr. 7). — Zur *Teilnahme* vgl. hier oben Anm. 1.

Anm. 49

III. Konkurrenzen

§ 405 faßt das Ordnungswidrigkeitsrecht im Rahmen des Aktienrechts zusammen. Die Bestimmung enthält daher eine Gruppe von Ordnungswidrigkeiten, die jeweils eigenständigen Rechtscharakter haben. Ihre Regelung in ein und demselben Paragraphen hat nur gesetzestechnische Bedeutung. Hieraus folgt, daß zwischen den einzelnen Delikten *Tateinheit* bestehen kann. Dies gilt nicht nur für die verschiedenen Nummern des § 405, sondern teilweise auch für Begehungsvarianten unter einer Nummer. Hierfür ist die verbotene Aktienausgabe Abs. I Nr. 1 ein Beispiel. Unter dieser Nummer sind zwei selbständige Ordnungswidrigkeitstatbestände geregelt. Diese kann der Täter tateinheitlich verwirklichen. Entsprechendes gilt auch für Abs. I Nr. 2 und Nr. 4. — Aus der rechtlichen Eigenständigkeit der Tatbestandsvarianten in § 405 folgt ferner, daß *Tatmehrheit* bei Verletzung verschiedener Nummern des § 405 *ungleichartige* Tatmehrheit ist. — Bei Tateinheit greift § 19 OWiG ein. Die dortige Regelung entspricht § 52 StGB. Verletzt also der Täter durch dieselbe Handlung mehrere Gesetze — und das können auch wie hier Nummern ein und desselben Paragraphen sein —, nach denen diese Handlung als Ordnungswidrigkeit geahndet werden kann, oder ein solches Gesetz (z. B. eine solche Nummer) mehrmals, so wird nur eine einzige Geldbuße festgesetzt (Abs. I des § 19 OWiG). Sind mehrere Gesetze verletzt, so wird die Geldbuße nach dem Gesetz bestimmt, das die höchste Geldbuße androht (§ 15 Abs. II OWiG). — Für Tatmehrheit bestimmt § 20 OWiG: Sind mehrere Geldbußen verwirkt — der Täter verletzt z. B. nacheinander § 405 Abs. 1, 4 und 7 —, so wird jede gesondert festgesetzt. Im Gegensatz zur Tatmehrheitsregelung des § 53 StGB wird also hier im Ordnungswidrigkeitsrecht bei mehreren verwirkten Geldbußen nicht auf eine "Gesamtgeldbuße" erkannt. — Treffen *Ordnungswidrigkeit(en) und Straftat(en) tateinheitlich* zusammen, was hier bei § 405 für die §§ 263 (Betrug), 266 (Untreue) StGB, aber auch für § 399 AktG u. a. in Betracht kommen kann, dann wird nach § 21 OWiG nur das Strafgesetz angewendet. § 405 tritt dann zurück, taucht jedoch dann wieder auf, wenn eine Strafe (z. B. nach §§ 153 ff. StPO) nicht verhängt wird. — Treffen jedoch *Ordnungswidrigkeit(en) und Straftat(en) tatmehrheitlich* zusammen, wird nebeneinander wegen der letztgenannten Strafe und wegen der erstgenannten, falls nicht § 47 Abs. II OWiG (Einstellung durch das Gericht mit Zustimmung der Staatsanwaltschaft) zum Zuge kommt, Geldbuße verhängt.

Anm. 50

IV. Geldbuße (Abs. IV)

Für alle Tatbestandsformen droht das Gesetz Geldbuße bis zu fünfzigtausend Deutsche Mark an. Die Mindestgeldbuße beträgt nach § 17 Abs. I OWiG fünf Deutsche Mark. In der Androhung in § 405 Abs. IV wird jedoch im Höchstmaß zwischen vorsätzlicher und fahrlässiger Begehung nicht unterschieden. Infolgedessen kann nach § 17 Abs. II OWiG das in § 405 Abs. I Nr. 4 mit Ahndung bedrohte *leichtfertige* Handeln *nur mit der Hälfte* des angedrohten Höchstbetrages, also mit Geldbuße bis zu fünfundzwanzigtausend Deutsche Mark geahndet werden. Nach Abs. IV des § 17 OWiG soll die Geldbuße den *wirtschaftlichen Vorteil*, den der Täter aus der Ordnungswidrigkeit gezogen hat, *übersteigen*. Reicht das gesetzliche Höchstmaß hierzu nicht aus, so kann es überschritten werden. Zur *Zumessung* vgl. im übrigen § 17 Abs. III OWiG.

§ 406 Aufgehoben durch Art. 45 des Einführungsgesetzes zum Gesetz über Ordnungswidrigkeiten vom 24. 5. 1968 (BGBl. I S. 503).

Die Bestimmung regelte die Verjährung der aktienrechtlichen Ordnungswidrigkeiten. Sie ist durch § 27 Abs. II Nr. 1 OWiG überflüssig geworden. Vgl. Anm. 4 zu § 405.

§ 407 Zwangsgelder

(1) [1]Vorstandsmitglieder oder Abwickler, die § 52 Abs. 2 Satz 2 und 3, § 73 Abs. 3 Satz 2, §§ 80, 90, 104 Abs. 1, § 111 Abs. 2, §§ 145, 148, 160 Abs. 5, § 163 Abs. 1, 3 und 5, §§ 165, 170, 171 Abs. 3, §§ 175, 214 Abs. 1, § 246 Abs. 4, § 259 Abs. 5, § 268 Abs. 4, § 270 Abs. 1, § 273 Abs. 2, § 293 Abs. 3 Satz 2 und 3, § 306 Abs. 6, § 312 Abs. 1, § 313 Abs. 1, § 314 Abs. 1, §§ 329, 330, 336 Abs. 4, § 337 Abs. 1, § 340 Abs. 3 Satz 1 und 2, § 361 Abs. 2 Satz 1 und 2 nicht befolgen, sind hierzu vom Registergericht durch Festsetzung von Zwangsgeld anzuhalten; § 14 des Handelsgesetzbuchs bleibt unberührt. [2]Das einzelne Zwangsgeld darf den Betrag von zehntausend Deutsche Mark nicht übersteigen.

(2) [1]Die Anmeldungen zum Handelsregister nach den §§ 36, 45, 52, 181 Abs. 1, §§ 184, 188, 195, 210, 223, 237 Abs. 4, §§ 274, 294 Abs. 1, § 319 Abs. 3, § 345 Abs. 1, § 353 Abs. 5, §§ 364, 367, 371, 379, 390 werden durch Festsetzung von Zwangsgeld nicht erzwungen. [2]Für die Einreichung der der Zahl der Zweigniederlassungen entsprechenden Stückzahl der Anmeldungen verbleibt es bei § 14 des Handelsgesetzbuchs.

Übersicht

Anm. 1

I. Allgemeines

Die Bestimmung gibt dem Handelsregistergericht die Möglichkeit, Vorstandsmitglieder und Abwickler durch die Festsetzung von Zwangsgeld zur Befolgung bestimmter aktienrechtlicher Vorschriften anzuhalten. § 407 enthält *keinen Straftatbestand* wie die vorangegangenen §§ 399—404. Die im Gesetz als Zwangsgeld bezeichnete Sanktion ist weder eine Kriminalstrafe noch eine Geldbuße. Sie ist eine *Zwangs- und Beugemaßnahme*, denn sie dient nicht der Ahndung eines Ungehorsams gegenüber bestimmten gesetzlichen Anordnungen. Sie soll vielmehr ausschließlich das von den betreffenden Vorschriften geforderte Verhalten erzwingen. Das zeigt sich u. a. daran besonders deutlich, daß das Zwangsgeld gemäß § 132 FGG zunächst nur unter Fristsetzung für die herbeizuführende Handlung *angedroht* wird und daß es nicht mehr festgesetzt werden darf, wenn das verlangte Tun pflichtgemäß erfolgt ist, und zwar selbst dann nicht mehr, wenn die gesetzte Frist schon abgelaufen war. Das ist bei Ordnungsstrafen durchaus anders. Sie werden, wie z. B. bei der Bestrafung eines unentschuldigt dem Gericht ferngebliebenen Zeugen (§ 51 StPO), wegen der vom Täter bewiesenen rechtswidrigen Haltung verhängt, die zu schädlichen Folgen (Verschiebung der Vernehmung des Zeugen, Vertagung der Hauptverhandlung usw.) bereits geführt hat. Bei der Androhung und der späteren Festsetzung des Zwangsgeldes wird in der Regel noch kein Schaden entstanden sein. Durch das solchermaßen erzwungene Handeln des Betroffenen wird der nur drohende Schaden, der in der Nichtbefolgung der im Gesetz aufgezählten Bestimmungen liegt, noch abgewendet. Zuzugeben ist allerdings, daß unter dem Aspekt der Prävention der rechtsdogmatische Unterschied zwischen den einzelnen Sanktionen — Zwangsgeld, Geldbuße, Ordnungsstrafe und Kriminalstrafe — letztlich, auch wenn das oft bestritten wird, nur ein gradueller ist, da die Verhütung von Rechtsverletzungen — erstmaliger oder wiederholter — in allen Fällen angestrebt wird, es sei denn, man ginge von der nicht mehr haltbaren Vergeltungstheorie als Unterscheidungskriterium für die Grenzziehung zwischen Strafen und Nicht-Strafen aus. — Im übrigen ist der Zweck des § 407 ein doppelter: Die Vorschrift soll erstens die Befolgung der im Abs. I genannten aktienrechtlichen Bestimmungen erzwingen helfen und zweitens zusammen mit § 14 HGB erschöpfend regeln, inwieweit dem Registergericht im Bereich des Aktienwesens ein Zwangsmittelrecht zusteht. Eb. Schmidt Anm. 1 der 1. Auflage. § 407 AktG und § 14 HGB regeln das Zwangsmittelrecht für die AG und die KGaA abschließend. Baumbach-Hueck Rdn. 2. Aus § 407 Abs. II geht der Wille des Gesetzgebers, einen numerus clausus für die Zwangsgeldmaßnahmen nach § 14 HGB im Bereich des Aktienwesens festzulegen, dadurch deutlich hervor, daß im Satz 2 dieses Absatzes ein Sonderfall ausdrücklich genannt wird, in dem es bei den Möglichkeiten, die § 14 HGB gibt, verbleibt, während im Satz 1 des gleichen Absatzes Fälle genannt sind, in denen Zwangsgeld nicht festgesetzt werden darf.

Anm. 2

II. Die Pflichten, zu deren Erfüllung durch Festsetzung von Zwangsgeld anzuhalten ist (Abs. I)

§ 52 Abs. II Satz 2: Auslegung von Nachgründungsverträgen im Geschäftsraum der Gesellschaft zur Einsicht der Aktionäre.

§ 52 Abs. II Satz 3: Erteilung von Abschriften der Nachgründungsverträge auf Verlangen der Aktionäre.

§ 73 Abs. III Satz 2: Aushändigung oder gerichtliche Hinterlegung neuer Aktien, die an Stelle von für kraftlos erklärten Aktien ausgegeben worden sind.

§ 80: Angaben auf Geschäftsbriefen (Rechtsform und Sitz der Gesellschaft, Registergericht, Eintragungsnummer, Namen und Vornamen der Vorstandsmitglieder sowie des Vorsitzenden des Aufsichtsrats, Kennzeichnung des Vorstandsvorsitzenden als solchen und gegebenenfalls weitere Angaben nach § 80).

§ 90: Berichte des Vorstandes an den Aufsichtsrat.

§ 104 Abs. I: Antrag auf gerichtliche Ergänzung des Aufsichtsrats, falls dem Aufsichtsrat die zur Beschlußfähigkeit nötige Zahl von Mitgliedern nicht angehört. — Die Verpflichtung zur Antragsstellung nach Abs. II kann dagegen nicht durch die Festsetzung von Zwangsgeld erzwungen werden. Das Gesetz nennt in § 407 Abs. I nur den ersten Absatz des § 104.

§ 111 Abs. II: Ermöglichung von Einsichtnahmen und Prüfungen durch den Aufsichtsrat.

§ 145 Abs. I: Gestattung der Prüfung durch Sonderprüfer.

§ 145 Abs. II: Information (Aufklärungen und Nachweise) für die Sonderprüfer.

§ 145 Abs. III: Information der Sonderprüfer durch Konzernunternehmen, sowie durch abhängige oder herrschende Unternehmen.

§ 145 Abs. IV: Erteilung von Abschriften des Prüfungsberichts an Aktionäre, Vorlage des Prüfungsberichts beim Aufsichtsrat und Bekanntmachung des Prüfungsberichts als Gegenstand der Tagesordnung bei der Einberufung der nächsten Hauptversammlung.

§ 148: Aufstellung der Jahresbilanz, der Gewinn- und Verlustrechnung sowie des Geschäftsberichts und Vorlage bei den Abschlußprüfern.

§ 160 Abs. V: Nennung der Namen aller Mitglieder des Vorstands und des Aufsichtsrats im Geschäftsbericht mit Bezeichnung des Vorsitzenden des Aufsichtsrats, seiner Stellvertreter und eines etwaigen Vorsitzers des Vorstandes als solchem.

§ 163 Abs. I: Erteilung des Prüfungsauftrags an die Abschlußprüfer.

§ 163 Abs. III: Antrag auf gerichtliche Bestellung der Abschlußprüfer.

§ 163 Abs. V: Vorlage des Berichts des abberufenen Abschlußprüfers beim Aufsichtsrat.

§ 165: Ermöglichung der Abschlußprüfung durch die Abschlußprüfer und Information (Auskünfte und Nachweise, auch in bezug auf Konzernunternehmen usw.) der Abschlußprüfer.

§ 170 Abs. I: Vorlage des Prüfungsberichts, des Jahresabschlusses und des Geschäftsberichts beim Aufsichtsrat.

§ 170 Abs. II: Vorlage des Vorschlags, den der Vorstand der Hauptversammlung für die Verwendung des Bilanzgewinns machen will, beim Aufsichtsrat.

§ 171 Abs. III: Fristsetzung gegenüber dem Aufsichtsrat für die Zuleitung des Prüfungsberichts des Aufsichtsrats an den Vorstand.

§ 175 Abs. I: Einberufung der ordentlichen Hauptversammlung.

§ 175 Abs. II: Auslage des Jahresabschlusses usw. zur Einsicht der Aktionäre und Erteilung von Abschriften an die Aktionäre.

§ 175 Abs. III: Entsprechende Maßnahmen wie Abs. I und II, falls die Hauptversammlung den Jahresabschluß festzustellen hat.

§ 214 Abs. I: Aufforderung an die Aktionäre, nach Eintragung der Kapitalerhöhung die neuen Aktien abzuholen, sowie Bekanntmachung der Aufforderung in den Gesellschaftsblättern.

§ 246 Abs. IV: Bekanntmachung der Erhebung einer Anfechtungsklage in bezug auf einen Hauptversammlungsbeschluß und des Termins zur mündlichen Verhandlung in den Gesellschaftsblättern.

§ 259 Abs. V: Bekanntmachung der abschließenden Feststellungen der Sonderprüfer anläßlich einer Sonderprüfung wegen unzulässiger Unterbewertung in den Gesellschaftsblättern.

§ 268 Abs. IV: Angaben auf Geschäftsbriefen einer sich in Abwicklung befindlichen Gesellschaft (Rechtsform, Sitz, Tatsache, daß sich die Gesellschaft in der Abwicklung befindet, Namen der Abwickler, Namen des Aufsichtsratsvorsitzenden usw.).

§ 270 Abs. I: Aufstellung der Abwicklungs-Eröffnungsbilanz mit einem erläuternden Bericht sowie der Jahresabschlüsse und der Geschäftsberichte durch die Abwickler.

§ 273 Abs. II: Hinterlegung der Bücher und Schriften der Gesellschaft nach der Beendigung der Abwicklung.

§ 293 Abs. III Satz 2 und 3: Auslegung des Unternehmensvertrages in dem Geschäftsraum der Gesellschaft zur Einsicht der Aktionäre, sowie Erteilung von Abschriften für die Aktionäre.

§ 306 Abs. VI: Bekanntmachung der rechtskräftigen Entscheidung über die Festsetzung des angemessenen Ausgleichs und die Festsetzung der angemessenen Abfindung für die außenstehenden Aktionäre bei Beherrschungs- oder Gewinnabführungsverträgen in den Gesellschaftsblättern.

§ 312 Abs. I: Aufstellung eines Berichts durch den Vorstand einer abhängigen Gesellschaft über die Beziehungen der Gesellschaft zu verbundenen Unternehmen, falls kein Beherrschungsvertrag besteht.

§ 313 Abs. I: Vorlage des Berichts über die Beziehungen zu verbundenen Unternehmen gleichzeitig mit dem Jahresabschluß und dem Geschäftsbericht bei den Abschlußprüfern der Gesellschaft.

§ 314 Abs. I: Vorlage des Berichts über die Beziehungen zu verbundenen Unternehmen und des Prüfungsberichts der Abschlußprüfer beim Aufsichtsrat.

§ 329: Aufstellung von Konzernabschlüssen und Konzerngeschäftsberichten durch den Vorstand der Obergesellschaft.

§ 330: Aufstellung von Teilkonzernbeschlüssen und Teilkonzerngeschäftsberichten durch die Vorstände der Aktiengesellschaften oder Kommanditgesellschaften auf Aktien mit Sitz im Inland, die der Konzernleitung am nächsten stehen.

§ 336 Abs. IV Satz 1: Vorlage des Konzernabschlusses und des Konzerngeschäftsberichts, der Jahresabschlüsse, Geschäftsberichte und Prüfungsberichte aller Konzernunternehmen durch den Vorstand der Obergesellschaft sowie der diesem Vorstand nach § 335 Abs. I eingereichten Abschlüsse.

§ 336 Abs. IV Satz 2: Ermöglichung der Konzernabschlußprüfung und Auskunfterteilung an die Konzernabschlußprüfer.

§ 337 Abs. I: Vorlage des Konzernabschlusses, des Konzerngeschäftsberichts und des Prüfungsberichts der Abschlußprüfer durch den Vorstand der Obergesellschaft beim Aufsichtsrat der Obergesellschaft.

§ 340 Abs. III Satz 1 und 2: Auslage des Verschmelzungsvertrages im Geschäftsraum der Gesellschaft zur Einsicht der Aktionäre und Erteilung von Vertragsabschriften für die Aktionäre.

§ 361 Abs. II Satz 1 und 2: Auslegung eines Vermögensübertragungsvertrages, der nicht unter die §§ 339—360 fällt, im Geschäftsraum der Gesellschaft zur Einsicht der Aktionäre und Erteilung von Vertragsabschriften für die Aktionäre.

Bei der vorstehenden Liste der Pflichten, zu deren Befolgung Vorstandsmitglieder oder Abwickler vom Registergericht durch Festsetzung von Zwangsgeld anzuhalten sind, fällt auf, daß im Gegensatz zum bisherigen Recht nunmehr die Vorlage des Jahresabschlusses, des Geschäftsberichts, des Berichts des Aufsichtsrats und des Gewinnverwendungsvorschlages an die Hauptversammlung (gemäß § 120 Abs. III Satz 2 und § 176 Abs. I Satz 1) nicht durch Festsetzung von Zwangsgeld erzwungen werden kann. Im bisherigen Recht konnte dieser Zwang — dort durch Ordnungsstrafe — ausgeübt werden. Das gleiche gilt für die Vorlage des Konzernabschlusses und des Konzerngeschäftsberichts an die Hauptversammlung, denn § 337 Abs. II ist hier in § 407 Abs. I, im Gegensatz zu § 337 Abs. I, nicht genannt. Die Vorlage dieser Unterlagen an die Hauptversammlung kann also ebenfalls nicht durch die Festsetzung von Zwangsgeld erzwungen werden. Ebenso Baumbach-Hueck Rn. 5.

Anm. 3

III. Anmeldungen zum Handelsregister, die nicht durch Festsetzung von Zwangsgeld erzwungen werden, und Ausnahmen hiervon (Abs. II)

1. Einschränkungen des § 14 HGB

Folgende Anmeldungen zum Handelsregister, bei denen die Eintragung rechtserzeugend wirkt, dürfen in Einschränkung des § 14 HGB nicht durch Festsetzung von Zwangsgeld erzwungen werden (§ 407 Abs. II Satz 1):

§ 36: Anmeldung der Gesellschaft durch die Gründer, die Vorstands- und die Aufsichtsratsmitglieder.

§ 45: Anmeldung der Sitzverlegung.

§ 52: A. von Nachgründungsverträgen.

§ 181 Abs. I: A. von Satzungsänderungen.

§ 184: A. des Beschlusses über die Erhöhung des Grundkapitals gegen Einlagen.

§ 188: A. der Durchführung der Erhöhung des Grundkapitals gegen Einlagen.

§ 195: A. des Beschlusses über die bedingte Kapitalerhöhung.

§ 210: A. des Beschlusses über eine Erhöhung des Grundkapitals durch Umwandlung von offenen Rücklagen in Grundkapital.

§ 223: A. des Beschlusses über eine Herabsetzung des Grundkapitals.

§ 237 Abs. IV: A. des Beschlusses über eine Herabsetzung des Grundkapitals durch Einziehung von Aktien, wenn die Aktien, sofern auf sie der Nennbetrag oder der höhere Ausgabebetrag voll geleistet ist, der Gesellschaft unentgeltlich zur Verfügung gestellt oder zu Lasten des Bilanzgewinns oder einer freien Rücklage, soweit sie zu diesem Zweck verwandt werden können, eingezogen werden (§ 237 Abs. III).

§ 274: A. des Beschlusses über die Fortsetzung einer aufgelösten Gesellschaft.

§ 294 Abs. I: A. des Bestehens und der Art eines Unternehmensvertrags (Definition: §§ 291, 292) sowie des Namens des anderen Vertragsteils, bei Teilgewinnabführungsverträgen außerdem der Vereinbarung über die Höhe des abzuführenden Gewinns.

§ 319 Abs. III: A. der Eingliederung einer Gesellschaft und der Firma der Hauptgesellschaft, in die sich die Gesellschaft eingegliedert hat.

§ 345 Abs. I: A. der Verschmelzung von Gesellschaften durch Aufnahme i. S. von § 339 Abs. I Nr. 1.

§ 353 Abs. V: A. der neuen Gesellschaft bei Verschmelzung durch Neubildung i. S. von § 339 Abs. I Nr. 2.

§ 364: A. des Beschlusses über die Umwandlung einer Aktiengesellschaft in eine Kommanditgesellschaft auf Aktien und der persönlich haftenden Gesellschafter.

§ 367: A. des Beschlusses über die Umwandlung einer Kommanditgesellschaft auf Aktien in eine Aktiengesellschaft und der Vorstandsmitglieder der zuletzt genannten Gesellschaft.

§ 371: A. des Beschlusses über die Umwandlung einer Aktiengesellschaft in eine Gesellschaft mit beschränkter Haftung und der Geschäftsführer der zuletzt genannten Gesellschaft.

§ 379: A. des Beschlusses über die Umwandlung einer Gesellschaft mit beschränkter Haftung in eine Aktiengesellschaft und der Vorstandsmitglieder der zuletzt genannten Gesellschaft.

§ 390: A. des Beschlusses über die Umwandlung einer Gesellschaft mit beschränkter Haftung in eine Kommanditgesellschaft auf Aktien und der persönlich haftenden Gesellschafter.

Anm. 4

2. Ausnahmen von den Einschränkungen des § 14 HGB

Als Ausnahme von den vorstehenden Einschränkungen der Anwendbarkeit des § 14 HGB — also als Ausnahme von der Ausnahme — kann derjenige, der seiner Pflicht zur Einreichung der der Zahl der *Zweigniederlassungen* entsprechenden Stückzahl der Anmeldungen zum Handelsregister nicht nachkommt, vom Registergericht hierzu durch Festsetzung von Zwangsgeld angehalten werden *(§ 407 Abs. II Satz 2)*. Insoweit verbleibt es bei § 14 HGB. Voraussetzung ist, daß die Zweigniederlassungen eingetragen sind (§ 43 Abs. I Satz 1 erster Halbsatz). Die die Stückzahl betreffende Einreichungspflicht wird in § 43 Abs. I Satz 1 zweiter Halbsatz festgesetzt. Da § 407 Abs. II Satz 2 keine Einschränkungen zum Ausdruck bringt, kann die Befolgung der sich auf die Stückzahl der Anmeldungen beziehenden Einreichungspflicht bei Gesellschaften mit Zweigniederlassungen auch in den Fällen durch die Festsetzung von Zwangsgeld erzwungen werden, in denen die Anmeldung selbst zu den in Abs. II Satz 1 genannten Ausnahmefällen zählt und deshalb ihrerseits durch die Festsetzung von Zwangsgeld nicht erzwungen werden kann. Ebenso Baumbach-Hueck Rn. 8. Unmittelbar findet § 14 HGB indessen Anwendung auf die den nach § 407 Abs. II Satz 1 nicht erzwingbaren Anmeldungen beizufügenden Unterlagen. Baumbach-Hueck Rn. 8. Derartige Beifügungspflichten nennen beispielsweise die §§ 37 Abs. II, 52 Abs. VI, 181 Abs. I, 188 Abs. III, 195 Abs. II, 294 Abs. I, 319 Abs. III Satz 3, 345 Abs. II Satz 2, 364 Satz 2, 367 Satz 2, 371 Abs. I Satz 2, 379 Satz 2 und 3 sowie 390 Satz 2. Wird die Anmeldung, zu der die Unterlagen gehören, zurückgenommen, entfällt erzwingbare Beifügungspflicht selbstverständlich wieder.

Anm. 5

IV. Sonderregelung für Gesellschaften mit beschränkter Haftung und bergrechtliche Gewerkschaften

In § 28 Abs. III EGAktG findet sich eine dem § 407 entsprechende Regelung für Gesellschaften mit beschränkter Haftung und bergrechtliche Gewerkschaften. Dort ist angeordnet, daß *gesetzliche Vertreter* oder *Abwickler* solcher Gesellschaften oder Gewerkschaften, die gemäß § 28 Abs. I oder II EGAktG nach Maßgabe der §§ 329 oder 330 AktG im Konzern oder im Teilkonzern Rechnung zu legen haben, dann, wenn sie den § 28 Abs. I und II EGAktG in Verbindung mit den §§ 329, 330, 336 Abs. IV und 337 Abs. I AktG nicht befolgen, hierzu vom Registergericht durch *Festsetzung von Zwangsgeld* anzuhalten sind. Das einzelne Zwangsgeld darf nach § 28 Abs. III Satz 2 EGAktG (ebenso wie bei § 407 Abs. I AktG) den Betrag von zehntausend Deutsche Mark nicht übersteigen.

Anm. 6

V. Die Betroffenen

Die von dem Erzwingungsverfahren Betroffenen sind nur die Vorstandsmitglieder und die Abwickler sowie gemäß § 408 die persönlich haftenden Gesellschafter der Kommanditgesellschaft auf Aktien. Dagegen dürfen weder Aufsichtsratsmitglieder noch die betreffende Gesellschaft selbst oder auch nur das Vorstandsgremium als ganzes mit Zwangsgeld belegt werden. KG OLG 4, 463 und KGJ 42 A 167. Daß nur gegen das *einzelne* Vorstandsmitglied oder den *einzelnen* Abwickler ein Zwangsgeld festgesetzt werden kann, gilt selbst dann, wenn der Abwickler eine juristische Person ist. Da das Zwangsgeld wie oben in Anm. 1 ausgeführt wurde, keine Strafe ist und deshalb dem strafrechtlichen Schuldprinzip nicht untersteht, könnte es an und für sich auch gegen die Gesellschaft als solche festgesetzt werden. Nur deshalb, weil der Gesetzgeber den § 407 ausdrücklich auf die vorgenannten Betroffenen beschränkt hat, ist dies ausgeschlossen. — Daß gegen *Aufsichtsratsmitglieder* ein Erzwingungsverfahren nicht möglich ist, gilt nur für die in § 407 geregelten Fälle. Aus § 14 HGB kann dagegen mit der Festsetzung von Zwangsgeld an sich auch gegen Aufsichtsratsmitglieder vorgegangen werden. Voraussetzung hierfür ist es jedoch, daß die Aufsichtsratsmitglieder verpflichtet sind, an einer erzwingbaren Anmeldung zum Handelsregister mitzuwirken. Fälle dieser Art gibt es im geltenden Recht nicht. — Sind nur *einzelne* Vorstandsmitglieder oder Abwickler oder persönlich haftende Gesellschafter säumig, so kann das Erzwingungsverfahren nur gegen sie stattfinden. LG Hamburg bei Holdheim 13, 198.

Anm. 7

VI. Rechtswidrigkeit

Das Erzwingungsverfahren setzt stets ein pflichtwidriges und damit *rechtswidriges* Verhalten des Nicht-Handelnden voraus. Daraus folgt, daß dort kein Raum für die Festsetzung von Zwangsgeld ist, wo dem Betroffenen ein Rechtfertigungsgrund zur Seite steht. Vor allem rechtfertigender Notstand könnte in Frage kommen.

Anm. 8

VII. Verschulden

Ein Verschulden setzt die Festsetzung von Zwangsgeld *nicht* voraus. Hier unterscheidet sich das neue Zwangsgeldrecht vom früheren Ordnungsstrafenrecht. Vgl. Klug, Anm. 9 zu § 303 AktG a. F. in der 2. Aufl., sowie zu § 14 HGB (alte Fassung vor der ab 1. 1. 1975 geltenden neuen Fassung gemäß EGStGB v. 2. 3. 1974) Baumbach-Duden Anm. 2 zu § 14 HGB. Wegen des Restes von Straffunktion in der Ordnungsstrafe war Verschulden — Vorsatz oder Fahrlässigkeit — erforderlich (RA 12, 37). Jetzt kommt es nicht einmal auf das Vorliegen von Fahrlässigkeit an. Es genügt, daß die objektiven Voraussetzungen erfüllt sind. Das aber ist der Fall, wenn die § 407 Abs. I genannten Pflichten nicht erfüllt werden. Etwaiges Fehlen von Vorsatz oder Fahrlässigkeit bei der Nichtbefolgung der in Rede stehenden Bestimmungen kann, beispielsweise im Falle des rechtfertigenden Notstandes analog § 34 StGB, zum Fortfall der Rechtswidrigkeit (vgl. die vorangehende Anm. 7) führen, oder es ist zumindest bei der Bemessung der Frist zwischen Androhung und Festsetzung des Zwangsgeldes (§§ 132, 133 FGG) sowie bei der Bemessung der Höhe des Zwangsgeldes zu berücksichtigen.

Anm. 9

VIII. Das Zwangsgeldverfahren

Zuständig ist das Registergericht (§ 407 Abs. I AktG und § 14 HGB), also in der Regel das *Amtsgericht* des Sitzes der Gesellschaft. Das *Verfahren* ist in den §§ 132—139 FGG geregelt. Nach § 3 Nr. 2d) des Rechtspflegergesetzes sind die vom Richter wahrzunehmenden Geschäfte des Amtsgerichts in Handelssachen im Sinne des Siebenten Abschnitts des FGG grundsätzlich (Ausnahmen: § 17 des RpflG) dem Rechtspfleger übertragen. Nach § 132 Abs. I FGG hat das Registergericht — tätig werdend durch den Rechtspfleger — sobald es von einem sein Einschreiten nach § 14 HGB, §§ 407, 408 AktG, § 28 Abs. III EGAktG (oder § 21 des Gesetzes über die Rechnungslegung von bestimmten Unternehmen und Konzernen vom 15. 8. 1969, BGBl. I, 1189) rechtfertigenden Sachverhalt glaubhaft Kenntnis erhält, dem Beteiligten — bei § 407 also den Vorstandsmitgliedern oder Abwicklern und bei § 408 den persönlich haftenden Gesellschaftern — unter *Androhung eines Zwangsgeldes* aufzugeben, innerhalb einer bestimmten *Frist* seiner gesetzlichen Verpflichtung nachzukommen oder die Unterlassung mittels *Einspruchs* gegen die Verfügung zu rechtfertigen. Gemäß § 132 Abs. II FGG ist die Beschwerde gegen diese Verfügung unzulässig. Wird innerhalb der bestimmten Frist weder der gesetzlichen Verpflichtung genügt noch Einspruch erhoben, so ist das angedrohte *Zwangsgeld festzusetzen* und zugleich die frühere Verfügung unter Androhung eines erneuten Zwangsgeldes zu wiederholen (§ 133 Abs. I FGG). In gleicher Weise ist fortzufahren, bis der gesetzlichen Verpflichtung genügt oder Einspruch erhoben wird (§ 133 Abs. II FGG). Über den Einspruch entscheidet der Rechtspfleger, tätig werdend für das Amtsgericht. KG NJW 59, 1829; Baumbach-Hueck Rn. 2. Für Einzelheiten vgl. §§ 134—138 FGG. — Da das Registergericht von Amts wegen einschreiten muß, sind „Anträge“ auf Einleitung des Zwangsgeldverfahrens nur Anregungen für das Gericht. Eine *Erinnerung* gegen die Ablehnung des Einschreitens ist nach § 11 Abs. I RpflG möglich, es sei denn § 11 Abs. V Satz 1 RpflG greift ein. — Gegen den *Beschluß*, durch welchen das *Zwangsgeld festgesetzt* oder der *Einspruch verworfen* wird, findet die *sofortige Beschwerde* statt (§ 139 Abs. I FGG). Ist das Zwangsgeld nach Maßgabe des § 133 FGG festgesetzt, so kann die Beschwerde nicht darauf gestützt werden, daß die Verfügung, durch welche das Zwangsgeld angedroht worden ist, nicht gerechtfertigt gewesen sei (§ 139 Abs. II FGG). Über die *sofortige weitere Beschwerde* (gegen die Entscheidung des Beschwerdegerichts) entscheidet das Oberlandesgericht. Für Einzelheiten zum Beschwerderecht vgl. §§ 22ff. FGG. — Ist das angedrohte Zwangsgeld noch nicht festgesetzt, und wird die verlangte Handlung nach Ablauf der festgesetzten Frist vorgenommen, darf das Zwangsgeld nicht mehr festgesetzt werden. Das folgt daraus, daß es sich beim Zwangsgeld um ein Erzwingungsinstrument und nicht um eine Strafe handelt. So schon für as frühere Recht die 2. Auflage unter Bezugnahme auf RG in BauersZ 18, 42^2.

Anm. 10

IX. Zwangsgeldbemessung

Daß das *einzelne Zwangsgeld* den Betrag von zehntausend Deutsche Mark nicht übersteigen darf, bestimmt Abs. I Satz 2. Damit ist zugleich zum Ausdruck gebracht, daß bei wiederholter Festsetzung (vgl. hier oben Anm. 9) immer wieder bis an die Höchstgrenze herangegangen werden kann. Wird das Zwangsgeld wegen der Nichtbefolgung mehrerer Pflichten aus den in Abs. I Satz 1 genannten gesetzlichen Bestimmungen festgesetzt, so kann für jede einzelne Handlungspflicht die Höchstsumme festgesetzt werden. Dabei macht es keinen Unterschied, ob es sich um die mehrfache Nichtbefolgung der gesetzlichen Handlungspflicht aus ein und derselben gesetzlichen Bestimmung (z. B. mehrfache Nichtbefolgung von § 73 Abs. III Satz 2 in bezug auf verschiedene Aktien oder mehrfache Nichtbefolgung von § 90 hinsichtlich verschiedener Berichte des Vorstandes) oder um die Nichtbefolgung von Pflichten aus verschiedenen Bestimmungen (z. B. Nichtstellung des Antrags gemäß § 104 Abs. I und Nichtgestattung der Büchereinsicht für Sonderprüfer entgegen § 145 Abs. I durch dieselben Vorstandsmitglieder) handelt. — Eine *Überschreitung* des einzelnen Zwangsgeld-Höchstbetrages, weil die pflichtwidrige Unterlassung dem betreffenden Vorstandsmitglied oder Abwickler möglicherweise wirtschaftliche Vorteile gebracht hat — etwa analog zu § 17 Abs. IV OWiG — ist *unzulässig*, weil das Zwangsgeld als Erzwingungsmittel keinen Strafcharakter hat. — Bei Nichtbeitreibbarkeit des Zwangsgeldes kann *nicht* in eine *Ersatz-Beugehaft* umgewandelt werden. Eine solche Möglichkeit müßte wegen der Freiheitsentziehung schon aus verfassungsrechtlichen Gründen durch Gesetz ausdrücklich für zulässig erklärt werden. Eine analoge Anwendung von § 43 StGB verbietet sich wiederum wegen des fehlenden Strafcharakters des Zwangsgeldes. § 43 StGB kann nur bei Geld*strafen* angewandt werden.

§ 408 Strafbarkeit persönlich haftender Gesellschafter einer Kommanditgesellschaft auf Aktien

Die §§ 399 bis 407 gelten sinngemäß für die Kommanditgesellschaft auf Aktien. Soweit sie Vorstandsmitglieder betreffen, gelten sie bei der Kommanditgesellschaft auf Aktien für die persönlich haftenden Gesellschafter.

Übersicht

Anm. 1

I. Allgemeines

Die Bestimmung enthält gegenüber dem früheren § 304 AktG a. F. nichts Neues. § 304 war mißverständlich formuliert. Er wurde jedoch gewohnheitsrechtlich so ausgelegt, daß sein Inhalt mit der jetzigen Regelung des § 408 übereinstimmt. Vgl. Anm. 1 der 2. Auflage. § 408 bringt jedoch eine begrüßenswerte Klarstellung. Sein gesetzestechnischer Zweck ist es, Wiederholungen durch die jeweilige Einbeziehung der Kommanditgesellschaft auf Aktien und der persönlich haftenden Gesellschafter in die einzelnen Bestimmungen des dritten Teils im fünften Buch des Gesetzes zu ersparen. Die Überschrift kennzeichnet nur einen Teil des Wirkungsbereichs dieser Norm, denn es handelt sich in § 408 nicht nur um die Anwendung der Strafbestimmungen der §§ 399 bis 404, sondern auch um die Anwendung der Ordnungswidrigkeitsvorschrift des § 405 und der Zwangsgeldregelung des § 407 auf die entsprechenden Sachverhalte bei der Kommanditgesellschaft auf Aktien. Zugleich ist der Täterkreis nicht nur auf persönlich haftende Gesellschafter beschränkt, sondern schließt auch Aufsichtsratsmitglieder, die Abwickler usw. der Kommanditgesellschaft auf Aktien ein.

Anm. 2

II. Einzelfragen

1. Zu Satz 1

Durch *Satz* 1 ist klargestellt, daß es bei der Anwendung der §§ 399—407 grundsätzlich keinen Unterschied ausmacht, ob es sich bei der Anwendung dieser Vorschriften auf Sachverhalte des Aktienwesens jeweils um eine gewöhnliche Aktiengesellschaft oder um eine Kommanditgesellschaft auf Aktien handelt. Demzufolge kommen als *Straftäter* i. S. der §§ 399—404, abgesehen vom persönlich haftenden Gesellschafter (vgl. die folgende Anm.), auch in Frage: *Gründer, Aufsichtsratsmitglieder, Abwickler, Prüfer,* insbesondere *Abschlußprüfer, Sonderprüfer, Gründungsprüfer* und *Prüfergehilfen* einer Kommanditgesellschaft auf Aktien. Bei den Tatbeständen der §§ 399 Abs. I Nr. 3 und 402 kommt sogar jeder Außenstehende, jeder beliebige *Dritte* als Täter in Betracht, sofern sich sein Verhalten im Rahmen der dort genannten Tatbestandsmerkmale auf eine Kommanditgesellschaft auf Aktien bezieht. — Für die *Ordnungswidrigkeitstäter* (§ 405) gilt das gleiche. Hinzukommen dort, wo die Aktionäre einer gewöhnlichen Aktiengesellschaft Täter sein können, kraft der Verweisung in § 408 die *Kommanditaktionäre* (§ 278 Abs. I). — *Betroffene im Zwangsgeldverfahren* können neben den persönlich haftenden Gesellschaftern auch die *Abwickler* einer Kommanditgesellschaft auf Aktien sein.

Anm. 3

2. Zu Satz 2

Satz 2 zieht die Konsequenz aus dem Rechtssatz, daß in der Kommanditgesellschaft auf Aktien die *persönlich haftenden Gesellschafter* die Funktionen der Vorstandsmitglieder der gewöhnlichen Gesellschaft ausüben und an ihre Stelle treten (§§ 282, 283). Soweit die §§ 399—407 die Vorstandsmitglieder betreffen, gelten sie daher bei der Kommanditgesellschaft auf Aktien für die persönlich haftenden Gesellschafter. Dort, wo die Tatbestände von jedermann begangen werden können, sind die persönlich haftenden Gesellschafter selbstverständlich schon ohne die Regelung des § 408 Satz 2 erfaßt.

FSC
www.fsc.org
MIX
Papier | Fördert
gute Waldnutzung
FSC® C083411

Kolibri 360 GmbH
Ferdinand-Jühlke-Straße 7
99095 Erfurt, Deutschland
produktsicherheit@kolibri360.de